中小企业管理实用读本

——优秀管理者的实践

胡 检 杨金锋

中国石化出版社
HTTP://WWW.SINOPEC-PRESS.COM

内 容 提 要

本书介绍了中小企业管理者如何提升管理绩效，如何成为优秀的管理者，主题明确，通俗实用，系统完整。主要内容包括管理的定义、管理的内容、管理的手段和方法、如何提升管理效率、优秀管理者的进阶方法以及管理者常见的误区等。

本书适用于各企业的管理者，尤其是中小企业各层级的管理者阅读参考，也可作为企业管理的培训教材。

图书在版编目(CIP)数据

中小企业管理实用读本：优秀管理者的实践 / 胡检，杨金锋著．—北京：中国石化出版社，2020.7
ISBN 978-7-5114-5866-7（2023.1 重印）

Ⅰ.①中… Ⅱ.①胡… ②杨… Ⅲ.①中小企业-企业管理 Ⅳ.①F276.3

中国版本图书馆 CIP 数据核字（2020）第 112118 号

中国石化出版社出版发行

地址：北京市东城区安定门外大街 58 号
邮编：100011 电话：(010)57512500
发行部电话：(010)57512575
http://www.sinopec-press.com
E-mail：press@sinopec.com
北京富泰印刷有限责任公司印刷
全国各地新华书店经销

*

710×1000 毫米 16 开本 15.5 印张 283 千字
2020 年 11 月第 1 版　2023 年 1 月第 2 次印刷
定价：58.00 元

前言

PREFACE

一、本书的目的

本书的主要目的是：研究管理者如何提升管理绩效，如何进阶成为优秀的管理者，研究其途径和方法。成为管理者很容易，成为优秀的管理者却并非易事。本书的目标是，让管理者成为优秀管理者从“技术上”变得更容易。成为优秀管理者的表征是能够通过一些管理行为或管理措施而获得更优秀的管理成果，更为直观的表征是管理层级的不断晋升，不断晋升的管理层级是界定管理者是否优秀的显性标准。与之对应的是，优秀的管理者最显著的能力特征就是能够不断追求进步和保持前进的状态。

要成为优秀的管理者，需要有合理导向的价值观或态度(有对自身能力的态度，有对组织成果的态度，还有对管理任务的态度)，积极的思维方式，合理有效的方法和途径，更需要有恰当的行为，这一系列要素的有机组合才能让管理者达成目标。本书正是试图确定这样一些有效的态度、思维和方法，同时也试图提供较为全面的行为指南，即应该如何去做才能获得更优秀的管理成果，从而进阶为真正优秀的管理者。

提升综合能力也是实现优秀的管理绩效的一条有效途径，因此本书也会涉及管理能力提升的主题。但管理能力的提升和领导力的提升并不是本书主要的讨论方向，即本书不会大篇幅地探讨管理者如何提升自我的综合管理能力。为了更好地实现管理绩效的提升，在阅读本书的同时，读者还应该辅助查阅相关的参考书，进一步获取管理能力和领导能力提升的相关指导。

本书也是管理者的一本工具书，无论是管理的各种定义还是各种管理方法，无论是专项的管理方法还是通用的管理技能等，都可以在本书中查询到很多有用的建议，管理者可以有针对性地采纳，或者根据组织的类型加以改进后应用到管理实践中。

二、本书适用于所有管理者

在内容选择方面，本书尽可能做到更加实用，更加具体，更加有效；同时尽量做到更加通用，能够适用各种类型和规模的组织，能够给不同层级的管理者提供一些有效的建议。不同的管理者在借鉴本书的方法和建议时，需要根据书中对适用范围的建议进行取舍和选择。

购买本书的管理者都希望能够在阅读本书的同时提升自己的管理层级，同时也都希望自己的管理能力能够适应各种类型的组织，因此书中的大部分内容又几乎适合于所有的管理者读者。

总之，本书旨在帮助管理者提升管理水平和管理成果，帮助管理者从低层级进阶到高层级，适合于各个层级的各种类型的管理者，也适合目前不在管理岗位但想成为管理者的潜在管理者。

三、本书的主要内容

本书的主要内容如下：

1. 帮助管理者建立管理的概念，明确任何人都可以成为管理者，区分管理者最重要的能力和品质；

2. 帮助管理者做出定位，从而判断自己注意力的分配范围和重点；

3. 通过逐一分析管理者所需要管理的内容，帮助管理者对自己的工作查漏补缺，从而判断自己管理绩效的薄弱点，并根据每一项内容所论述的方法进行调整和优化，从而实现更佳的管理绩效；

4. 协助管理者获取优秀的管理成果，协助管理者实现管理进阶，内容包括思维方式的转变，注意力分配的变化，具体的管理方法等；

5. 识别常见的管理误区，让管理者少走弯路，更快更好地获得管理进阶。

在章节编排上，本书的主要内容包括：

第一章，对管理的定义，管理的基本要素的阐述。借此协助管理者找到工作的方向和角色定位，更好地梳理管理职责。

第二章，管理者的管理内容，包括通用的管理内容、高层管理者管理的内容和专项的管理内容。通过对基本管理内容的阐述，一方面帮助管理者梳理岗位管理任务，查漏补缺，另一方面也帮助管理者掌握这些管理任务的管理要点，以达成更有效更高效的管理行为和成果。

第三章，管理者的管理实践。这一章从更加具体、微观的角度，讨论管理者较为通用的管理内容，为管理者的实践提供有效的管理手段和方法，并阐述其适用范围和使用要点，以便管理者能够更准确地在管理实践中加以应用，为创造管理成果提供“技术层面”的保障。

第四章，论述管理者如何提高管理效率和绩效。本章是获得更佳的管理成果的核心内容，也是本书的核心章节，主要包括了直接提升经济指标的方法，提高组织效率的直接和间接方法，还包括了提升组织长效绩效的方法，为管理者实现进阶提供具体可操作的方法和途径。

第五章，优秀管理者的进阶。主要从能力提升的角度论述管理者的进阶方法，并阐述如何将管理者的优秀特质融入管理工作中，从而获取更优秀的管理绩效，进阶成为真正优秀的管理者。

第六章，管理者的误区。包括了概念上、思维上、方法上的管理误区，解决管理者经常遇到的管理疑虑。

第一章到第三章适合于所有读者。第一章包括了任何层级的管理者和潜在管理者都需要了解的基本管理要素和管理的真正内涵，有助于管理者做出准确的管理定位；不同的管理定位直接决定了不同的能力品质要求、不同的工作内容、不同的关注点、不同的努力方向。第二章的工作内容涵盖了所有层级管理者的工作内容，不同层级的管理者可根据组织和自身的实际情况做出选择，同时也可以让管理者发现一些需要去做但还未去做的工作任务。第三章包括了管理者基础的和通用的管理技能，几乎所有的管理者和潜在管理者都需要不断反复练习这些技能。

第四章和第五章适合已有一定经验的管理者，尤其是想要获取更佳管理绩效的管理者，通过阅读本章，并认真地加以实践以实现管理水平的提升，最终会进阶为更高层级的管理者，并形成良性循环。

第六章为补充章节，适合所有管理者作补充阅读。

四、本书的主要特点

本书最主要的特点是实用，主要体现在几个方面：第一，本书使用的语言尽量通俗易懂，表达方式尽量直接，语言去除华丽的修饰，只追求简单的“有用和实用”；第二，本书所介绍的管理内容和管理方法尽量更接近中小企业现实存在的工作场景，内容的适用性强；第三，本书尽量规避对理论的论述，以阐述实际的、具有可操作性的方法为主，且尽量以更具体的方式表达清楚和完整，可以直接使用，实用性较强。

本书的第二个特点是丰富的视角。在对管理问题的论述上，既站在更高层级管理者的角度进行高屋建瓴的把握，也会站在低层级管理者的角度考虑具体管理任务的执行，还会站在普通岗位人员的角度，对管理任务的具体着力点进行论述，从而确保整套管理系统的连贯性和有效性；对于具体的管理方法，也有丰富的论述视角，既有思维方式上的表达，也有具体行为上的关注，还有对结果的考虑等；对于某一个具体问题的描述，也力争从多角度进行描述，既有问题产生的原因、问题带来的不利和有利因素，也有解决问题和提升效能的方法。一方面，丰富的视角能够确保论述的完整性和系统化；另一方面，从多角度论述，论述的内容才会更客观，也会更有效和实用(很多方法因为只单纯地从管理者的角度考虑，而忽视了被管理者的适应性因素导致失效)。多角度还能激发管理者的发散思维，从而让阅读本书的管理者有更多的管理灵感。相互呼应的、丰富的视角和深入浅出的论述，让本书的内容能够从表层形式和深层实质上对管理者形成指导，让管理者真正学习到有效的管理方法。

管理工作是一项复杂的工作，但并不是一项高深的工作。任何职场人士都可以成为管理者，任何管理者都可以获得更优秀的成果。而本书要做的，是帮助管理者找到获取优秀成果的动力，获得创造优秀管理成果的能力。希望本书能帮助所有管理者获取更优秀的成果并实现管理进阶。

目录

CONTENTS

第一章

Chapter 1

管理的定义

一、名词释义

1. 名词释义

本节对书中频繁出现的名词进行释义，以帮助读者准确理解本书的内容。

组织：本书所指的组织是指以一定的经济目的为基础，以合作的关系由多人或多个子团队共同组成的经济利益体，可以是企业，也可以是企业中的某一个部门，或者是一个生产团队。组织必须具有经济属性，如果是社会公益组织或者没有经济属性的民间组织，均不在本书探讨范围之内；定义为组织的企业可以是制造业企业比如工厂，也可以是智力生产型企业比如咨询公司，还可以是中介型企业比如房产销售公司等。

产品：本书所指的产品是指有经济属性的经过组织的生产过程的有价实物或服务；可以是具体的实物、抽象的智力成果，也可以是有价的服务等；对于不是为实现组织经济目的的物品或成果，不在本书所指的产品之列。

生产：本书所指的生产是指组织将生产资源（包括人力资源）通过一系列过程或流程变成产品的价值增值过程；这个过程可以是体力加工，也可以是机械加工，也可以是脑力加工，还可以是增值服务；生产强调的是经济增值的过程。

管理者：本书所指的管理者是指在组织内行使管理职权并承担组织责任的人员，这些管理职权包括调配资源、组织生产或者管理团队等，承担的组织责任包括产品责任、团队建设责任、组织目标责任等；组织内的管理者可以是组织的CEO或高层管理者，可以是某一个子团队的管理者（即部门负责人），也可以是各子团队内部的基层管理者，还可以是某一个项目或任务的负责人等；管理者根据其岗位分为不同的层级，不同的管理层级在工作内容、注意力分配、工作方法等方面都有一定的区别。

管理：本书所指的管理是指在某一组织内，某一特定的工作岗位(可以不是管理岗位)，执行的一系列以管理形式存在的工作任务，包括对事务、流程、人员的管理，比如发起任务指令、沟通、计划、组织、检查、建立联系和合作等。

流程：本书所指的流程是指产品生产过程中的环节、工序、步骤、工艺以及与之相关的资源配合、内外接口、各种控制机制等的集合；流程对应的是产品的生产，是产品生产的时间属性、资源属性和控制属性的综合；流程的好坏包括工序本身的合理性、资源消耗的匹配度，以及过程控制的易得性等。流程的好坏对产品的价值有重要的影响；流程是产品价值属性的要素之一，其他的产品价值属性要素包括产品设计、产品营销(产品销售的价格是产品价值的体现)等。

资源：本书所指的资源是指产品生产所需的有价的生产要素和辅助要素，包括实物生产原料、生产设备、人力资源、智力资源、资本资源、管理资源，以及与这些资源相关的要素等；资源是产品生产的基础要素，是组织获取经济价值的原始形态要素。一切作为资源存在的要素都是有价的，都具有价值属性。

项目或任务：本书所指的项目或任务是指一项有目的、有计划、有资源匹配的系统性工作；大的项目或任务可以指一个完整的经济过程，比如生产产品的过程；小的可以指一项具体的工作，比如撰写一份工作报告。

管理绩效：本书所指的管理绩效，是指组织的管理者通过对生产要素、生产流程、产品销售和其他事项的管理，生产出来的具有经济价值的产品数量和质量的统称，也包含对经济价值提升的潜在成果，比如生产团队整体能力的提升等；管理绩效好，意味着由管理产生的成果质优量多，比如组织的利润额高等；等同于管理效益；管理绩效侧重于通过管理手段达成的成果和效益，强调管理在成果实现过程中的作用。

激励：本书所指的激励，是指为实现一定的管理目的(比如培养组织文化、调动团队成员积极性、人才培养等)，管理者通过一些管理手段，对组织成员产生物质或精神作用的行为。激励手段包括经济奖励、职位晋升、培训机会、平台历练、精神激励等；激励包括正向激励和负向激励，本书中如果没有特殊说明，激励是指正向激励；负向激励包括扣罚薪酬、当众警告、资源分配负激励等。

普通工作岗位：本书所指的普通工作岗位是相对管理岗位而言的，即非管理岗位的工作岗位，包括普通工人的岗位、技术岗位、其他各种单一工种的工作岗位以及没有管理任务的岗位等。

2. 组织的结构

组织是本书探讨的基本对象，是管理存在的基本载体。管理者需要了解组织的结构和运行，才能了解管理在其中的作用方式和作用内容。通过对组织结构的了解，管理者对不同层级的管理和其对应的角色有一个较为全面的认识。以下针对组织的结构从管理角度进行概述。

通常来说，组织由负责战略的高层管理团队和下属的各专业子团队组成，不同的子团队有着不同的分工，他们之间通过一套特定的生产流程和资源分配机制进行合作和对接。

本节对常规组织的组织结构进行分解，并重点描述各子团队特定的工作任务和职责。需要说明的是，这些子团队的任务和职责不仅包含了常规任务，还包含了提升组织绩效而需要的一些特定任务。

高层管理团队：制定组织目标和战略计划，管理组织的经济指标，协调各子团队的资源分配，培养完整的人才梯队，尤其是各管理岗位的人才；提升组织的整体专业业务能力和管理能力，管理组织的创新，管理组织的核心竞争力；管理各子团队的绩效和它们之间的相互联系，确保各子团队之间高效合作；管理组织的外部接口，为组织获取更多可用的外部资源；负责组织的品牌建设、团队建设及文化建设等。

采购团队：为生产团队提供有时间属性的资源供应；与下游组织达成战略合作关系；降低资源获取的成本，确保资源质量的稳定性，提升资源获取的稳定性。

产品设计团队：从市场或组织内其他部门提取市场信息，设计符合市场需求的有价产品，时刻保持产品的适应性，并着力创造产品的高附加值，将组织的核心技术转化为产品，确保产品具有核心竞争力。

研发团队：通过各种创新（尤其是技术创新）和通过提升可转化为经济指标的创新比例，保持和提升组织的核心竞争力。

生产团队：生产高质量的满足市场需求的产品或成果，并通过改善生产流程、优化资源配置、控制产品质量和进度等措施，提升资源使用效率，必要时提出生产资源改进的需求和计划。

营销团队：将组织生产的产品销售给市场，并通过营销策划、营销管理着力扩大市场份额；通过营销手段提升产品的相对价格（即通过包装、品牌度、附加服务等提升产品的附加价值），提升组织的利润率；为生产、研发和设计团队提供及时、准确、全面的市场信息；维护正常的市场资源，并着力提升组织的市场资源质量和数量。

人力团队：为各子团队提供人事服务（招聘、考核、解聘），为组织所有成员提供人力资源服务；建立并执行组织的人才培养体系；提升人力资源使用效率，协助评估各岗位绩效，协助人才调岗，协助各部门之间的人才流动。

除了上述各子团队特定的职责和工作内容外，还有一些通用的职责和目标：协调团队成员与组织的价值观；使团队成员与岗位相匹配，从而提升团队效率；建立合理的资源分配机制和绩效分配机制；管理团队内部的合作和氛围；培养内部人才，提升团队的业务能力等。

除了常规的组织结构外，还有一些其他形式的组织结构，比如规模较小的组织，可能是扁平化结构，即一个或两个管理者对应着较多的普通生产工作者，此时管理者需要考虑几乎所有类型的管理工作；还有很多组织采用事业部类型的组织结构，管理者只需要考虑各个事业部之间的合作问题和组织的整体问题，其他所有的经营、生产问题都下放至各个事业部，此时事业部的管理成为一个完整的具有经济属性的基本组织单元。无论是哪种组织结构，组织的管理都是围绕生产流程进行的，都是围绕组织创造的经济价值进行的，所有的管理工作都是为组织的盈利服务的，组织结构无所谓好坏，只要适应组织的经济盈利模式即可。

3. 组织的运行

在了解了组织的结构与管理之间的关系后，还需要了解组织的运行过程，以明确组织运营对管理的依赖性以及组织的管理对运营的影响。

组织存在的原始意义是组织的发起人为获得一定的经济收益而设立组织，所以一切的原始权责利都来自组织的发起人，更准确地说是组织的所有者(部分组织的发起人可能没有组织的所有权)，由组织的所有者确定组织的经营者(所谓经营者是指为组织获取经济效益直接负责的组织管理者)，有时部分或全部的所有者也参与经营。

确定经营者之后则是根据组织的性质确定管理团队、生产团队、营销团队等子团队，即所谓的组织分工，然后确定管理、生产、业务流程，从市场或外界获取生产资源(人力资源亦是生产资源的一种)，管理团队负责组织生产和销售，从而获取从原始资源到市场有价产品的经济价值的增值，形成组织的经济效益。这是组织存在之后的基本运营流程，是一个组织运行的初始状态。

然后便是经营者为实现持续稳定增长的经济指标转而向管理团队提出要求。管理者通过各种管理手段来提升资源使用效率，提升管理绩效，扩大市场份额等；管理者通过对注意力的分配管理来权衡组织的短期和长期利益，通过打造组织的核心竞争力来稳定或扩大组织的盈利能力。

之后便是管理团队进行组织的日常管理，对各种流程、制度甚至是模式的优化改进进行管理，同时接受经营者的监督和要求，管理者通过对组织的高效运营和有效管理，实现组织预期的当期利润和远期稳定的发展。

对于组织的运行来说，管理者需要为实现组织的整体经济指标而努力，也需要为组织的获利能力而努力；既需要考虑满足市场和客户的各种需求，也需要考虑组织本身各项能力的创新；既需要让组织内的分工更细致更专业，又需要让各子团队为共同的目标高效合作；管理者既需要考虑组织内人员岗位的匹配和人力资源的效率，又需要考虑人才培养体系的运行和人才个体能力的提升；既需要快速高效地组织生产，又需要严格控制产品和服务的质量；既要保证产品和服务在市场上的营销数量，又不能降低产品和服务的价格和减少组织的利润率；管理者既要做好自己的本职管理工作，又要使组织内的其他人各司其职发挥作用，完成组织既定的每一项任务；可以说，管理者和管理团队是组织高效运行的关键，是组织创造价值和产生效益最重要的因素。如何让管理者更优秀，让管理者在组织内发挥更大的作用，是组织的所有者必须要重视和研究的主题。本书不从所有者的角度去探讨如何提升组织的管理绩效，而是着重从管理者自身的角度探讨如何提升管理能力，提升为组织创造价值的能力，以及如何为组织获取优秀的管理成果，如何实现管理者自身的进阶。

二、管理的定义和内涵

1. 管理应该有明确的管理目的

管理，广义上是指组织相关的人力和物力资源，去完成特定的任务或项目；狭义的管理特指管理者在组织内部进行的一系列针对组织经济指标和组织目的的行为；本书讨论的管理主要是指狭义的管理；管理的价值体现在任务完成的质量、效率和创造的价值大小以及完成任务能力的提升；好的管理不仅能实现管理的目的，还能为组织积累创造价值的能力；从微观角度说，管理的一个目的是提升团队的工作效率和资源的使用效率，另一个目的是通过对组织各价值要素的管理，创造超过其累加价值的超额价值。

管理最重要的要素是，关注价值，即管理以创造价值和成果为目标，如果管理者没有成果，一切的管理活动都是无意义的或无效的；具体地说，每一个管理任务都带有目的性，每一项管理活动都有明确的目的(这个目的有时是宏观的，有时则是微观具体的)，管理者在执行管理工作时应该首先明确管理目的，并应时刻以管理目的为指导和依据。管理活动通常比较复杂和繁琐(部分原因是管理对象包含情绪化的人)，以至于管理者容易迷失自己和自己在组织中的角色定位。经常发生的情况是，我们容易为了管理而管理，或者为了实现自己的感受而管理，而完全忘了我们管理的目的是什么，忘了我们应该创造怎样的价值。所以，管理者必须明确管理目的，并坚持以管理目的为导向完成各项管理任务。

2. 管理层次

根据其工作的内容和深度不同，管理可以分成几个不同的层次。

第一层次的管理，谓之执行的管理，即有固定的流程、固定的岗位制度和职责，管理者只需要组织和监督各个岗位的人员按照流程和职责去执行工作任务即可。此时管理者无需创新，无需对团队结果的价值负深层次责任(所谓深层次责任指的是管理者要让团队创造的工作价值在现有基础上不断地提升的责任，对应的是浅层次责任，指的是只需要保证在固定的流程范围内不出问题即可。浅层次责任不代表不需要负责任，管理者仍然需要通过人员调配、流程检查等保证固定的流程被有效地执行)，这一层次典型的管理者如加工型组织的生产车间的班组长等，其主要职责是保证生产线上各岗位人员的在岗率，更注重执行层面，甚至团队成员的薪酬绩效都不由管理者决定，此时团队成员的整体价值不是管理者考虑的重点。管理者的重点在于对上级指令(比如何时生产多少产品)和已有流程制度的有效执行。执行有效的管理者通常会被上级定义为优秀的管理者。此时“创造”和“提升”两个要素并没有被定义为管理者的评价标准之一，人和团队的管理也不是其管理的主要内容。因此，该层次的管理实际上还不是真正意义上的管理。

第二层次的管理，谓之简单的管理，管理者只需将项目或任务的内容分解到不同的岗位，制定相应的流程，让各岗位人员各司其职，即可让项目或任务自动完成。这一层次的管理只关注项目的起始资源配置和最终的执行结果，而不关注项目过程中人和团队的表现，也较少做流程的检查和改进，更多地依赖于初始管理者或上一任管理者的创造。对于这一层次的管理，优秀的管理者也会发挥自己的主动性和创新潜力，为项目或任务的执行规划出合理的流程和执行细节，但这一层次的管理对人和团队的关注仍然相对较少，对应地，在执行过程中团队的效率和创造的价值也不是管理者主要关注的对象。此时，管理的结果在一般的小项目或简单任务中表现尚可，而对于较大或较难的项目则难以有好的成果(合理的解释是团队成员在面对困难时比较容易出现状态不稳定，从而影响成果)。

这一层次的管理者的典型代表是没有人事权和资源分配权的部门经理等。

第三层次的管理，谓之全过程深层次管理，管理者不仅需要制定流程和制度，还需要在项目进行过程中，进行监督和检查，收集各项反馈信息，进行流程和进程的改进与修正，以提升项目完成的效率和质量。在这一层次管理中，管理者需要关注人员与工作岗位的匹配，让合适的人匹配合理的岗位做合适的工作，也需要关注流程的适应性和可发展性，还需要关注资源分配的合理性和资源的利用效率。管理者需要对整个团队的状态负责任。这一层次的管理者，还需要去做一些具体的工作，这些工作应该是整个项目中的关键工作(直接关系到项目成败的工作)，管理者对关键工作的精准识别和对关键工作的掌控情况是区别这一层次管理者水平的重要判据之一；另一个关键的判据是管理者调动团队整体积极性的情况以及团队整体资源的利用效率。这一层次的管理者，需要考虑自身注意力的分配，需要充分授权，确保团队人员包括管理者自身的价值与工作内容相匹配，还需要通过岗位调配和组织本身的人才培养体系进行关键人才的培养。

这一层次管理者的典型代表是具有独立人事权和资源分配权且具有固定业务内容的部门负责人或生产型企业的厂长等。

第四层次的管理，谓之提升的高级管理层次，这一层次的管理者不负责(不负责并不代表完全不相关，只表示不是该项任务的主导者，完全可以或可能是协助者或检查者)制定流程，也不负责过程控制管理。这一层次的管理者只对管理的结果负责，关注的重点是人和团队。这一层次的管理者的主要工作是识人、选人、用人和培养人，并通过沟通这种管理手段解决大部分问题。在不直接接触具体项目或任务、也不接触基层岗位人员和低层级管理者的情况下，需要对最终的结果负责是该层次管理者工作的难点之一；另一个难点是对不同岗位、不同类型、不同性格特点的人才都需要管理者去识别、包容和知人善用。

识别管理者的层次非常重要，管理者要获得出色的管理成果必须首先准确识别自己在组织中的角色，定位管理角色跟判断管理层级归属相辅相成，不同的角色对应不同的层次，不同的层次对管理者的要求存在较大的区别，管理者着力的方向也就有较大的区别。管理者要在制定管理策略和进行注意力分配之前进行准确的管理层级和管理角色的定位，否则很难获得理想的管理成果。

从第一层次到第四层次，管理者的作用和管理难度是递增的，从岗位上来说，也是向上进阶的。高层次的管理者通常会比相对低层次的管理者在管理能力和管理品质上更优秀。但从管理成果的角度来说，因为资源权限的不同，不同层级的管理者之间进行对比是不合理的。更高层级的管理者，拥有的资源更多，理应产生更优秀的成果，因此不同层次的管理者本身并不具备可比性。实际上，管理者的管理活动是否优秀，资源产出比才是更合理的评价指标。相同层次的管理者有普通和优秀之分，即在资源权限情况类似的，不同的管理者其管理成果会大不相同，相比之下，能更正确地进行管理定位，有更好的管理方法、更好的管理能力和品质的管理者通常会取得更优秀的管理成果。本书的目的是通过对不同层次的管理者的优秀特征进行识别，并为管理者提供一些管理方法，让读者能从中获益，找到提升管理成果的方向和方法，从而去创造更高的管理价值和实现管理层级的进阶。

3. 管理者首先需要正确的管理角色定位

不同层次的管理者对于工作的内容和能力提升的要求差别很大，因此管理者必须要做出准确的定位。定位准确的管理者才能有出色的成果，相反定位不准确的管理者工作很累但成果却不突出。定位不准确也称为管理错位，指的是管理者对属于自己岗位的管理工作投入度不够，而将注意力过多地分配给了与自己岗位无关的部分。对于组织来说，存在系统角色定位（如系统地设置岗位和匹配的岗位职责）和组织分工，管理者的工作错位会带来系统中某一部分的成果处于低谷，从而影响整个系统的成果，从评价结果看，这部分错位的管理者必然是失职的。管理错位会带来以下负面影响：一是会降低自己的管理绩效，因为职责范围内的工作投入度不够，必然会引起一系列与岗位成果相关的问题，比如质检部的管理者由于岗位投入度不够会导致产品质量检测不到位的问题；二是会影响各个岗位之间的配合，如果组织内存在很多的管理错位，则会引起流程的混乱，职责错位的岗位与上下游的衔接会出现纰漏；三是会导致被错位代劳或错位关注的其他岗位人员的松懈或推卸责任，如果被代劳部分的工作出现问题，则会出现责任纠纷，从而引起组织内部的摩擦。因此，所有的管理者都应该首先明确自己的岗位职责，在将自己岗位的本职工作做得足够出色的前提下，才可以去帮助其他人员做一些力所能及的额外的工作。

管理者应该如何进行管理定位呢？管理定位其实就是岗位角色的定位，定位内容包括了岗位本身的工作要求和外部联系要求，同时包括上、中、下三种外延，即对上的汇报外延、横向的合作外延和对下的管理外延。管理者首先应该根据组织的整体目标，确定相匹配的岗位的子目标，并确定为实现这个子目标最主要的核心任务是什么，同时自身在上、中、下的外延中应该扮演什么样的角色，只明确岗位的工作定位，才能给组织最有效的支持。

管理者的角色定位还包括在外部联系中的角色定位，管理者在外部联系中的行为应该以该角色定位为依据，即不同的组织角色应该有不同的立场和原则，比如参加合同谈判时，谈判主体分别是市场部门管理者如市场部经理和组织的高级管理者市场总监，两者有着不同的谈判水平和力度，市场部经理需要若干次才能达成的协议，换作市场总监去谈判则可以更快速达成，因为更高级别的管理者有着更大的影响力，也有着更多的资源权限，可以体现出更好的决策力。对于组织来说，一方面，更高级别的管理者的注意力是稀缺资源，其分配的合理性有着重要的意义，比如市场总监应该尽量去参与那些更重要的、更有难度的市场谈判，而不应该去参与那些本来就属于市场部经理的谈判业务，这就是岗位角色定位、岗位职责与注意力分配的匹配，也就是所说的组织内的岗位和工作价值的匹配

(后面还会讨论岗位和人才的匹配)。另一方面，作为管理者，在对外联系时要充分利用角色定位来树立自己的影响力，既是对组织整体形象的体现，也能够在组织的对外联系中取得更有利的外部合作成果。

在管理中，年轻的管理者要注意不要过分地受到资历对角色定位的影响，因为年轻的管理者通常会表现出对组织内年长的或资深的其他人员的一种自发的尊重。从个人的角度来说，这是合理的，不过如果这些年长者是自己的下级管理者时，则要区分个人尊重和管理角色定位，即更高级别的管理者需要承担更多的责任，需要在决策时果敢地做出决策，并合理地给下级管理者做出有利于组织目标的各项工作安排，不应碍于情面而犹豫不决，最后影响组织的整体利益。总的来说，管理者的组织行为应该由组织角色定位来确定，而不应受其他干扰因素的影响。

另外，有一部分管理者过于依赖助手或技术支持，对很多问题的决策总是无法快地达成或出现反复变化，此时最大的问题是管理者对责任的承担能力差，对于决策产生的结果无法把握，从而不敢承担因此产生的对组织的影响的责任，故而难以做出决策。对于这种情况，管理者需要切实提升自身的决策能力，首先是分析问题和解决问题的能力，即管理者要快速判断问题的级别，并据此提出初步解决方案，并对各种解决方案的成功概率和可能带来的其他影响做出判断，最后分析它们之间的利弊而做出选择；其次需要增加对组织的担当，即使决策失误，也要敢于承担后果，敢于面对不利的局面，这样能够放下决策的包袱，从而更高效地更合理地做出决策；再次，管理者需要放下个人利益，以提升决策力，在没有掺杂个人私念的前提下，管理者会有更强的担当力，也有更强的影响力，无论是组织还是组织内的其他成员都会支持一个没有个人私念而敢于承担责任的管理者，并会包容他的一些失误，此时管理者做决策的压力会更低，心理负担会更小，自然就更容易做出决策。

最后，需要指出的是，管理者也有责任帮助下一级管理者做好角色定位，下一级管理者的角色定位是否准确也会影响团队整体的管理成果。

4. 管理者对应的是责任

管理者对应的是责任，越高层级的管理者对应的责任越大，包括团队的成果责任、决策责任等。从某种角度说，能够承担责任，管理者才可以获得相关的决策和资源权限；能够承担责任，才会尽力地去获取更好的结果。管理者对应的责任应该是与所负责的组织或团队同级别的，相应层级的管理者承担相应等级的责任，组织的最高层管理者对应的是整个组织存亡和发展的责任，高层管理者对应的是组织整体目标是否能实现的责任，中层管理者对应的是组织的各个子目标是否能实现的责任，而低层管理者对应的是具体的一系列任务的完成质量的责任。

管理者在工作中应该主动承担责任，工作中为责任而存在，尤其是在发生一些负面的或突发的问题时，管理者更应该主动承担责任，切实地去解决问题，而不是选择逃避或推脱。有部分管理者由于本能的自保意识会将责任归咎于外界或下属，一方面，这样的做法只会导致问题更加严重，因为管理者不去解决问题或者挽救损失，下属就更不愿意去承担责任，而且通常情况下下属解决问题的能力更差，对问题的处理可能会更低效，最后问题可能依然存在，这样对组织成果的影响是负面的。另一方面，经常推脱责任的管理者会逐渐丧失对团队的影响力，这对团队的管理者来说将会是致命的问题。从本质上来说，任何组织内部发生的问题首要责任都应该由问题发生范围内的最高管理者或者问题引发者的上级管理者来承担，即使问题就是来源于某些岗位员工的失误或错误，如果这些失误导致了组织或团队成果的下降，也只有相应层级的管理者才能承担起这样的责任，此时该层级的管理者，就应该主动地承担责任，尽快解决问题，从而降低问题带来的损失，也避免整个团队失去凝聚力。承担责任并不是管理者最应该做的，避免问题的产生才是，为此，管理者应该采取必要的控制或改进措施，比如亲自或指派可靠的下级管理者对整个流程中的关键部分进行监控，或者设定配套的固定检查程序，再比如不断地改进用人体系来提升岗位的匹配度，或者通过合理的激励制度和手段来增强各关键岗位人员的责任心等。总之，减少问题的产生尤其是对组织整体目标会造成影响的重大问题的产生是管理者承担责任的更合理的方式。

对于责任和能力的关系，存在以下几种情况：一是管理者的能力高于现有岗位所需，则完全可以承担更高级别的责任从而实现管理进阶；二是如果管理者能力已经完全胜任现有岗位，也应该去尝试承担更高级别的责任，这意味着接受挑战，会进一步提升自己的能力，也意味着可以为下一级别的管理岗位做准备（后面会提到这是管理者进阶的最好方式）；三是如果管理者的能力还不足以胜任现有岗位，则只能不断提升自己承担责任的能力，直到能力和岗位匹配，再过渡到第二种情况；总的来说，承担的责任应该适当地超出自己的能力，以获得锻炼能力的机会，这是一种积极向上的模式，对于一部分缺乏上进心的管理者来说，追求的是低责压力的状态，这时候管理者的能力是有部分闲置的，这部分能力没有转化为价值，更重要的是，如果长期保持低责任压力的状态，影响力会逐渐降低，组织和团队的认可度也会逐渐降低，从而丧失进阶的机会，对于想要获取优秀成果的管理者来说，这种状态绝对是应该避免的。

关于“管理者对应的是责任”这个理念，部分管理者会陷入一个误区，他们不认为管理者对应的是责任，相反，他们认为管理者对应的是权利，他们希望成为管理者是想享受那种在人之上的感觉和可以随意调遣资源的权力。实际上这是一种严重错误的心态，如果管理者认为权利比责任更重要，他们会更倾向于享受权利带来的轻松和满足的感受，而忘记了组织的责任和目标，忘记了获取成果对应的是艰辛和努力，久而久之，追求表面的感受而忽略组织的内核发展会逐渐降低获取管理绩效的能力，组织的成果会越来越差。管理者的权限只是为了给组织目标提供更大的空间和可能性，这些权限只是为组织目标服务的工具，而不是管理者实现个人享受的工具；从组织成果的角度来说，每一次资源调配的过程，都对应着一种责任，一种为达到组织目标前进一步的责任，因此管理者需要充分发挥自己和团队的能力，让每一次“权限”的使用都产生积极的效益。

5. 管理者需要深层次的主动性

很多低层级的管理者从事管理工作可能只需要按部就班(比如上面提到的第一层次的管理者)即可，并不需要发挥太多的主观能动性。严格意义上说，这一层次的管理其实并不是真正的管理，更像是另一个有固定工作内容的普通岗位。真正的管理一定是主动的，是管理者主动完成一系列既定的或自发的管理任务。主动才能创造管理的价值，主动管理才能提升技术、势力等普通岗位的组合价值。

管理包含的主动性，是深层次的主动，是真正意义上的主动；对应的“浅层次”的主动指的是简单的主动，比如主动吃饭、主动睡觉、主动去喜欢一个人等，这些主动多半是比较容易的，不会消耗大量的体力、精力、脑力和毅力。而管理的主动则不同，需要我们克服人性的弱点，比如懒惰、情绪化、自私等，然后在没有提示和没有外界约束的前提下，耗费自己的精力、注意力和意志力，去自发地进行管理活动，比如监督检查、发起某项任务、主动沟通、主动与外界建立联系等。还有一部分管理活动，不去完成也不会造成明显的后果，对于这一类管理活动，管理者如果没有深层次的主动性，则可能会放弃或者拖延去实施。主动性还需要有较强的抗干扰能力，外界的干扰是破坏管理者主动性的重要因素，如果管理者不能从主观上屏蔽外界的干扰因素，最终的管理成果将会大打折扣。

管理中的主动性包括主动思考、主动计划、主动组织、主动检查、主动做一些提升团队业务能力的事情，任何一项管理活动和任务都需要加入主动性要素，可以说，具备了主动性要素，就具备了管理的基本特征。

三、管理者的能力和品质要求

1. 管理者的基础能力要求

对于不同层级、不同岗位的管理者，在能力要求方面略有不同；对于高层级的管理者，更重要的是行业背景、大局观、战略能力和决策能力；对于中间层级的管理者，更重要的是团队管理能力、人才激励能力和必要的组织计划能力；对于低层级的管理者，更重要的是组织计划能力、执行能力和解决问题的能力等。而有一些能力是各层级都通用的管理能力，谓之管理者的基础能力，这些基础能力是管理能力中的核心部分，与管理层级无关。表面上看这些基础能力对基层管理者更加重要，实际上它们对高层管理者来说一样重要。从另一个角度说，高层管理者之所以能够从低层级管理者实现进阶，正是因为他们处在低层级管理阶段时在基础能力方面有更出色的表现和有更快的进步，使得他们能够不断地获得更多有挑战性的管理任务，通过胜任更高级的管理任务实现不断地进阶。从这点来说，真正优秀的管理者总是会不断地进步和成长，而这些进步和成长又更多地依赖于基础能力的足够出色。因此，无论对于哪个层级的管理者，基础能力都是管理绩效最重要的支撑，获得优秀管理成果的管理者总是善于通过各种方式和机会将自己的基础能力不断夯实提升。

管理者的基础能力包括：解决问题能力、执行能力、组织计划能力、团队管理能力、情绪管理能力。

解决问题的能力属于管理者最基础的能力，事实上不仅管理者需要这种能力，很多专业岗位也需要这种能力，能解决问题才能在管理中清除障碍，保持前进的方向，最终才能获取管理成果。解决专业问题的能力不同，管理者解决问题的能力侧重于通用流程、资源协调、团队激励等方面，包含挖掘问题的本质的能力、辩证思维能力、决策力等。出现问题时，管理者首先需要判断问题的类型和归属，并根据问题的重要性和解决问题的资源权限作出相应的决策，或自己亲自解决或授权他人解决或放弃解决等。如果需要亲自解决，则需要找到问题的本质冲突和关联的相关关系，分析不解决问题的后果，判断问题的急缓程度等，进而提出解决思路，或者处理问题的核心部分。对于管理者来说，有很多解决问题的特殊方法，比如有些问题需要交由他人处理，有些问题需要延迟处理，有些问题则需要放大处理，有些问题甚至需要故意不进行处理等，选择如何处理关键看最终要达成的目标是什么，要让问题为目标服务，比如如果想锻炼下属，就需要故意将问题暴露，从而让下属去承受问题带来的压力和探索解决问题的方法。有时候管理者也需要根据问题进行得失取舍，得到主要部分结果即可，对于次要部分或次要关系要忽略或放弃，切忌按照处理专业问题的方法(处理专业问题只有一种选择，就是高效正确地将问题解决掉)去处理管理问题，那样会让管理工作变得死板而艰难。由此可见，管理者的解决问题能力更重要的是对问题的正确处置能力，其次才是切实解决问题的能力。

执行能力是管理者另一项最基础的能力，主要指的是达成目标的能力，即能够排除各种干扰因素不断地朝既定方向努力直至达成目标，其次也包含责任心和任务落地能力等。绝大多数的管理者都是从普通工作岗位或专业技术岗位调岗或升级而来，组织将一个普通岗位工作人员提拔至管理岗位最重要的标准之一就是该人员的执行力特别强，如果执行力较差，是很难胜任管理工作的。

执行能力主要体现在以下几个方面：一是对工作任务的理解能力，包括任务的目标、可用资源情况和评价标准等，如果对工作任务理解不够透彻，可能会影响任务执行的结果，比如偏离任务的目标，或资源使用不够导致任务完成度偏低等；二是对工作任务完成的坚决度，所谓坚决度主要是指遇到挫折和困难时是否会轻易放弃，是否将任务的完成放在最重要的位置，遇到问题，是否会想方设法去跨越障碍，而不是将其作为任务完不成的借口；三是完成工作任务的质量和时限，执行力不强的人员即使最后完成了任务，也可能会降低完成的质量或者超出任务给定的时限，而执行力强的人会特别注重任务的限制因素并严格遵守，确保最后任务完成能达到预期的效果；最后一个更高级的指标是完成任务的资源产出比，即在执行任务时，以更小的代价获得更多的成果。

很多时候，我们接受的任务会缺少部分要素或已有的要素很模糊，比如我们不知道要执行的任务在组织整体任务中的位置和作用，不知道任务的截止时间或可用资源，不知道任务完成成果优劣的标准等。如果在接受任务时不将这些要素确定清楚，往往代表我们的执行能力有问题，因为在这种情况下我们并没有想到要将这个任务如何按照合理的标准去做好，所以也就没有这些要素的需求。可想而知，最后执行的结果往往是自己认定的标准，因为没有考虑其在组织中的作用和地位，通常并不会按预期实现组织的总体要求。当然，任务下达者也属于对执行力不敏感的管理者，但任务接受者不能以任务下达者本身未将部分要素明确而作为任务完成不理想的借口，而是应该主动沟通和询问将模糊的要素一一明确。

管理者对下属的执行能力评价通常来自以下几方面：其一是对任务认领的态度，尤其是遇到有困难的任务或者在下属看来并不公平(也许实际上并非不公平，只是看问题的角度不同)的任务安排时，执行能力差的人通常不会顾及组织的目标，而会更看重自己的感受和利益，执行能力强的人则会以组织利益为重，会站在更高的角度去看问题，认领任务也不会只顾个人感受，所以即使遇到有困难的任务或所谓不公平的安排也会从大局出发，接受任务的安排。其二是在执行任务过程中解决问题的积极性和态度，执行力强的人会想更多的办法去应对出现的问题，并在失败时不轻易放弃，而是寻求更高级别的支持和指导，并最终达成目标；面对更简单的任务时，则会将其完成得更加完美。相反，执行能力较差的人在遇到问题时更容易未思考解决方法就直接向上级反馈，将困难留给任务下达者，或者干脆放弃，以失败的结果向上交差；遇到简单的任务时，则容易掉以轻心而导致不好的结果。执行力越强的人能完成的任务的难度级别越高。其三是对任务执行的反馈，执行能力较强的人通常会对任务执行的结果负责任，并较少地在过程中干扰(所谓的干扰是指不断地将任务的困难和问题向上反馈)上级管理者，但最后会将最终的结果反馈给任务下达者，而执行能力较差的人则相反，他们倾向于在过程中不断地将困难向上反馈，并索要解决困难的方法，甚至刻意强调任务的不可执行性，而对于任务完成后的结果往往并不会积极地去向上级管理者汇报，总是让任务下达者反过来向其追问结果。

执行力强的人会让管理者在安排任务时更加信任，即使他的知识技能和其他能力并不是最好的，也会让管理者安排工作更加容易，会为管理者省去很多对任务执行监控的注意力，执行力强直接和间接都提升了组织整体的效益。对于管理者来说，一方面应该将自我的执行力体现在管理任务的执行中；另一方面应该通过指导和培训等方法切实去提升下属的执行能力，这是团队达成组织目标的基本保障。后续还有相关章节会深入探讨该问题，这既是管理者应该去关注的，也是值得去关注的。

组织计划能力是真正属于管理者的基础能力，之所以说是“真正属于”，是区别于上面所说的两种更通用的基础能力，对于非管理岗位来说，组织计划能力要求并不是那么突出，而管理者则相反，它是任何级别的管理者都需要经常应用的基础能力之一，可以说，管理者只要具备较强的组织计划能力，加上较强的执行力，就完全可以胜任一般基础的管理岗位。组织计划能力是指针对某一个项目、任务或活动，进行策划、计划、安排、实施、改进、督查等一系列组织行为并达成预定目标的能力，包括资源的使用和分配、流程的制定和控制、人员的组织与调配等。组织计划能力强的管理者能够充分利用有限的资源去实现既定的组织目标，并可以产生较多的附加价值，如团队的凝聚、与外部资源的交流、流程的改善和固化、实践的经验教训等。

团队管理能力也是管理者的一项基础能力，管理团队是管理工作中非常重要的一部分，只是不同层级的管理者对团队管理的深度不太一样，相同的是都需要与任务执行的人员沟通，都需要有一定的影响力，管理工作离开了沟通是不可想象的。团队管理除了必要的沟通能力和协调能力之外，还与管理者自身的某些品质如正向思维、乐观、积极主动等相关，品质好的管理者个人影响力大、号召力强、凝聚力强，更能吸引到价值观一致的团队成员，相应地团队整体能力会更强大。本书不讨论个人品质，主要讨论与管理者个人能力相关的部分，包括沟通协调能力、资源分配能力和团队激励能力等。

沟通协调能力在团队管理中是最重要的，管理者的日常工作最主要的就是沟通协调，甚至可以说其他的管理工作都需要通过沟通协调来实现，比如资源分配需要沟通协调，团队激励也需要沟通协调，因此沟通协调能力也是管理者所有基础能力中的基础能力，该能力水平直接决定了团队管理的成果。对于如何提升沟通协调能力，这里不做详细论述，读者可参考相关书籍但需要强调一点，就是沟通协调的意愿性和主动性（意愿性也是一种能力），也就管理者应该要主动发起沟通意向，积极地去运用沟通能力快速解决遇到的问题，与管理者的主动性的内涵是相对应和匹配的。意愿性和主动性属于态度的范畴，在有正确的态度的前提下，才能充利用沟通能力达到沟通的目的。

资源分配能力也是团队管理能力中的关键能力，因为资源分配的合理性直接决定了流程运行的流畅性和高效性，也直接决定了团队的整体状态和产出成果。要实现资源分配的合理化，需要考虑以下几点：第一，将合适的人放在合适的岗位，使人尽其用，这样人力资源的使用才会高效，同时能够让团队成员都发挥自己的潜力和长项，能够增强其信心和优化其工作状态，间接地增强其提升自我的动力。需要注意的是，人尽其用的标准除了按照岗位人员的能力和性格特点将其与岗位职责进行匹配外，还要遵从团队成员自身的意愿，确保其能够接受岗位匹配的结果。人岗匹配的附加价值是，在组织内除人力资源以外的其他资源配置也可以被优化，比如一个适合做产品的产品经理可以用更少的资源打造出理想的产品，也就是岗位人员的能力水平最优化会使得该岗位的任务执行都是最优的，如果组织内大部分岗位都满足人岗匹配，组织的整体资源效率一定是最高的。第二，为合适的岗位或人员分配合理的资源。管理者要注意的一点是为责任较大者或者贡献较大者提供更优质的资源，让资源公平高效地进行分配和流动，这样能够保证整个团队有稳定的最大化的成果产出；资源的合理分配也有利于团队的整体稳定，如果资源分配不合理，会导致团队成员认为不公平而产生负面情绪，从而影响团队的整体状态。第三，为团队制定合理的绩效薪酬体系。很多管理者可能并不具备直接的薪酬绩效分配权利，但是也有义务和责任协助组织完成自己管理的团队的绩效考核，使之尽量公平合理，只有团队直接的管理者才有可能对被管理者的工作表现和工作成果进行详细的评价，只有真实和详细的评价才能保证绩效考核客观有效，才能确保绩效薪酬体系的公平合理性。管理者应该重视上述三方面的资源分配结果，并对分配机制不断优化，确保团队的整体效率处在较高的水平，并确保团队状态的稳定。

团队激励能力是指管理者采用一些方法和措施来保障团队成员有稳定的情

绪、有高昂的士气、有饱满的工作热情而尽力去完成工作任务的一种能力。对团队有效的激励有助于提高资源的产出比，优秀的管理者必须要掌握团队激励的方法和技巧。团队激励的形式有很多，有公开激励或单独激励，有物质激励也有精神激励，有内部激励也有借助外部资源激励。管理者应该随时关注团队的状态，一旦发现整体士气低落或个体情绪不佳，必须立即分析原因并采取一些团队激励手段来改变这种低落的氛围，将团队的状态调整过来。管理者也应该关注核心成员的情绪，如果出现一些不正常的表现应及时进行沟通，消除影响团队产出成果的负面因素。如果管理者对团队的状态不关注，轻则会影响团队的整体效率，重则会导致团队成员不稳定，会出现较高的离职率。团队激励能力主要体现在：一是对团队状态的重视，或者说对团队状态有较高的敏感性，能及时发现团队成员出现的问题；二是会及时采取有效的措施去提升团队成员的表现，并能根据不同情况采用正确的方法实现目的；三是管理者重视培养自己的影响力，善于利用自身的影响力去提振团队的士气，同时会在团队中培养核心成员，让核心成员起到稳定团队情绪的作用；四是团队激励能力强的管理者不仅会以团队的成果产出作为指征，还会以团队成员之间的互助性和团队整体能力的提升程度来衡量团队整体的状态。

团队管理能力包括很多方面，以上三项是最主要的内容，它们对团队的成果产出影响最为关键，要提升团队管理能力就需要从这三方面着手；团队管理能力对管理者来说是最重要的也是最复杂的，因为它涉及对各种不同类型人员的沟通和管理，不仅需要管理者具有相当强的基础管理能力，还需要管理者具有较强的影响力；因此团队管理入门很容易，但要做好则需要深厚的沉淀和积累，管理者不仅需要不断提升综合能力还需要培养自身优秀的品质。

情绪管理能力是管理者另一项重要的基础能力，情绪会影响我们的岗位表现，会影响管理任务的完成，会影响沟通的效果，也会影响最终的管理成果。情绪管理能力较强的管理者能够时刻觉察自己的情绪和心态，能够理性地管理自己的情绪，并控制情绪为目标所用，情绪管理能力强的管理者能够减少情绪对自身状态的干扰，降低执行任务时偏离方向和目标的概率，自然也能够获得更好的管理成果。

情绪管理之所以重要，主要有以下原因：一是人的情感本身较为丰富，作为管理者又要不断与人接触，同时还需要经常通过沟通就一些问题达成一致，在这种情况下，管理者总是容易受外界因素和他人的影响，各种强烈的情绪总是会不断出现，管理者时刻都有进行情绪管理的需求；二是情绪会在主体不知情的情况下悄悄地控制一个人的言行，会产生不在我们预计范围内的危害。

通常来说，强烈的情绪会导致以下两方面的后果：一是不当的情绪会消耗自己的精力，会让自己沉浸在情绪中，无法静心高效地去完成本来应该完成的任务和活动；二是不当的情绪会影响自己在与他人相关的活动中的表现，会掩盖自己本来的能力和优势，会让他人对自己产生一些误解，从而会降低自己的影响力。

需要注意的是，情绪并不总是有害的，我们没必要刻意地去压抑自己的情绪，也无需去逃避自己的情绪，正确对待情绪的方法是顺其自然，让心理的强烈情感外化发泄出来，因为人类本身就是情感动物，一味地压抑情绪也是有害的，没有情绪的波动也是不正常的；其次，情绪也有一些有益的作用，比如情绪有时会让我们充满激情，有时则会让我们获得一些必要的压力，有时还能利用情绪达到一些管理目的，比如对一些下属的极端不良表现，利用不满或愤怒的情绪表达来对这些不良表现体现应有的态度，来向团队传达组织的价值观标准等。

更进一步地，对情绪管理的高级操作是“利用情绪”，一是利用情绪表达来达到一些管理目的，比如在团队管理中，我们需要通过强烈的情绪来提振团队的士气，需要用愤怒的情绪来遏制团队成员的不作为和不良行为；二是利用情绪激励自己更加努力，将失落或委屈等负面情绪转化为前进的动力；三是利用情绪表达来达到一些人际沟通的目的，比如谈判，我们需要有坚定的执着，不可置疑的稳定，比如催要账款，我们需要用适当的“生气”和“愤怒”来表达我们对于原则的立场。至于如何利用情绪，最重要的就是自己应该时刻意识到自己情绪的变化，时刻都保持清醒的头脑，清楚自己在做什么，并能够随时调整自己的情绪，同时确保自己知道自身的行为会带来什么后果或达到哪些目的。

可以通过是否能快速调整情绪的方法来检验自己是否真正处于自控状态，如果自己能快速调整，则表示正在正向“利用”情绪；如果无法快速调整，则表示自己已经被情绪控制，这时候我们还需要进一步提升自己的情绪管理能力。

如何提升情绪管理能力，一是让自己更加重视行为或活动的目的，因为对目的的坚持会让我们更能容忍或更容易忽略情绪的波动，从而间接地达到管理情绪的目的；二是刻意地练习自我意识水平，时刻觉察自己的心理状态，反复练习直至达到一定的深度：总是有一个理性的“我”脱离行为中的“我”去观察行为中的“我”，从而随时都能发现自己是否偏离了轨道，是否违背了初衷，是否产生了意外的情绪波动；情绪管理能力的核心就是自我觉察能力，后者的不断增强必然会让前者也不断地提升；三是刻意地练习情绪迁善能力，练习将情绪调整到积极状态的能力，即遇到任何障碍或困难都能更积极地去面对，积极地采取行动（这里的行动不但包括解决问题，还包括做出选择比如放弃不切实际的计划等），避免负面情绪持续影响心态；四是找到激发自己情绪的模式，也就是找到自己遇到何种外界的言行就会引发情绪波动的情境，然后分析其真正的原因，比如有些管理者过于在乎自己的声誉，遇到对自己声誉诋毁的事情就会据理力争甚至大发雷霆，此时管理者应该更进一步分析为什么会过于在乎自己的声誉，也许只是曾经发生的某一件事情留下了心理阴影，如果能够想办法走出这个阴影，则这个情绪的激发原因就会得以消解。

考虑到管理者工作的大部分时间都是在与他人接触，提升情绪管理能力在管理中就显得尤为重要，很多时候管理者的综合能力很大程度上都由情绪管理能力来决定，情绪管理能力也可以称得上是另一项基础能力中的基础能力，如果我们要在管理活动中取得优秀的成果，通过提升情绪管理能力来提升综合管理能力是一条有效的途径，好消息是只要我们按照上述的方法加强刻意练习(情绪管理能力练习还需要与自我综合修养提升相结合，能够相互促进)，情绪管理能力一定会有显著提升，一旦我们的情绪管理能力得以提升，就很快会在管理绩效上体现出来。

2. 管理者的其他能力要求

除了基础能力以外，还有一些能力是高层管理者应该具备的能力，要获得优秀管理成果的管理者也应该好好提升这些能力，而对于入门管理者和低层级的管理者来说，这些能力并非是必须的。这些能力包括战略管理能力、行业背景、决策力、大局观、资源整合能力、社交能力等；还有一些属于专业性质的管理能力则是跟特定行业或特定的管理岗位相关的，这些能力并不是通用的，但对于对应的管理岗位则相当重要，这些能力包括市场敏感性、经济敏感性、审美能力、控制能力等。

战略管理能力是高层管理者必须要具备的能力之一，战略管理能力包括了对战略方向、战略目标、战略措施、战略制定、战略执行等一系列战略问题的管理能力，同时也包含了管理者自身的战略能力，战略能力指的是在对宏观经济形式和行业发展的分析判断的前提下，对组织的业务发展、经营目标、执行计划、战略措施等问题进行大局规划的能力。一个组织的未来发展方向是否符合行业和市场的导向，组织的内部规划是否符合组织发展的外部方向，主要看这个组织负责战略管理的高层管理者是否具有较为优秀的战略管理能力，如果高层管理者自身缺乏较强的战略能力，那就需要识别出或物色到战略能力较强的其他高层管理者。在技术快速发展、竞争激励的市场，只有具备敏锐的市场感知力和对潮流趋势有准确判断力的管理者，才有可能使得组织长期生存并稳步发展，从这点说，战略能力之于高层管理者将会越来越重要。

行业背景很多时候被认为不是管理者的一种能力，因为管理的能力更注重通用性和普适性，也就是通常所说的管理能力与所从事的行业或者组织类型无关，比如前面提到的能力，在任何行业或组织内都是适用的，不管是传统的制造型企业还是现代的互联网企业，在管理时都需要用到这些通用的能力，而行业背景则更多地依赖于某一个行业而存在。对于优秀的管理者来说，也确实存在这样的事实，就是他们掌握较多的基础能力，所以，他们无论是管理一个酒店还是管理一家互联网企业都是可以胜任的。不过，行业背景仍然是管理者应该具备的一项重要的资质条件或者也可以说是一种能力，一种对于行业内通用流程、通用模式、行业标准的理解和把握能力，尤其对于高级管理者来说更是如此，不过相比其他基础管理能力，管理者完全可以在较短的时间内后天习得这项能力。无论是一个在某一行业内深耕数十年的管理者还是一个跨行业的管理者，具有行业背景都要求管理者全面深入了解行业的特点、行业的发展历程和发展态势、行业的最新动态、行业的利润模式以及行业的主要资源要素构成等，并能够通过分析预判行业未来的发展方向和趋势。拥有行业背景的管理者会有较强的战略能力，能够带领组织适应行业特点和行业的发展模式并获得快速的健康的发展；相反，没有行业背景能力的管理者对组织的战略发展存在一定的短视和局限，为组织的长期发展增加了更多的不确定性。

决策力是中高层级管理者重要的能力之一，因为管理者及其团队时刻都会面临各种各样的选择，都离不开决策，甚至可以说每一项管理任务都相当于一次决策。决策力包含两层意思，一个是敢于决策即决策的果敢性，二是决策的快速和正确，即决策的高效性和有效性，有较强决策力的管理者不仅敢于决策且能够做到快速和正确决策。决策力主要涉及管理者的两个方面，一个是敢于承担责任的品质，即敢于承担决策可能的失误所带来的问题和后果，另一个是需要具备较强的问题分析能力管理者，较强的问题分析能力有助于提高决策的正确性和决策效率。

大局观也是管理者的一项重要的能力，在各项管理活动中管理者都需要有较好的大局观，比如处理问题、沟通协调、进行决策，或进行资源分配时，管理者的大局观都非常重要，大局观能够让管理者在各项日常管理工作中少犯错误。大局观包括了空间大局观、组织大局观和时间大局观，即满足个人服从团队、局部服从整体、短期服从长期的整体原则，管理者在应用大局观处理各种问题和事件时，需要适宜地运用这些原则，更好地服务于组织目标，难点在于管理者要让个人的情绪、对团队成员的喜恶等感性的内容服务于理性的管理工作。对于管理者而言，相对于琐碎的事情，更需要重视大局的、精要的工作任务，大局观不佳的管理者容易深陷琐碎的事物，而忘了从大局的角度去把握项目任务在整个任务轴、时间轴、空间轴上的位置，忘了对整体任务中的关键节点进行审视，这样的管理者要获得优秀的管理成果是很难的，尤其是对于有限时要求的任务，如果没有大局把控很难达成预期的结果。大局观对于中高层管理者尤其重要，因为中高层管理者面对的管理任务本身就更宏观、更系统，很难想象一个将大部分的注意力都放在细枝末节的高层管理者能让整个组织有优异的成果和好的发展。提升大局观相对是比较困难的，大局观和我们提倡的一些优良品质本身就存在一定的冲突，比如专注力，如果要高效地解决问题，专注力非常重要，但过度的专注往往会导致大局观的缺失，作为管理者，应该时刻提醒自己要从大局的角度去看待、思考和解决问题，同时可以做一些刻意的练习去改善思维的局限性。

资源整合能力是指管理者能够将组织内部的及外部可用的资源进行组合或相互补充，并使其被高效利用的能力。拥有较强的资源整合能力，管理者能够更好地解决问题，能够完成更高级别和更大难度的任务，也能够让管理的团队更快速发展。

对于资源整合的方法，一种情况是根据目标整合资源，即对于特定的目标，通过对内对外寻求相应的资源去达成该目标，这种资源整合对管理者的主动性要求更低，但由于资源特殊而具体，资源的获得性难度更大，因此资源的搜寻成为资源整合的关键；另一种情况是根据可用资源进行组合来产生效益和获取价值，这种情况下，管理者需要有更高的主动发展积极性，也可以通过与他人共同谋划来获得资源的整合机会，产生的价值既可以是针对现有的目标，也可以是在过程中制定的新目标，基于现有资源进行整合对管理者的主动性要求更高，对资源的把控能力要求也更高，但由于没有明确的整合指标，只要资源利用效率有所提高就可以视为管理者的整合作用是有效的。

对于资源整合，要特别重视对外部资源的整合，因为外部资源的整合能产生更大的超叠加效应，能够给组织带来新的活力和新的可能性。相比内部资源，外部资源的整合更重要的是如何寻求可用的有效资源，一方面需要管理者有相互合作的意识，另一方面需要管理者建立广泛的外部联系，并不断积累成为可用的资源。

资源整合能力与大局观有一定的关系，站的角度越高，能被挖掘的可用资源就越多，产生超叠加价值的可能性就越大；同时还需要管理者有开放的心态，即有共享和双赢的心态，愿意打破旧有格局，愿意引入新的资源要素；另外，管理者需要有较强的局势控制能力，因为资源整合之后，需要完成对资源的利用，只有让资源被高效的利用才能产生可观的价值资源如何被高效地利用需要管理者有出色的控制能力。因此，管理者想要提升资源整合能力，除了要建立良好的资源整合意识之外，还需要从以上几方面不断地提升和完善自己，并通过积累，丰富组织的外部联系和可用资源。

社交能力指的是与周边的个人或组织建立联系的能力，这里的联系特指外部联系，社交能力对于高层管理者和一些特殊的部门来说是非常重要的一项能力，比如营销部门。营销部门需要与外界建立较多的强联系，联系越丰富、质量越高，营销部门可能取得的成果就会越优秀，而联系的建立和维护都需要管理者具备较强的社交能力。社交能力包括建立弱联系的能力和将弱联系转化为强联系的能力，前者需要有一定的亲和力、沟通技巧、自信、勇气等，后者则需要真诚、正直、诚信、负责任、热情等品质，所以社交能力也是一种综合能力，既体现了管理者的能力，也体现了其综合的品质。通常社交能力带来的成果也很显著，比如外部资源的引入，内部成果的推销等，都是关系到组织发展的关键内容。而要提升管理者的社交能力，一方面要从自身的综合素质入手，通过培养正向的品质来提升社交能力，另一方面要多参与社交实践，扩大社交空间，并不断地提升社交的层次和等级。

3. 管理者的品质要求

品质和能力有较大的区别，品质更多的是指一个人所具有的个性特点和表现出的精神面貌状态，品质对于管理者来说更重要，因为能力可以不断地磨炼提升，而品质则相对稳定，难以大幅改进或提升。品质通常跟一个人年少的经历和教育背景有关系，类似于价值观，成年后个人品质基本稳定，除非自我成长能力较强或者通过大量的刻意练习，即便如此，也很容易在遇到艰难困境时被“打回原型”。因此品质的改进需要从内在的价值观和思维方式的改变入手，从内到外将通过刻意练习获得的正向改变进行积累固化。

管理者的核心品质包括：格局和境界、正向、积极主动、乐观、懂得感恩、自我要求、自律与坚持、激情、自我反思、付出、自我认同等。

管理者所需的最重要的品质就是正向，管理的正向指的是在管理活动中的正向思维，也就是积极地看待和处理问题，积极地采取行动。正向的管理者，内心更加坦荡和刚强，能够抵抗干扰，能够正确地对待困难和挫折，也更容易产生正向影响力。

正向思维在管理工作中要经常使用，一些小的事件也要求管理者有正向思维，否则就会变成实现目标的干扰，比如管理者因私事需要休假几天，在这几天中助手或相关的人员就需要承担更多的工作和责任，不可避免地，他们的压力会更大，因为不正常的压力状态可能会让其无意间透漏出一些负面的想法。作为管理者，会有几种反应和对待方式，一种是负向思维，即认为自己休假几天，到了该下属出力的时候了，这时候下属理应帮助解决管理者休假期间的问题，应该主动出力支持管理者的休假，而不是因为多做了职责范围之外的事情而心生不满和抱怨，此时管理者会认为下属有负面的想法是不应该的；另一种是常规思维，把这种下属的抱怨当成正常事件来处理，与处理平时的问题没有区别，即该安抚安抚，该批评批评，按照管理的常规操作处理；还有一种就是正向思维，这时候管理者面对员工的抱怨，首先会表示理解，因为确实是他们承担了本来应该自己完成的工作，同时会有一种感恩的心态，即在自己休假的时候下属们能够担负起这些额外的责任，已经就是对自己很大的支持了，所以，管理者会跟助手或下属表达感谢之情，而不会去在意他们的抱怨，这种思维方式处理这些例外事件的效果肯定是最好的，这种思维方式就是正向思维。不同的思维方式会产生不同的行为方式，带来的结果肯定是完全不同的，对于正向思维的管理者，团队的凝聚力会越来越强，团队的执行力也会越来越好；而对于负向思维，除了会给团队执行力带来不良影响外，对管理者本身的品质和影响力也是一种损害。所以管理者的正向思维非常重要，会直接影响组织的目标和成果，可以说，正向思维是达成目标的关键因素，也是个人综合能力发展的内在动因，是管理者最重要的一种品质。

积极主动当然是管理者所需要的很重要的品质之一，诚如前面所述，管理本身就包含了主动，主动也是识别管理活动的标志之一，主动是管理的一个基本要素，只有主动去想、主动去做、主动去总结，才能称得上是管理，主动性越高，管理的效果就会越好。主动的内涵中重要的是主动进行思考和总结，思考如何达成管理成果，思考如何改善过程，思考如何管理团队，思考如何提升自我的管理水平等。很多管理者重视做事的主动性，但往往不重视主动思考，而主动思考是更高级别的主动，相当于主动思考如何更主动，主动为组织的管理和组织的发展设定命题，然后进行命题的完善和分析论证，为命题制定相应的行动计划和管控计划，同时主动去执行或部署计划，最后获得相应的成果。主动行动是管理者与非管理者的区别之一，而主动思考则是区别普通管理者和优秀管理者的标志之一。

乐观看似与管理者的品质要求关系不大，但研究表明，越是乐观的人其管理成果越突出，可能的原因是管理工作本身是错综复杂的，也是问题频发的，越是乐观的人越容易调整好自己的情绪和状态，积极努力地去解决已经产生的问题；同时，乐观也会感染周边的同事，让整个团队都能够摆脱一些不经意产生的悲观的和低落的情绪氛围，从这点来说，乐观的管理者更容易让组织发挥团队效应，更容易挖掘出团队的创造力，从而创造更高的组织价值。

懂得感恩也是管理者所需要的非常重要的一项品质和心态，懂得感恩意味着会珍惜每一次来之不易的机会，意味着会看重他人的作用，意味着会更重视合作，这样对于组织的发展和对于管理者提升影响力来说，都有很大的益处。懂得感恩的管理者对待上一级的管理者会感激其支持和培养，具有更好的忠诚度，会得到更多的信任和更多的机会；懂得感恩的管理者对待下属会有更多的尊重和更多的重视，会有更多的鼓励和支持，并会将团队的成果归功于他人和整个团队，而不是据为己有，这样的管理者会有更强的影响力，会有更多的追随者，自然也就能够为组织带来更多的成果。因此，懂得感恩这项品质应该是提升管理成果的实现途径；反过来说，不懂得感恩的管理者因为其自私和狭隘的品质，难以获得大的发展空间，难以成为更高层级的管理者，因为没有任何人的进步可以完全不需要他人的帮助。

自我要求也是管理者要重视的一项品质，虽然自我要求对管理成果的贡献并不是直接的，但由于所有的成果都源自组织内的人的贡献和努力，所以这种间接的影响也非常关键。自我要求涉及对管理成果的要求和对自身素质提升的要求等。自我要求的高低和自我要求的强烈程度会对管理结果带来重大影响，它通过两方面起作用：一方面是管理者对管理成果的要求直接决定了自己在管理上付出的努力和对管理团队的目标要求，如果希望自己的管理工作能够给组织带来业绩的增长或团队能力的提升或是其他的管理成果，自然就会付出大量的努力和行动去实施，并最终达成自己设定的管理目标；而如果对管理成果没有较高的要求，管理者也许就会只维持现有的业务正常运转就行了，最终管理成果也不会太突出，从这个角度来说，要求的高低决定了最后的成果多少和优劣。第二方面是管理者对自我管理素质的要求，如果能够要求自己的管理水平不断进步，管理者就会通过各种途径不断地提升，任何能力比如主观能动性或处理管理问题的能力的提升，都会给管理成果带来积极的影响，管理者能力的提升会从各个方面为组织的发展注入更多的动力和可能性，从而为组织的目标实现和成果提升增加保障。

自律与坚持体现在管理者对于团队管理目标的重视，和对团队执行力的持续改进等。在管理过程中会出现很多的干扰因素，管理者需要判断它们与管理结果和管理目标的关系，从而做出正确的处置。这些干扰因素部分来源于团队内部，比如团队成员的执行力差，团队成员对组织计划的反对等；另一部分干扰因素来自组织外部，比如市场的不良反应，业务合作伙伴的抱怨等，如果这些内部或外部因素与组织计划本身的合理性没有关系，与组织本身的目标也没有关系，此时需要管理者做出正确判断，并毫不动摇地执行组织的既定计划并最终达成管理目标。更多的时候，管理者缺的不是计划和策略，而是缺少坚持，缺少稳定地执行，管理者应该培养自己坚持的品质，并通过实践不断强化，同时用自己的坚持影响整个团队和整个管理过程。严格的自律能使人更容易坚持，自律和坚持相结合可以让组织制定的各种计划和制度能够长久地执行下去。

激情是管理者所需的另外一个重要品质，富有激情能让我们投入持续的热情去做管理工作，富有激情能够影响周边的其他团队成员，影响整个团队的状态，一个充满激情的团队能战胜各种困难并最终达成目标。

在开始阶段，制定的目标和计划总是能让人热情洋溢，此时干扰也是最少的，来自内外的声音基本一致，无论是管理者还是其他团队成员都能以积极的态度去对待组织的项目或任务；而随着任务的推进和时间的推移，大家的状态会慢慢归于平静，最初的激情逐渐消退之后，人们会沉浸于每天繁杂的工作，被复杂的工作磨平心态，而如果出现一些意料之外的困难时，团队成员甚至会变得灰心丧气，怀疑团队整体的方向甚至是怀疑工作任务的价值，此时管理者仍然要保持应有的激情，坚持正确的目标方向，并积极调动整个团队的士气，可以通过一些措施比如重新回顾最初的目标、制定一些新的小目标，或者通过全体会议、小组讨论、关键角色谈话等手段重振团队激情。要达到重振士气的目的，管理者保持激情的特质显得非常重要，很难想象一个毫无激情的管理者能够重燃团队的信心，因此保持持续的激情是管理者非常可贵的一项品质。

与激情相对应的是淡漠，淡漠的人会给组织内外的接触者都留下负面的印象，让人不愿意与之接触，更不用说与其实现高效的沟通，因此，要想做好管理，富有激情是管理者应该具备的品质之一。

自我反思既是管理者所需的一项品质，也是一个处于发展中的组织应具备的要素之一，自我反思是管理者对待自我发展的一种态度，是管理者实现成长的最重要途径。自我反思意味着愿意去发现自己的错误，并承认错误，这对于很多人来说是难以接受的，能够勇敢地坦白和面对自己的错误，这本身就是一个积极正向的表现，也反映了管理者的格局和胸怀。一方面，固执和要面子是人类的天性，尤其是能力较强的人，往往都有偏执的一面，很难接受自己的错误，有时候造成的结果就是一错再错，甚至在一些不成熟的低效团队里中，部分管理者还会围绕怎么掩饰错误去制定和执行之后的计划，这样做的后果只能是离组织目标越来越远。另一方面，管理者认识不到自己的失误也会遭到组织内其他有能力的人的非议，致使组织的凝聚力下降。相反，如果管理者敢于面对自己的错误，并及时反省纠正，将会是组织发展的有利因素。事实上没有人是从不犯错误的，犯错误并不可怕，只要从错误中找到原因并总结经验，避免后续工作中再次出现类似的问题就可以了。一个团队的反思能力是团队成长的源动力，而这种反思能力离不开管理者对自我反思的认可和重视，即管理者自我反思的品质能影响整个团队的品质，当然也能促进管理者自身管理能力和综合素质的提升。

优秀的管理者通常还有另一项可贵的品质，就是付出。管理者需要承担更多的责任，需要承受更大的压力，甚至还需要牺牲更多自我的东西如私人空间、私人时间、私人利益等，不仅如此，管理者在遇到问题时还不能抱怨，需要正确面对委屈和困难。要成为优秀的管理者，必须能够说服自己保持付出的心态，即让自己处在愿意付出的状态，才能克服各种困难而不会放弃，才能让自己努力工作，保持工作的激情。同时付出也能够提升管理者的影响力，让团队其他成员更愿意服从管理，这些都是获得团队成果的重要因素。

面对逆境的能力也是管理者需要重视的能力之一，通常在顺境下，管理工作不会有太大的难度，此时也体现不出管理者水平的高低。真正优秀的管理者，能够面对纷繁复杂的局面或问题频出的局面，能够在逆境中处理好各种复杂的关系，能够力挽狂澜地扭转不利局面，并最终取得理想的组织成果。

之所以在逆境中能够识别出管理者是否优秀，是因为在面对逆境时，管理者不仅会遇到实际业务上的困难，还会受到团队成员心态失衡的影响，如果不具有较强的抗干扰能力，可能会陷入负面情绪的陷阱中。除了较强的抗干扰能力，还需要有超强的处理问题的能力和点燃团队激情的能力，这些共同组成了管理者面对逆境的能力。大部分的管理者能做到的最好的结果也就是保持组织或团队的正常运转，等待不利局面的自然过渡，然而这并不总是可以实现的结果，因为没有主动因素的加入，有可能危机会被不断地扩大，导致组织根本走不出困境。即使不利局面是由于外界的不利因素引起的，待外界不利因素消失后就可以改变局面，也需要等待更长的时间组织才能重新回到正轨，而优秀的管理者并不会接受这样的结果，他们会通过自己和团队的努力去解决问题，去扭转不利局面，通过正向面对去走出困境。优秀的管理者面对逆境的能力主要体现在以下几个方面。

首先，在思维方式上，优秀的管理者能够将各种不利事件看成是机会，看成是锻炼组织和个人能力的机会，而不会被逆境所吓倒。优秀的管理者能够解决问题并对之后的组织发展做出乐观判断，面对困境不会抱怨、不会消沉，而是会对困难进行细致分析，做出合理有效的应对策略；同时，优秀的管理者看问题能够看得更透彻，更长远，更有高度和更宏观，很多困难放在更长的时间维度或更广的空间维度就会变得非常细微和渺小，这样，管理者会更理性地处理问题，更自如地处理问题。

其次，优秀的管理者具有较强的分析能力和解决实际问题的能力，因此他们面对困境时会更平静，更不惧怕困难，更有勇气和信心去克服困难。管理者通过分析往往能找到困难产生的本质原因，然后找到解决困难的方法，或者采取得当的措施去帮助组织顺利地渡过难关。

第三，优秀的管理者在心态和行动上具有较强的韧性。无论面对怎样的失败和挫折，也无论失败过多少次，只要前进的方向正确，只要组织的核心资源没有受到严重的损失，优秀的管理者都能够继续面对困难，不会轻易放弃。同时，他们会牢记组织的目标，暂时的不利局面只会被当成前进道路上的小插曲，即便遇到问题没有找到有效的方法，或解决问题失败了，优秀的管理者也不会放弃，只会更加努力，更加积极地去寻找其他的解决方法，直到最后突破逆境，渡过难关。

最后，优秀的管理者除了不容易受到周边环境的负面影响、能够保持自己坚定的内心以外，还能够将自己持续的激情和对抗挫折的信心和决心较好地传递给整个团队，甚至能够利用逆境来增强团队的凝聚力，让整个团队不会受到逆境带来的负面影响，如果团队本身就具有较强的面对困难的能力，不利局面不仅不会影响组织的成果产出，还能够促进组织的成熟和成长。

任何组织都会遇到各种各样的不利局面，小到业务量突然增加而产能不足，内部出现的各种小的干扰因素，大到团队高层管理人员的变动，外部市场环境突然变得恶劣等，困难总是会不断出现，此时管理者面对逆境的能力就显得特别重要，甚至会对组织的发展起到决定性的作用，而组织的成果也会随着管理者该项能力的好坏而增多或减少。组织的管理者面对不利局面，如果处理不当，甚否会造成二次危害，即管理者及其团队的负面情绪致使组织面临的局面变得更加不利，相反如果管理者处理得当，还会促进团队的成长，为组织的稳定和取得长期成果奠定基础。

管理者在遇到困难和挫折时的态度也很重要。通常执行者遇到问题总习惯于向上反映，因为执行者拥有的资源有限，决策权限有限，因而执行者解决问题的能力也会受到一定的限制，所以执行者通常倾向于向上反映困难和问题。但管理者需要有更积极的态度，更有效的应对方法，而不是将问题抛给上司或其他人，应该带领团队一起去解决，即使直接让下属去解决，责任也应该在管理者身上，这是第一点，即在心态上不怕困难积极面对困难；第二点，管理者除了担负责任外，还需要接受失败或挫折的磨炼，并从中去总结得失，需要在失败后扭转组织内部弥漫的失败情绪，将其调整到乐观的一面，并继续学习和努力，找到进步的方向，接受过去的不能改变的，把握未来的还可以塑造的。

组织内的管理者和潜在管理者，需要对照上述能力和品质逐一进行自我剖析，并根据所处的管理层次和岗位特点，对不足之处进行重点锻炼和提升，具其中一项或多项能力和品质可以作为管理者能够胜任管理岗位的基本依据；优秀的管理者都具有自我总结和自我批评的习惯，同时也是愿意不断地学习和进步，提升管理绩效首先要从完善各项管理能力和品质入手。

4. 评价管理者的指标

严格地说，要量化地评价管理工作的优劣是比较困难的，因为管理工作牵涉的维度多，范围广，管理工作的形式多样，结果表征也很复杂，很难用统一的标准或指标来评定一个管理者的管理成果，但仍然可以定性地对管理者的管理工作去做一些衡量，这需要对管理者在一个时间区间的管理成果进行分析，管理成果主要包括以下几个方面。

一是管理目标的达成情况，比如经济指标如市场占有量、营业额、利润额以及它们的增长率等，如果在一定的时间范围内利用预定的资源实现了预期的目标，则说明管理成果较为理想，管理者的工作较为出色，反之如果管理结果不如预期，则说明管理者的工作存在一些偏差或不足。对于目标达成的评价还存在一个重要的前提，这就是对预期目标设定的合理性，如果将预期目标设定过高，有可能导致最后难以实现，也有部分管理者一开始就设定了难度较低的目标，这样目标就更容易实现，目标设定不合理本身就是管理者水平不足的体现，而且，目标设定太低会让组织发展缓慢。通常来说，一个合理的目标既具有一定的挑战性又是通过努力可以实现的；因此，在对管理目标达成情况评价之前应先对目标设定的合理性进行评价，作为评价的辅助参考要素。

二是团队建设成果，这一类的成果包括管理团队配置的优化，业务团队整体实力的提升，团队优良运转机制的形成，团队正向文化的形成等。团队建设是管理者非常重要的一项工作内容，因为团队是所有资源中最重要的一项资源，直接影响整个组织产出的高低，进行管理者的成果评价时，必须要对团队建设成果进行考量，团队建设应该是管理者花费较多时间和精力的工作内容之一，如果团队建设工作做得好，其他成果也不会太差。

三是战略相关的成果，比如流程的改进，它可以提高整个系统的产出效率。流程的改进效果可能不能完整地体现在一个管理周期内的经济指标中，但是对后续所有管理周期的产出都有正向影响。比如新产品的研发或新技术的突破，如果在一个管理周期内完成了较有竞争力的产品研发或者在取得了实质性的突破，也是重要的管理成果，对组织的长远发展会带来积极的影响。再比如品牌的打造，如果管理者塑造了一个有影响力的品牌，对组织的长期发展也能带来稳定的效益，虽然可能对于本周期内的经济指标影响并不明显。凡此种种对于组织经济效益有重要意义的成果都可称之为战略相关成果，这类成果在评价管理者的业绩时也相当重要，是必须要考虑的因素之一。

真正评价管理者的管理业绩，需要根据上述几条中的某一条或某几条进行评价，并结合管理者的角色进行修正，比如较低层级的管理者，可能更倚重第一条评价指标，用第二条或第三条作为辅助评价；中层管理者，更看重的应该是第二条评价指标，而高层级的管理者，则要更侧重第三条评价指标的结果。更可能的是，需要将几条综合起来对管理者进行评价，因为每一项内容都是管理者应该要重视的部分，优秀的管理者，会重视以上每一条管理成果，并会在这几条管理成果之间进行权衡，会对自己的注意力分配进行当期和远期的平衡，既会保证当期的管理成果，又不会放弃对远期成果的积累。

最后，需要说明的是，以上的管理者评价都是按照管理结果进行评价的，而对于一些低层级的管理者来说，可能存在成果不独立(需与他人合作形成成果)或者只有过程性成果(如生产中间环节的管理者)的情况，此时，还可以根据其管理岗位的特点设定一些过程指标，比如与其合作的第三方反馈，局部成果的定性定量评估，或用完成具体管理工作的数量来评价等。

组织的所有者需要对组织的高层管理者进行定期评价，从而做出有利于组织发展的人事评价和决策。组织的高层管理者则需要对组织内的其他管理者进行评价，确保管理岗位的人岗匹配和组织的高效运转。

四、成为管理者

1. 我们是如何成为管理者的

管理者并非天生就是管理者，管理者刚开始可能只是一个纯技术岗位的人员或流水线上的一名普通工人，当普通岗位人员能够做到以下一条或几条时，实际上他就具备了管理思维，成为一个潜在的管理者：主动帮助他人，关注周边发生的事情并积极参与其中，主动进行流程的改进，与上下游建立联系，注重与他人合作，主动制定计划和跟踪执行情况，主动承担责任等。也就是说，除了做好固定的岗位工作外，潜在的管理者还会去做一些岗位职责之外的工作，这些额外的工作如果能创造管理价值或形成管理成果，潜在的管理者就会成为实际意义上的管理者(在形式上并没有被任命为具有管理职位的管理者)。当实际意义上的管理者通过做这些管理工作，形成并稳定了自己的管理能力和管理思维之后，实际意义上的管理者就成为真正的管理者，由于具备了稳定的管理能力，管理者身份就可以脱离某一特定的组织而存在，即并非是在某一特定组织内才是管理者，在其他组织内也可以是产生管理成果的管理者。

值得注意的是，潜在的管理者在普通工作岗位比如在技术岗位的时候，必须要把岗位要求的本职工作做到最好，也就是首先要将分内的工作做好之后，才能去做职责以外的额外工作，否则就是本末倒置。也就是说在成为管理者之前，必须要先培养良好的执行力和成果落地能力，如果连执行力都不足其他的管理能力将会没有根基，没有着力点，也很难产生管理成果。

成为管理者有很多的方法和途径，第一种是自我发展的要求，比如想挑战更有难度的任务，想更好地锻炼自己的综合能力，这样就会展现出热情，体现出能力，从而主动去做很多管理工作，最终走向管理岗位，比如前述的潜在管理者进阶之路就是这种途径；第二种是出色的基础能力给自己带来的福利，比如经常的情况是，有很多的普通岗位人员并不想做管理工作，或者觉得管理工作不适合自己而不愿意参与，也没有长远的进阶目标，但却有非常突出的品质，比如正直善良的品质、超强的责任心、饱满的热情(这些品质都是管理者必备的品质)等，正是因为这些品质使得组织(尤其是紧缺管理人才的发展中的组织)或上级管理者主动地发现并培养这些普通岗位的人员，然后分配给他们很多管理类型的工作，最终这些普通岗位的人员顺理成章地就成为管理者；第三种是普通岗位人员选择的平台造就了自己成为管理者，比如在很多小型组织，人才较为匮乏，只要组织内的人员有足够的忠诚度(有时候可能是“安于现状”)，随着组织的不断发展部分普通岗位可能成为管理者，原因是小型组织内岗位分工并不会那么细致，要求每个人都需要独立完成一项复杂的业务，或者一个人会涉及业务的诸多方面，如果组织内的人员不能将自己管理的潜力发挥出来，就可能会很艰难，所以最后“被迫”成为管理者。正因为如此，建议所有想成为管理者的人员都应该优先选择规模较小的企业就职，尤其是起点较低处于刚起步阶段的企业。

要成为管理者并非难事，它并不需要具备 MBA(工商管理硕士)学位，也并不需要丰富的管理知识，甚至都不需要身处管理岗位，成为管理者只需要人们调整对人对事的态度，用管理思维去对待工作，比如主动为参与的工作去承担责任，或者调整做事的方式，比如带动或协助周边的人一起去完成某一个组织的目标。虽然成为管理者并不难，但是真正成为管理者的人却并不多(相比基层工作者和技术工作者)，主要有如下原因：

首要的原因就是思维障碍，大部分的人并不是不愿意从事管理工作，而是存在一些对管理工作的偏见，最典型的偏见有如下几种：①管理者需要承担更多的责任，压力太大；②管理者需要付出更多，而回报却并不会成比例增加；③管理者需要与人沟通，需要面对各种性格特点的人员，相对来说比较复杂，会受到很多委屈；④管理者需要性格外向的人，需要能说会道的人，让人难以胜任；⑤管理是一门很高深的学问，无法胜任；⑥还有一种很常见的思想障碍就是：管理者做的工作都是一些务虚的工作，没有实际内容，因此做管理让自己心里不踏实，总感觉不到自己实实在在的进步。

最后一种心态的人员可能是一个技术方面的人才，在他看来，只有知识的增长和技能的进步这种看得见并易于衡量的进步才能让人感到踏实，也许这种技术型人才会不断地提升自己的技术水平，客观地说，这种人才是真正适合钻研技术的，因为他有对技术的兴趣和不断进步的动力。换一个角度说，这种人才如果解决了自己对管理的心理障碍，凭借着踏实的特点，他也能将管理工作做好，至少具备了能做好管理工作的潜力，前提是他应该知道，管理工作其实并不是完全务虚的工作，管理岗位也可以锻炼管理者一些所谓的“硬”实力，而且管理工作也是“技术性”很强的工作，甚至是更具挑战性的工作。如果付出相同的努力，不同的从事技术工作的人员通常会获得相类似的结果（在其他条件都相似的情况下），然而，对于管理工作，具有不同综合能力的管理者所得到的结果则会有很大出入，即使是在类似的岗位和类似的组织。长期进行管理实践，至少能提升管理者以下方面的“硬”实力：看问题更宽广更深入的能力，心理承受能力，沟通协调能力等，同时会让管理者更加自信，更加付出，更加负责任，也能有更强的掌控局面的能力等。这些综合能力不仅会让管理者在以后的工作中能有更好的成果，能有更多的机会，还会在解决生活和家庭中的问题时更加顺利。总之，作为管理者，对自己在综合能力方面的提升肯定不会比在技术岗位获得的进步小。

其他的几条思维障碍虽是成为管理者的障碍，但确是存在的一些客观事实，比如管理工作的负责任、注重付出和管理的复杂性等，都是客观存在的，相对来说，管理工作因为其综合性和形式多样性，需要管理者付出更多的耐心和更多的精力，需要管理者能够承受更多的委屈和面对不利的情境等，但这并不代表管理者的付出是没有回报的，也不代表回报与付出是不成比例的，如果短期存在也只会是暂时的状态，短期的不平衡状态最终会被打破，平衡才是稳定的，即创造的价值与获取的报酬始终是趋向于匹配的。对于管理者来说，如果获取的经济报酬达不到预期，至少所收获的能力提升足以弥补短期内的“损失”，即获得经济报酬的长期的能力得到了提升。至于管理工作的复杂和繁琐，则是任何想要获得成长的个体所必须经历的，经历的过程越曲折越有难度和挑战，管理者的成长就会越快越扎实。从这个角度来说，如果想让自己获得事业上的成就，成为管理者去提升自己的综合能力是一条有效的途径。

如果能够解决成为管理者的思维障碍，就相当于具备了成为管理者的基本条件，接下来只需要抓住合适的机会即可。通常在发展中的组织或者创业型的组织里，会有大量的成为管理者的机会，如果想成为管理者只需要适当地展现一些管理的基本素质即可。大部分需要人才和重视人才的组织都善于挖掘具有管理潜力的人才，对于潜在的管理者来说，最基本的管理要素就是意愿，愿意承担责任，愿意付出更多，愿意为组织的目标贡献自己的力量，有了意愿，就会有相应的行为表现，就能获得成为管理者的机会。另一条成为管理者的途径是，直接将自己定位成一个管理者，即换岗时直接要求组织将自己调整到管理岗位，对于没有管理实践经验的入门管理者来说，管理实践的开始才是成为真正的管理者的标志。

还有一种情况是，刚入门的管理者在尝试了一段时间的管理工作之后，选择放弃而重新回到技术岗位，因为管理工作的难度和复杂性，使得很多初级管理者在经历了挫折后，认为自己难以胜任而选择了放弃，最终未能过渡成为真正的管理者。一方面，初级管理者遇到这种情况，应该积极地寻求有经验的管理者的建议，或进行问题总结积极寻找解决策略，通过解决问题度过艰难的过渡期。另一方面，初级管理者应该给自己减压，适当降低对自己的要求，同时要不断地给自己信心，相信自己有能力面对困难和战胜困难，相信自己能够通过努力提升自己的管理综合能力。作为初级管理者，只要不放弃，就是在进步，因为任何一件事情的经历对于管理者来说都是一种历练，在通往最终管理成果的路上，只要管理者的内生动力超过了外在的困难，即代表管理者已经能够掌控住局面了，再之后则不会再轻易放弃，而面对困境的能力或称之为不放弃的韧性则是成为管理者最先习得的综合能力之一。

总之，要想成为管理者，要克服自己对管理工作的各种偏见，具备做管理工作的意愿，然后就是创造成为管理者的机会，通过选择发展中的组织或者给自己定位成管理者去获取管理实践的机会，最后就是无论遇到任何困难都需要坚持自己的选择，渡过最困难的时期，在习得了不会轻易放弃的韧性之后，潜在管理者最终才能成为真正的管理者。

作为组织中高层级的管理者，应该注意，要给潜在的管理者或普通岗位的人员创造成为管理者的机会，一方面，要帮助他们解决各种思想障碍，另一方面，也要给予他们实践的机会，同时，还要通过支持、指导和鼓励等手段帮助初级管理者渡过困难的管理初期，直到初级管理者自己的内生动力足够稳定之后。如果组织的管理者能够不断地挖掘潜在管理者，组织的人才队伍将会越来越壮大，组织也就会发展的越来越强大。

2. 管理者的管理思维

成为管理者最重要的是思维方式的转变，思维方式的转变才会让普通岗位人员变为真正的管理者，成为管理者也会反映到思维方式的变化上，即从普通的技术思维或执行思维转变成管理思维。想要获得优秀的管理成果，掌握管理思维是至关重要的。需要管理思维深刻而完善，没有利用管理思维进行思考，将很难实现将岗位成果提升为管理成。

思维方式包括：认为什么更重要，对日常发生的各种事件的第一反应，以及对人对事的看法等。管理者在思维方式上与普通岗位人员的思维方式有较大的不同，以下分别进行阐述。

认为什么更重要是思维方式最本质最重要的部分，比如，好的(其实并不存在好与不好，只有对达成目标和创造价值的有效性的不同，此处借“好”来表达“提倡”的含义)思维方式认为未来比过去更重要，长远比短期更重要，团队比个人更重要，诚信比利润更重要，经营比管理更重要等。认为什么更重要，在管理者的行为上和注意力分配上就会相应地作出倾斜，从而就会有相应的结果。在需要做出选择和决策的时候，认为什么更重要会让管理者做出相对应的决策，不同的思维方式会有完全不同的选择，一次次的重复最后便会成就完全不同的管理结果，所以认为什么更重要的思维方式最终会决定管理成果的不同，比如认为长远比短期更重要，最终会让组织有更多的长期稳定的成果；相反，则会更加的急功近利，短期成果优秀而长期发展无力。

对日常发生的各种事件的反应也是思维方式的一部分，这种反应会带来几个影响，首先是对处理事情本身的影响，即不同的反应会造成不同的处理结果，比如积极的反应会让事件最终朝正向的方向发展，而如果是消极的反应则会让事件的影响放任自流，甚至难以把控；其次是给周边同事带来的示范作用，管理者的行为会成为组织处理问题的标杆，所以对各种事件的反应会引起整个组织的效仿，最后相当于扩大了这种反应的结果；再次，对事件的反应会影响管理者的影响力，如果管理者对事件的反应是符合组织利益的，是合乎情理的，会带来正向影响，而如果这种反应是自私的，片面的，武断的，则会带来负面影响，管理者对于事件的第一反应往往体现了管理者的品质，同时也体现了管理者的能力和经验，是对管理者的综合实力的一种检验。

为人处事的方式和态度，也是思维方式的重要部分。正确的思维方式是，能够包容他人的缺点、肯定他人的优点，这也是管理中的用人之道。管理中的用人，用的是人才的长处和特点，最终是通过使用人才的能力来达成团队的目标，因此不必苛求人才的完美，而且任何人才都不可能是完美的，尤其是这个“完美”还是针对管理者自己的眼光去定制的；管理者一定会比更低级别的管理者有更多的优势和长处，如果将下属管理者与管理者自身去比较是不公平的也是不合理的。因此，管理者一定要客观地对待团队中的人才，采用包容的态度、采用用人所长的方式去对待人才。

另一方面，要用发展的眼光去看人，即不能将某个人的工作和作用范围固定在一个局限的范围内，也不能用固定的眼光去看待不同时期的同一个人，尤其是对于很多积极地不断要求进步的人来说；同时应该努力地去培养人才，不断地促使他们提升自我的格局和能力，让其向好的方向发展和进步，这样既符合管理者对待人才的态度，也符合组织发展的内在需求。

人作为一种特殊的资源，不能像普通资源一样用经济价值去衡量和管理，人都有自己的情绪和想法，需要站在他们的角度去对待他们，真诚地与他们沟通。作为管理者，要以积极的方式对待人才，包括重视、信任、尊重、鼓励、支持、关爱等；作为管理者，要学会如何正确地与人才相处，如果相处不当，光靠支付经济报酬是不够的。另一方面，管理者在做事或待人方面，也应该表现出足够的真诚、正直和无私，这样更能让人信任和追随。当然，如果管理者对人才足够重视也一定会从经济报酬方面体现出来。

管理思维对待事件的方式是，欢迎挫折和挑战，喜欢从事件中去总结，喜欢做更多的事，倾向于承担责任，倾向于高要求，同时会兼顾效率与质量。管理者会对事件进行分类，按照重要性进行排序，对于重要的事，会投入更多的注意力，但并不代表会亲力亲为去做，管理者会调动可用的资源或者是最合适的资源去完成不同类型的事情，这些都是管理思维的体现；相比之下，管理者更有大局观，处事更灵活，始终在为组织的目标服务。

具体到管理工作或任务中，管理思维包含了对待任务、问题、过程、结果的看法、思考方式和处理方式等，管理思维在这些方面与技术思维或执行思维存在较大的区别，以下进行具体论述。

对待任务，具有管理思维方式的管理者会关注任务的目标和评价标准，会将任务与目标相联系，然后寻求匹配的资源，会根据任务的性质和重要程度确定执行任务的人员和完成任务的优先等级。具有管理思维方式的管理者会优先考虑授权，即给予充分的权限、责任和资源，并会关注任务执行的结果。

对待问题，具有管理思维方式的管理者会先确定问题的级别和重要性，确定应该由谁处理(通常需要看问题涉及的资源权限级别，由具有对应资源权限级别的人员处理)；如果应该由管理者自己处理，管理者会首先召集问题相关的人员进行深入沟通，了解问题的背景、产生的原因、问题的本质和问题带来的影响，然后作出决策，最后会关注问题处理的后续影响。

对待过程，具有管理思维方式的管理者会考虑过程的主动控制和过程的优化，会将过程看成是一个动态的存在(技术思维也认为过程是动态的，但这个动态是按照既定计划的动态，管理思维认为这个动态并不是一成不变的，也需要不断改进和优化）。管理者会为过程设置节点，定期检查，对于外部条件的变化和计划的偏离都比较敏感，会在过程中加入分析原因、适应性调整、资源优化等控制子过程，确保过程的动态适应和过程的完整性。

对待结果，具有管理思维方式的管理者会用经济指标和组织发展指标进行评价，并会对既有的结果进行分析和总结，让分析结果为下一个过程服务。不管结果如何，管理者会对获得结果的管理者和责任人进行客观反馈，并会协助相关的人员进行总结。如果结果不如预期，管理者会重点关注和分析原因，比如是人员安排的原因还是资源分配的原因，是外部原因还是内部原因，是管理原因还是技术原因，在确定原因之后，会进行相关的调整和优化，会采取必要的措施弥补组织的短板，如果结果比较理想或超出预期的，则会总结经验，找到组织的优势，并持续加强，同时对于组织未来的走向仍然会持谨慎的态度，避免盲目乐观，也会制定更符合组织实际的计划，争取在现有优势的基础上进一步获得更优秀的成果，对于取得优秀结果的相关负责人和管理者，会给予一定的奖励和激励。

具有管理思维方式的管理者不关注对错，只关注各种行为事件对结果的影响，即关注是否有用，对于任何事件、过程和行为，都会将其与目标和结果相联系。目标包括组织各个级别的显性目标，也包括一些隐性的目标，比如组织和团队的发展，组织的核心竞争力等。具有管理思维方式的管理者会有较强的目标感，对任何事情的处理都会以目标为导向，并善于排除干扰，即管理者会以最终要达成的目标作为参照，对发生的事情作出是否有用的判断，如果有用，管理者将会尽力去实施，如果没用，管理者将会忽略或将事情交由更低层级的人员处理。

与管理思维相对的是技术思维和执行思维，统称为非管理思维。非管理思维并非是与岗位对应的，即管理者的思维未必就是管理思维，而普通岗位的人员也未必就不具备管理思维，两者的区别主要体现在前文所述地把什么看得更重要等思维方式上，为了进一步加深认识，对两种思维方式进行总结比较，见表1。

表1　两种思维方式的比较

项目	管理思维	技术思维和执行思维
对待事件	关注是否有用，处理方式更灵活	关注对错，更执着
对待问题	处理问题（可能不解决问题也是处理问题的一种方式），关注问题的影响和级别，更有大局观	专注于解决问题，如果没有解决会一直放在心上，更注重解决问题的专注性
对待任务	关注任务的各种联系，关注任务的资源和各种定性要素	关注任务的技术属性本身，更关注任务的各种定量要素

续表

项目	管理思维	技术思维和执行思维
对待目标	将获取更优秀的组织成果视为自己努力的目标，将问题和事件与组织目标相联系，确保目标的实现，确保努力的方向不会偏离组织的目标	将完成他人交办的任务视为自己努力的目标
对待执行主体	关注团队，考虑团队一起完成任务，充分发挥团队成员能力互补的优势	关注自我，本能考虑由自己去执行任务
对待流程	关注目标和计划，关注节点，关注控制和改进	关注过程和细节，关注执行
对待结果	会对结果进行总结，将结果与其产生的原因进行联系，会用结果的经验指导后续工作，会将结果与参与任务的人员之间建立联系，并对此做出绩效激励决策，关注参与任务的每一个成员的表现	更多地关注结果本身，更在乎自己对结果的影响
对待客户	关注满足客户需求，关注客户反馈和客户黏性	关注客户需求的合理性和规范性
对待同事	相互合作，共同分享	生活中可做朋友，在工作任务上则更愿意相互独立
对待上级管理者	对于任务分配：全面了解任务信息，过程中及时沟通，有问题请求支持，事后汇报反馈 与上级管理者相处：倾向于向上级管理者学习和请教	对于任务分配：领取任务，通过技术手段去完成，如存在技术难度，可能向上反馈或要求更换任务 与上级管理者相处：倾向于与上级管理者之间保持独立和距离
对待组织	主动，对组织的问题和短板会关注，会想办法去解决和弥补，会重视组织长期的发展方向	关注眼下的问题，被动地接受任务，对于很多不属于自己范畴的问题则偏向回避
对待责任	更愿意承担责任，会尽力将事情做好，对待任务合作更主动，更愿意承担共同责任	会对采用技术手段解决问题承担责任，但不愿意主动扩大责任承担的范围，有时遇到解决不了或解决不好的问题则偏向于推卸责任
对待薪酬	会将薪酬视为组织的一项资源，将其与组织的成果相联系，会将个人的薪酬与个人对组织的贡献相联系，更不计较短期薪酬的匹配，而更关注长期薪酬的发展，会将自己在组织的角色和地位与自己的薪酬相联系	在乎自己的薪酬与周边平行人员的比较，在乎薪酬与自己本身的努力和自己本身的能力的匹配，较少考虑自身能力发挥的程度和对组织的贡献

续表

项目	管理思维	技术思维和执行思维
对待利益	会以组织利益为重，视组织利益大于个人利益	不会刻意关注组织利益，以关注个人利益为主
性格表现	较为灵活，有一定的大局观，有一定的目标感，愿意牺牲自己的感受，会关注别人的感受	较为固执，更多地考虑自身的感受，更多地考虑技术性的原则

由以上两种思维方式的比较可以看出，管理者的管理思维在各个方面与技术思维都存在较大的区别，如果想成为一个合格的管理者，就需要从思维方式上刻意地调整自己，最终使得自己的行为也具有管理思维特征，从而能够胜任管理工作。虽然部分低层级的管理者本身还有很深的技术思维和执行思维烙印，但如果想要取得优秀的管理成果，想要实现管理进阶，突破自己的思维方式是至关重要的，甚至是必须的，后面的章节会继续探讨这一问题。需要说明的是，成为管理者并不难，它无关乎你的岗位，只需要你调整自己的思维方式即可，如果你按照管理思维的方式对待问题，并以此指导自己的行为，你就已经成为实质意义上的管理者。

3. 管理者与经营者的区别与联系

经营者和管理者都是为实现组织目标的某一类岗位或角色的统称，通常组织内的经营者和管理者都存在角色交叉，尤其是对于小型组织，所以两者常常被大家误解为是一个概念，实际上，两者的关注点侧重点并不相同，经营者和管理者甚至是两个不同的概念，下面主要阐述两者之间的区别：

首先，两者的关注目标不一致。经营者关注更多的是组织本身的经济指标和经济效益结果，关注外部的行业经济动态和市场环境的变化等，经营者注重产品和服务的经济价值，注重产品和服务在市场中的份额占比等。与之不同的是，管理者关注更多的是组织的运行效率和资源的使用效率，关注组织本身的核心资源和竞争力优势，关注内部的各项流程和内部人员之间的联系，关注的是对具体任务的过程控制和结果控制，关注对整个团队的状态和团队成员之间的合作控制，关注人岗的匹配和人才的培养等，基本上涵盖了所有实现组织经营指标的措施总和。可以看出的是，经营者关注的内容更宏观，更重视组织所有者需要的结果，对组织的所有者负责；而管理者关注的更微观，更重视效率和内部团队，两者存在较大的区别。从另一个角度来说，内部所有的资源在经营者眼中都对应着成本，经营者关心成本的去向，外部所有的市场资源在经营者眼中都对应着业务营收，经营者对于人力资源和其他资源都会用经济价值与之对应，与之不同的是，内部的资源在管理者眼中都只是权、责、利对应的载体，管理者更关注资源的使用权限及其对应的责任，对于人力资源，管理者关注其使用的价值和潜力，而不仅仅以经济价值与之对应，对于外部的市场资源，管理者更关注如何获取和管理，如何维护客户关系，或者如何拓展市场等一些相对更具体的事项，而并非只是对应经济属性，总之，两者的关注角度存在较大的区别。

其次，两者关注的范围也不相同。从组织的运营流程上来说，经营者关注的范围更大，通常是从生产到市场营销的整条流程线，只要是与经济数据相关的环节都是经营者关注的范围；而管理者需要根据其级别确定管理范围，关注的可能是整个组织的宏观问题，更可能的是只关注某一部分的管理细节，比如组织的中层管理者通常只会关注其分工范围内的某一特定领域的内容，比如财务经理通常只会关注财务相关内容的管理。但是从空间范围上来说，同层级的管理者涉及的内容更宽泛更综合，管理者要管理多方面的内容，从战略制定到行动计划，从人力资源到组织的品牌和商标，从生产到销售，从内部团队到外部合作单位等；而经营者涉及的内容则更集中，主要集中在经济数据环节，比如成本发生和市场收入，在这些数据没有异常的情况下，甚至不会深入关注，只会对结果进行管理和控制。

最后，两者在组织中所处的层级不一样，通常组织的经营者对应的是高层次的管理者，或者说，经营者也可能同时是高层级的管理者，部分高层级的管理者也可能是经营者，而管理者则分布范围更广，上至组织的最高管理者，下至组织的基层管理者，都属于管理者的范畴。

除了上述的区别之外，管理者和经营者之间也有着密切的联系。首先，两者之间存在相互渗透和重叠，除了有些组织的所有者参与组织的经营而不参与具体的管理之外，大部分的经营者也同时是管理者（有部分组织也有专门的经营者只负责经济指标而不参与具体的管理），但管理者不一定是经营者；其次，经营者关注的经济指标需要通过管理者的管理来实现，管理者的管理也最终为组织的经营活动而服务。需要指出的是，作为管理者，尤其是中高层管理者，一定要具有经营思维，组织是为了获取利润而存在的，具有经营思维的管理者会有更显性的管理成果，也可以说经营思维是管理方法的一种形式，管理者可以将其作为提升管理成果的管理工具来使用，比如本书后面提到的价值匹配法就是从经营思维中引申出来的一种管理方法。

4. 管理者与领导者的区别与联系

管理者不一定是领导者，但优秀的管理者一定是领导者，管理者通过不断提升，最后会成为一名出色的领导者，出色的领导者除了可以获得更优秀的管理成果外，还可以令组织不断发展和壮大。领导者与管理者最大的不同就是对人才的态度，领导者更关注人才的使用、人才的培养和人才的潜力挖掘等；管理者需要关注组织的各个方面，需要综合考虑组织存在的各类问题、流程、任务和人才等，而领导者则更关注人才的使用、人才的表现、人才的激励和人才梯队的培养等，可以说，成为领导者才能成为组织的高级管理者，或者说成为领导者才是管理者进阶的最高级阶段。但对于大多数情况来说，我们需要先完成管理者的各种综合实践，最终才能成为真正的领导者，即我们需要从基层管理者做起，通过不断地提升自己的管理能力最后进阶到高层级管理者，并成为出色的领导者。当然，低层级的管理者也需要具备一定的领导力，从而让管理工作做得更出色，让自己进阶速度更快。

所谓的领导力主要是指管理者对下属或团队成员的影响力，如果具备较高的影响力，则意味着领导力较强，影响力包括指令的执行力度、培养人才的难易程度，以及团队成长结果等。值得注意的是，虽然领导者总是位于管理岗位，但领导者并非一定是优秀的管理者，是否为优秀的管理者只能用组织的管理成果来衡量，而领导者只代表其有较高的影响力，如果领导者的主要注意力并未用在提升组织的绩效上，也未必会为组织带来优秀的管理成果。作为领导者要想成为优秀的管理者，还必须满足其他的一些条件，比如良好的职业道德，较强的事业精神，较强的目标感，较强的责任心等。

因此，从某一个角度来说，领导力只是一个工具，是一个提升管理绩效的管理工具，或者说是管理者的一项高级技能，尤其是高级管理者必备的一项技能之一。

领导思维也是一种高层次的管理思维，可以为管理成果服务，但领导思维需要与管理目标相结合，否则将不会达到预期的效果，因为领导思维在对待各个事项时，过于偏重对人力的关注，容易产生局限性。以下是对管理思维和领导思维的一个比较，管理者在训练自己的领导力时可以重点关注领导思维的思维方法，而在实现管理目标时则需要结合管理思维和领导思维共同应用。管理思维和领导思维的区别见表 2。

表 2　管理思维与领导思维的区别

项目	管理思维	领导思维
对待各类事件	关注是否有用	关注是否对未来和整体有用
对待问题	处理问题(可能不解决问题也是处理问题的一种方式)，关注问题的影响和级别	关注应该由谁解决，关注此问题是否可以用来培养和历练人才

续表

项目	管理思维	领导思维
对待流程	关注目标和计划	关注人才对流程的处理和表现
对待执行主体	关注团队	关注团队本身的效率和考核人才的表现
对待任务	关注任务的各种联系	关注任务对于人才培养的作用，关注任务最适合完成的人员等
对待人才	将人才为组织所用，并关注如何提升组织的用人效率	关注人才本身的成长，给人才信心和激励，培养人才
对待结果	关注结果造成的原因，关注结果为后续工作流程所用	关注结果对于各类人员（包括负责人、管理者、任务监督者和执行者）的作用，关注人员对结果的贡献和负面影响，关注人员本身的得失，关注对人员的奖惩和正负激励
相关的技能	计划、控制、沟通、监督、总结	放权和授权、团队激励、建立人才培养体系

第二章

Chapter 2

管理者的管理内容

相对来说，管理者的管理内容是多而杂的，既包括与技术相关的，也包括与沟通相关的，既包括思考和计划，也包括执行和行为，既包括内部的管理，也包括对外的联系，既包括对团队的管理，也包括对个人的管理，既包括对过程的管理，还包括对结果的管理。总的来说，管理内容可以分为“事”和“人”两大方面，其中“事”包括了生产流程上的各个部分、具体的项目、各项资源等，“人”则包括了自己和他人两部分，他人又包括了下属团队、下属管理者、上级管理者等。具体来说，管理者的管理内容包括了管理项目或事物(包括业务和关系)、管理团队和人、管理管理者、管理客户、管理注意力、管理创新、管理市场和业务、管理财务、管理法务等。

一、通用管理内容

任何组织内任何层级的管理者都包含一些通用的管理内容，这些管理内容是获得管理成果的基础，主要包括管理项目或任务、管理团队和人、管理管理者、管理自己的注意力、管理整体环境导向、管理问题等。

(一) 管理项目或任务

管理项目或任务指的是管理活动中不直接与人沟通的部分，比如制定一个项目的工作流程，制定团队的分工计划，确定公司的发展方向等，在对“事”的管理中，管理者和非管理者的主要差别在于“工作任务的动机”——主动或被动，如果是接受上级或同级的安排，去完成一项任务，比如制定一个工作流程，然后将结果交与安排者，这种任务的执行者就是非管理者；而在没有收到任何指示或命令的情况下，主动去制定一个工作流程并对其结果负责，这种任务的执行者就是一个管理者。从责任的角度说，管理本身就包含一种责任，管理的级别越高，承担的责任就越大。

管理者必须确保自己的管理活动是有价值的，如果管理者主动制定了一项流程，然后将其束之高阁，则不能称之为管理，充其量只是进行了一项研究工作。如果只管理项目或事物而不与其他人员产生联系也达不到创造管理价值的目的，真正创造价值的管理需要组织人力资源去发挥协同作用，从而创造超值的效益，这一部分超值的效益本质上就是管理工作创造的管理价值。实际上，完全脱离与他人的联系而存在的管理项目或事物是不存在的，即使过程中没有发生与他人的联系，也会在后续的执行过程中需要他人的参与，比如管理者制定了一项流程，自己可以独立完成制定，但如果要将该项流程应用到生产活动中，则必然会在管理者和其他人员之间建立联系。本节讨论的事务管理并非指完全没有他人的参与，而是指管理者的管理焦点在“事”上而非在“人”上。

越高级别的管理者，管理具体事物的比例越低。高级别的管理者并非不参与管理具体的项目或任务，而是会通过授权将具体事务管理工作传递给下一级或更低级别的管理者，自己只进行节点控制和结果把握等。对于低级别的管理者，管理项目或任务会贯穿在整个工作过程中，包括项目的资源获取，项目的目标、计划、执行和监督、反馈，项目的外部接口管理，项目的绩效分配等。项目或任务是组织的核心过程，是组织直接创造价值的过程，后面提到的其他管理工作内容都是为项目或任务的高效产出服务。

从本质上说，中低层级的管理者及其管理的生产团队，是组织成果产出的核心资源，其工作效率会直接影响组织成果(这里的成果指的是可以直接以经济指标衡量的有价成果，后面会提到，组织的成果还包含其他附加内容)的多寡和优劣，而更高级别的管理者和组织的所有者应该为生产团队提供支持和服务，以使生产团队能够更高效，生产过程更顺畅。

对于项目和任务的管理，首先，管理者应该与上级管理者进行详细沟通，明确项目和任务的执行在组织整体目标中的位置和重要性等，并明确项目完成的目标、评价标准、项目周期、项目执行的成果和执行不利的后果、可用资源(包括是否有合作团队和其提供的资源等)、上下游接口等，在项目执行过程中，应该及时关注这些要素的变化，判断是否应该调整项目和任务执行的进程。

其次，管理者应该关注项目执行的流程，尤其是在一些技术型组织中(生产型组织的流程更依赖于生产设备的组合，相对固定)，确保流程的适应性和有效性(大多数流程都是之前已经存在的)，包括流程中的资源的使用效率、是否有利于提升项目完成质量、过程是否便于检查和评价、是否有利于提升合作效率、是否有利于改进或扩充、是否具有较强的容错能力等。由于外部环境的变化或者可用资源的变化，通常需要对应地对流程进行改进和优化，管理者应该及时关注流程产生的问题并及时解决，以确保流程的有效性和先进性。

第三，管理者应该对项目的执行过程进行检查和控制，一方面确保生产流程和各生产岗位未偏离项目目标，确认各生产岗位人员都处在有效的工作状态；另一方面需要，了解生产人员和生产管理人员工作过程中遇到的问题，并对其进行指导和帮助；最重要的是，管理者要核查项目或任务的进度和质量，如果项目的进度滞后，管理者应该组织相关人员分析原因，及时进行调整，如果进度正常或提前，则需要检查项目的质量是否达到预期标准，切忌为了进度而忽视质量，应对质量问题更好的方法是在流程中加入质量控制环节和提高操作标准化程度。对于大多数组织来说，操作标准化是最好的提升产品质量的措施，符合人类倾向于让大脑休息的基本诉求(管理者亦然，管理者首先应该积极主动，但管理活动在积极主动的基础上还应该通过标准化操作来减少管理者需要主动去操作的内容或已经主动操作过的内容，从而扩充自己的注意力容量，提升管理绩效)，效果比较理想，管理者应该重视采用先进的方法去控制项目的进度和质量。而对于人力型产品(比如咨询报告、非标准化设计成果等)的生产，则很难有标准的操作规程，产品质量因人而异，对于这一类型的组织，则应该重视提高技术管理的比重，即确保产品的生产有更高技术水平的人员进行指导和审核，而管理者则需要将技术审核作为流程中的一项控制措施来管理。

第四，项目和任务的管理应该结合对人和团队的管理，让人力资源充分地为项目服务，从而进一步提高资源利用效率，管理者应该让项目流适应团队管理，而团队管理的成果也会反哺项目的产出。对人和团队的管理，对于不同的管理层级会有不同的权限，作为团队的管理者至少应该拥有对人员考核评价和绩效分配的权限，即符合所谓的“谁用人，谁考核”的原则，如果让项目和任务管理者只负责分配任务，而没有相应的绩效分配权，将会影响人力资源的使用效率和团队管理的效果。

最后，管理者应该对项目和任务的结果负责，作为安排任务的上一级管理者应该在事前沟通时明确对管理者本身的考核标准，这个标准应该包含管理者对项目和任务的执行结果负责；如果上一级管理者能够充分考虑好任务流程、人力资源效率和过程控制等，最后的结果应该不会有太大的偏差，不管最终的结果如何，管理者都应该组织项目参与人员进行项目总结，同时对所有的参与人员在项目中的表现给予反馈(包括沟通反馈和激励反馈)。

项目总结应包含项目本身的过程和结果，也应包含所使用的技术方法和管理过程；如果项目的结果符合或高于预期，则应该总结相关经验，包括资源的使用、流程的改进、过程的控制等，让这些经验为后续项目服务；如果结果不如预期，则需要分析原因，包括技术原因和管理原因，有时候也会有外部原因，但内部总结更多的应该关注组织和团队本身的问题，也就是关注可控的因素，从而可以在之后的项目中相应地做出调整，避免再出现类似的问题。

管理者还应该组织管理团队对管理的效率和作用进行评价，总结管理得失，包括管理责任、管理方法、用人效果、管理手段、管理合作、管理控制、管理接口等方面。管理者需对管理团队的成员进行评价，客观地反馈其管理表现，对其贡献进行表扬，对其不足给予指导和建议，如果存在故意的严重的管理缺位，应该与其进行深入沟通，找出原因并做相应处置，如批评、帮助、激励和调岗等。

最后，需要指出的是，只要是管理者(即使是最基层的管理者)，就应该考虑自己团队中的人员是否有承担更多责任的潜力。管理者有责任去挖掘自己团队成员的潜力，应该让他们参与到过程控制中来，尝试一些新的不同类型的工作任务，并尝试将一些基层岗位人员带入管理岗位，作为管理者来说，意味着任何工作都有可能授权他人来处理，这才是管理者应该具有的管理思维。

(二) 管理团队和人

管理团队和人是管理内容中最重要的部分，因为人力资源是组织中最重要的资源，管理团队和人与管理事务有着重大的区别，它比管理事务难度更大，更具有挑战性，对团队和人进行管理获取的效益也会更多，是管理内容中的核心部分。

在管理团队和人员方面，优秀的管理者会通过一系列管理措施，来实现团队合作的超叠加效应，创造 1+1>2 的超额价值，这种超额价值简单地说就是，每一个生产个体都能产出一定的价值，而通过管理者的组织和管理，团队合作产出的价值能够超过他们单独生产的价值的总和。从过程上来说，管理者通过对团队和人员的管理，直接提升组织的人力资源的使用效率，间接提升物力资源(通过人力资源作用于物力资源)的使用效率，最终创造出体现管理绩效的超额价值。

有一个专门的概念叫做团队管理，团队管理即组织协调团队成员完成特定的项目或任务并同时实现团队的成长。提升团队成员之间的合作绩效是团队管理中的关键内容，团队管理的最终目的是以最少的资源消耗高效地完成组织的任务，创造组织的管理成果和价值。

1. 彼此之间有共同的责任感的叫团队

在阐述如何进行团队管理之前，首先需要明确什么是团队。一个团队有相同的组织目的，每一名成员都有明确的权限和责任，团队成员之间能实现良好沟通，并能相互帮助和补位，团队成员之间有较强的凝聚力和共同的荣辱感，即一人失职，全队受损，大家有着共同的团队责任，这样的团队是真正意义上的团队。团队管理的目标之一就是打造这种实质意义上的团队。管理者要让团队成员之间能够紧密协作，共同贡献资源去达成一个目标；管理者需要制定有效的合作机制让团队成员之间能够互补合作和互相促进，而不是各自独立甚至是相互竞争，否则很难达成高效的资源产出比，因为其中有一部分资源将会被团队成员之间的“内耗”给消耗，并没有最终转化为有效的成果。团队管理者，需要通过自己和团队本身不断努力，逐渐提升团队成员的合作能力，使得团队整体具有良好的责任感和生产能力，成为一个实际意义上的团队，一旦这个目标达成，团队管理工作将会变得更加容易。

2. 团队管理首先需要明确团队的共同目标和责任

团队的管理者，首先需要明确团队的共同目标。对于基层团队，这个目标也许并不是伟大的愿景和宏伟的蓝图，可能会具体到是为了完成组织的某一个子任务或子目标，但是不管是哪个层级的团队，明确的目标都是团队管理者必须传达给所有团队成员的基本信息。除了目标，管理者还应该明确每一个团队成员的责任，即如果目标不能完成或完成效果不及预期时，团队的每一个成员将需要承担什么后果，团队管理者应该让责任与岗位匹配，应该明确团队成员之间的合作机制，明确团队的基本准则等。另外，管理者应该要明确，任何破坏团队共同利益的行为都是不能被容忍的。

团队管理，常见的做法是区分和明确每一个人的责任，这样能让团队的每一个成员都完全承担一项任务，做到各司其职，这样也更容易保持任务和绩效相匹配的公平公正的环境。明确的责任对于达成组织目标是很重要的，只有责任明确才能让团队成员发挥主观能动性，积极地去面对每一项工作任务和任务过程中出现的问题。

要达成团队成员之间的深度合作和相互补位，共同责任也很重要。这里的共同责任与个体明确的责任并不矛盾，共同责任也必须是建立在明确的责任的基础之上，甚至可以说共同责任也属于明确的责任。只是共同责任还强调，在一个组织中任何不良结果的产生都不是由一个人或一个岗位的失职而产生的，因为任何一个岗位都有上中下三个方向的外延，如果该岗位出现了问题，任何一个与之发生联系的岗位或个人都有义务和责任对这个出现问题的环节作出反应、提出建议或协助该岗位人员一起解决问题。从这个角度说，一个岗位产生的问题应该由该岗位和与该岗位联系紧密的其他岗位共同承担责任，这就是共同责任的概念。共同责任可以体现团队的共同目标，因为某一个环节的失误而导致整个团队目标没有实现，其他所有环节的努力都是失效的，最终所有的成员都要承受失败的后果。团队的共同目标要求团队成员承担共同的责任，并承担相互协作的义务。需要说明的是，共同责任中最重要的是管理者自身的责任，如果团队整体目标没有达成，第一责任人应该是团队的管理者，团队管理者应该对关系到团队成果的核心任务和关键环节亲自部署和控制，以确保管理目标的达成。

3. 团队管理需要在合适的岗位上安排合适的人

团队管理的首要任务是为团队的岗位挑选合适的团队成员(实际上"合适"也是一个动态的过程，需要不断地调整实现动态"匹配")。对于核心成员，管理者必须亲自招聘、考查和培养。在团队建设时，需要注意两点，一是在合适的岗位上安排合适的人员，尽量让岗位能够发挥出人员的优势特点，对于人员的优劣势，应该在人岗匹配时做到扬长避短，确保大部分人员在特定的岗位上更加高效，更加有积极性，如果有人岗不匹配的情况，在征得该人员同意的前提下，可以对其进行调岗；二是管理者需要对团队成员进行指导、激励和培养，确保其不断进步，岗位胜任度越来越高。在团队管理过程中，人岗匹配需要不断优化，部分岗位可能需要更换人选，同时也需要不断地引入新的人才，实现团队成员的新老更替。

4. 团队管理需要建立良好的沟通机制

团队管理的第二个重要任务是为团队建立良好的沟通机制，让高效的沟通为团队创造价值提供必要条件，沟通机制主要包括以下三个方面：

首先是管理者直接与团队成员之间的沟通机制，包括上岗沟通、工作表现沟通、工作总结沟通和团队成员职业发展沟通等。

上岗沟通是非常重要的，一个团队成员必须完全理解自己的工作任务(包括任务的必要性和重要性)，理解工作任务在完成组织目标过程中起到什么样的作用，理解工作任务好坏的评价标准，了解工作任务执行不力，对组织有什么影响。团队成员还应该知道自己的工作应该如何去做才能做好，其中的关键要素是什么，自己在组织内外有哪些资源可用等。以上这些内容都是团队管理者需要在团队成员上岗沟通中完成的，一次沟通可能不完整，但应该尽早通过多次沟通完成，尤其是对于直接下级管理者的岗位沟通必须详细而明确。

其次是工作表现沟通。管理者应该定期与核心成员进行主题性沟通或例行性沟通，沟通应该是真实客观的，尽可能多地包含一些细节(只有包含细节才能确保沟通真实有效)；同时，管理者应该及时关注表现优异或表现失常的团队成员，并在第一时间与其沟通，对于表现优异的，应该给予不同形式的正向激励，或者给其分配更有挑战性的任务，对于表现失常的，则应该了解其中的真实原因，注意不能只找团队成员自身的原因，还应看其岗位是否匹配，团队机制是否恰当，资源是否充足等，更重要的是不管出于什么原因，管理者都应考虑自己或组织能够为其提供什么指导或帮助。如果成员表现失常的原因是该成员的价值观问题，或者通过管理者的帮助仍不起作用，则应考虑该团队成员的调岗或离职，适当地(不能太多和太频繁)替换团队成员既是合理的也是必要的，也更有利于团队的成长(不断地为团队注入新的力量)。

工作总结沟通是一个绩效周期或财年周期期末与直接下属团队成员之间的沟通。这部分人员由管理者直接分配任务，直接评价绩效，一方面，总结沟通一定要让对方清晰自己的表现对团队整体的贡献和表现的不足等，同时让其清晰应该如何弥补自己的不足，应该朝哪个方向努力，并就上一个周期内的个人绩效作详细沟通，让其明白为什么获得特定数量的绩效，这些绩效包含哪些内容等；另一方面，工作总结沟通还应与团队成员一起预期未来一个绩效周期的绩效期望，并对如何发挥其长处和弥补其不足进行沟通，以表达组织对团队成员的关注和期望。

与前三种沟通不同的是，团队成员职业发展沟通的内容主要是针对“人”，沟通的焦点主要放在团队成员身上(前三种沟通的焦点是任务或事物，更关注做事的结果)，即使沟通内容中包含了事务性内容，也是为任务的执行者这个主体服务的，比如结合某一位特定的团队成员的性格特点和自身意愿，共同制定(注意是共同制定，而不是为之代劳)其职业发展方向和职业发展规划，并进一步沟通为了实现这个职业发展，需要完成哪些任务的历练，需要做哪些提升，需要学习哪些新知识或技能等。管理者在后续的工作安排中，可根据职业发展沟通情况有针对性地为特定的团队成员安排特定的工作任务，以协助其实现既定的成长目标。

团队成员之间的沟通，包括组内(或者是部门内)沟通和组间沟通(或者是部门之间)。组内沟通需要保持无缝和高效，因为组内沟通非常频繁，可谓是无处不在无时不在，对团队的成果影响较大，这种沟通不用拘泥于形式，可以单独沟通或多人讨论，可以针对特定的主题或任务，也可以是为特定的目的比如改善团队氛围等而沟通。管理者要为组内沟通提供良好的软硬件条件，比如沟通例会、无缝沟通机制、良好的言行环境导向等。组外沟通则相对更有限一些，如果组内成员与其他组没有工作交集，组间沟通则不会发生，此时组间沟通更多的是组间的管理者进行沟通(为了更好地管理或控制流程，有些组织也为此设定了指定的组间沟通接口)。组间沟通通常会涉及资源的分配和共享，涉及各组之间的利益关系，涉及工作的界限等问题，此时组间沟通需要由更高一级的管理者参与协调并最终为共同的组织目标达成一致。对于这种组间沟通，管理者需要赋予各组发起这种沟通的权限，对于组间沟通频繁的组织，管理者应该制定组间沟通的例行机制，保证沟通的通畅性。

最后一个是针对项目或任务的沟通机制，这种沟通是在项目组组内进行的，以项目组为沟通的基本单元，沟通并不限范围和形式，参与者通常不论其组织归属，只要是与任务相关的人员即可参与。这种沟通多半是由项目负责人或相对高层次的管理者在任务的阶段性节点发起，或在项目出现问题时进行，为的是控制任务的进度、质量或是项目参与人员之间的技术配合沟通等。这种沟通方式的使用，管理者需要注意与组织管理模式进行协调，比如很多项目都需要抽调不同部门的人员共同执行，此时涉及人员支配权限问题，即项目负责人没有直接的人员调配权限，需要与更高层级的管理者(比部门负责人更高一级)协调，然后才能顺利组建项目实施团队。不过大部分组织都很难将人员的支配权限完全界定清楚，因为通常组织内人员会同时参与多个项目的实施，所以项目沟通机制的合理性就显得特别重要，一方面，要确保参与项目的人员能够较好地配合多个项目的进度，另一方面，需要确保人员的使用不会引起人员支配权限的纠纷。

通常的方法是，项目负责人在需要使用某部门的人员时，需要通过更高级别的管理者进行协调，或者更高级别的管理者确定项目负责人有使用各部门人员的权限；然后项目负责人与部门负责人对接人员的使用界限，人员调配时尽量避免项目实施在人员使用上的交叉，如果不能避免，则需要双方明确人员使用持续的时间、工作量大小、对人员素质的要求，并明确获得绩效分配的权限等；在人员的使用过程中，如果出现与最开始约定的内容不一致的情况，项目负责人需要再次与部门负责人沟通确认，以确保人员的使用界限始终明晰；最后，在项目结束后，项目负责人需要与使用的人员就项目表现进行沟通，并同时与其上级管理者即部门负责人沟通。项目形式的沟通机制中，最重要的是更高级别的管理者需要与项目负责人和各部门负责人将该项目对组织的意义描述清楚，同时明确该项目的实施对各参与部门的好处，目的是获得各部门负责人和项目负责人对项目实施的绝对支持，否则针对项目的沟通将会受到人员多重归属的限制而遭遇阻力。

5. 团队管理需要合理的资源分配机制

团队管理的第三个任务是建立适合团队发展的资源分配机制，包括生产资源的分配、管理资源的分配、绩效的分配和权责利的匹配等。

资源分配既要保证公平合理，又要有利于组织的长远发展，且需要经常进行动态调整，有时候也可以作为实现某个特定管理目的一种方法。资源分配是组织的核心问题，直接关系到组织的发展方向和发展速度。资源分配与组织的发展模式有一定的相关性，如果组织庞大，且体制较为成熟，通常资源分配也比较固定，不会随时间而产生变化，而一旦组织需要转型（比如有些组织的业务产品变革等），则相应地需要从资源分配开始变革，以支持组织的成功转型；如果是中小型组织，外部市场的变化或内部人力资源的变化都需要对资源分配机制进行优化和调整，以确保资源分配的有效性和先进性。

生产资源的分配是指管理者给不同的生产部门或职能部门赋予合理数量和质量的人力、物力、智力等资源，以满足其生产的需求，获取相应的生产成果。如果所有的部门都是同质化的平行部门，则资源分配均等化即可。然而很多时候，部门之间的业务都是相对独立的，或者是上下游的关系，且部门规模也存在一定区别，此时管理者需要对各部门的业务模式进行分析，并根据各部门对组织目标的贡献差异，从全局的角度进行资源的合理分配，确保资源的公平分配和最大化利用。

生产资源的分配，应该注意以下几点，一是资源的分配不应以个人感情好恶为分配依据，比如管理者跟某部门的成员关系好，便进行资源倾斜，这样会破坏资源分配的公平性和合理性；二是资源分配要以提高资源使用效率为分配依据，对于组织贡献大或资源使用效率高的部门，应当相应地提高资源分配的数量和质量；三是对于有利于实现战略目标的任务应适当进行资源倾斜，有些具有较高长远价值的任务可能短期效益并不明显，管理者应该对此情况进行识别，并避免降低其资源分配标准；最后是管理者应该对处于起步阶段的团队给予适当的资源分配倾斜，因为起步阶段的团队通常缺乏经验，且任务执行力量相对较弱，资源使用效率偏低，需要组织给予一定的扶持和支持，否则很难获得快速发展。总之，生产资源的分配应该站在整个组织的高度进行全面的考量，确保动态公平，长效合理。

管理资源的分配是指管理者在组织的各项管理工作中或各个下级子团队中的精力或者注意力的分配。管理资源分配涉及各部门之间的分配比例、组织内各人员之间、流程中各个环节之间、对内对外的分配比例等。不同层级和不同岗位的管理者精力分配方向和比例并不相同，组织较高层级的管理者，对外部业务市场和同行业竞争对手的动态会重点关注，两者加起来应该占到30%～60%的比例（具有稳定的业务市场的组织比例取低值，新兴组织比例取高值）。内部的关注点分配则跟管理者的管理水平和风格有一定的关系，内部分配需要在事物（包括战略制定、流程相关、解决实际问题等）管理和“人”的管理上进行第一次分配，如果是较高层级的管理者，应该将大部分的比例分配给与“人”相关的管理上，比如重点关注各部门的负责人、管理团队和核心岗位的人员，通过会议、单独沟通、小组讨论等形式对这些人员进行关注、指导、激励、督察和反馈等。对于内部各团队的关注点比例分配，可参考资源分配的原则进行，较高层级的管理者对于事务管理的精力分配比例相对较低，往往更关心核心事项的结果；中低层级的管理者则会将更多的关注点放在与具体任务相关的管理上，比如流程的合理性、流程的执行情况、资源的效率、日常产生的问题及其解决情况等。

对于高层管理者来说，在管理资源分配方面，除了管理者本身的注意力之外，还有一项管理资源分配就是管理者，即为不同的部门指派不同的管理人员进行管理。通常部门的管理人员大部分都是由团队内部产生的，即该部门或团队的管理者是该部门业务的精通者或优秀者，但是对于有些相对较弱的部门或者该部门的管理者较弱时(此处的较弱不仅指该部门的业务水平较弱，也包括该部门对组织的贡献度较弱)，高层管理者应该及时协调解决该问题。常用的解决方法是委派更为合适的管理者去该部门主导或协助完成组织整体目标范围内的相关任务，本质上这是一种管理资源的二次分配，理论上这种分配方式不应该完全根据部门或团队的强弱来分配，而应该采用二维矩阵四象限方法(详见第三章的管理方法一节)来分配。另外一种管理责任分配方法就是根据该部门或团队在整个组织中的重要性来进行，或者说对组织的目标(包括长期和短期)的关键程度来进行，对于既重要又相对较弱的部门应该为其补充较好的管理资源，而对于重要但相对较强的部门则只需要适当分配管理者的注意力即可，对于不重要的部门，无论强弱都只需按照正常的管理资源分配比例即可。

绩效的分配是指管理者对团队内部成员的人力资源绩效按照一定的原则进行分配，即组织赋予团队一定的人力成本，团队的管理者将该部分人力成本按照合理的规则(这种规则通常与团队的业务类型和合作模式等有关系)在团队内部进行分配。绩效分配的公平合理非常重要，关系到团队成员获得的薪酬和收入水平，也直接关系到整个团队的稳定和发展。通常绩效分配的思路是保证关键岗位成员的合理收入水平，再保证不可替代成员的收入水平，最后再在其余人员之间进行分配。跟生产资源的分配一样，绩效分配不能以私人感情作为分配依据，而应以对组织的贡献程度为分配依据。值得注意的是，对组织的贡献并不等同于实际生产的成果，因为对组织的贡献不仅包括直接的生产成果，还包括其他隐性的贡献，这些隐性的贡献是管理者最容易忽视的，从而使得绩效分配并非真正公平，也使得绩效分配作为一项管理工具并没有真正地为团队管理服务。

绩效分配中的隐性贡献，包括对他人的协助、承担岗位职责之外的任务、为组织服务的年限、对团队的管理贡献、自身的成长情况等。这些贡献在实际工作中很常见，也很容易理解，比如对他人的协助，虽然并非自己直接创造成果，但间接为他人的成果获取起到了一定的协助作用，同时为维护整个团队的和谐稳定做出了贡献。额外的任务是指完成一些不在岗位职责范围内的工作事项，如果员工能主动承担额外的工作任务，说明其具有付出的品质，也愿意承担责任(因为多做就会增加犯错的概率，会承担更多的责任)，这样的人才是组织的一种优质资源，能够增加组织的自由度和弹性，代表着组织发展的一种潜力，应该作为对组织的一种贡献来考虑。为组织的服务年限也应该作为一种贡献在人力资源绩效中予以考虑，人员平均服务年限的长短代表了一个团队的稳定性，服务年限也代表了团队成员的一种优秀品质忠诚，优秀的团队管理者应该将离职率控制在较低(并不是零，团队也应该定期少量更新成员)的水平(团队初创期除外)，长期为组织服务的员工便是一种隐性贡献，对控制离职率的贡献，这样也可以让组织管理者减少精力的浪费(通常团队成员离职会让管理者耗费精力去招聘，还需要耗费精力去协调更换成员后团队的适应性，如果是核心岗位还可能会引起整个团队的一系列不良反应，进一步增加管理者的工作量)。

管理贡献是指处于普通岗位上的员工主动参与组织、计划、协调等管理性质的工作内容，或者管理岗位员工主动去协助非自己管理范围内的管理工作，这些能创造间接的成果的管理工作称之为管理贡献，如果组织内有较多这种积极主动的员工，组织的发展会更快，尤其是对于很多扁平化管理体制的组织，存在一些管理工作的盲点，需要普通岗位员工发挥一定的管理潜能去弥补，此时管理贡献更应该作为人力绩效的因素加以考虑，也可以作为管理岗位选拔人才的依据之一。

团队成员自身的成长看似对组织没有贡献，但实际上团队成员的成长代表一种积极向上的品质，隐性地影响周边环境，隐性地带动周边的同事进步。另外员工自身的成长也意味着组织的成长，因为人才是组织最重要的资源，从这点说，让组织进步的一条途径就是挖掘团队成员自身的潜力使团队成员进步(另一条途径是实现团队成员之间更好的合作)。

当然，绩效分配还是应该以团队成员直接创造的成果为主要依据，但不能是全部，管理者应该根据组织业务形式的不同赋予各项隐性贡献不同的权重，比如以人力成本为主要成本的团队，应该赋予服务年限和个人成长更高的权重；而管理型组织比如地产公司[地产中的大部分岗位(销售岗位除外)都以管理协调为主要工作]，则应该赋予额外的任务和对他人的协助以更大的权重；高新技术企业，对于高新技术人才和核心岗位人才应该赋予服务年限以更高的权重。总之，管理者应该协同管理团队建立为组织目标服务的公平合理的绩效分配体系，好的绩效分配体系既可以提高组织效率，又可以激励整个团队的成长。

权责利的匹配指的是让团队成员的资源权限、所承担的责任、获取的利益均与岗位相匹配，同时让它们之间相互匹配，即相应级别的岗位应该有对应的资源权限、对应的责任和相关的利益分配份额。比如市场部门的负责人应该有给客户承诺合同条件的资源权限，也应该有为组织承揽业务合同的责任，同时也应该有获得对应的经济报酬的权利。明确了匹配的权责利关系才能保证岗位属性的完整性，才能保证居于该岗位的人员充分发挥能效。

常见的问题之一是利益分配不合理，即相对重要的岗位却由于某些原因比如资历问题等只有相对较低的利益份额，这是一种不平衡的状态，这种不平衡状态通常只能维持较短的时间，当事人员如果认为自己的利益分配不公平，或较长时间没有得到解决，则有可能会引起该岗位人员的情绪波动或者故意的低效工作，最后甚至可能会主动离职。管理者需要倡导真诚开放的沟通环境和建立有效的沟通渠道，一旦某些人员认为自己的利益分配不合理(匹配通常是动态的，也就是过去匹配但现在可能不匹配)，可以及时向管理者进行反馈和沟通，通过沟通获得分配份额的调整来解决问题；其次管理者需要不定期核查关键岗位人员的利益分配比例，看是否处于合理区间，如果发现不匹配的情况，需要及时与相关的人员进行沟通，对不合理的作出调整，确保利益分配动态平衡；管理者还需要通过一些其他手段去弥补利益分配的短期不平衡，比如人才的培养、长期的股权激励、岗位的提升等，可以采用综合的多样的利益分配手段去协调各种岗位人员的利益份额，对于品质优秀、具有较大潜力的人员需要协助其制定长期的培养计划，从另一个角度说，越是需要长期培养的人才，越是需要通过利益绑定方式给予其正向激励。

另一个问题是权限分配不到位或责任分配不到位。这个问题通常更不容易被发现，因为各岗位的人员并不会像利益分配不合理那样快速提出反馈，有一部分团队成员甚至比较愿意维持这种权限或责任不够的状态。但对于组织来说，这些问题将会带来较大的负面影响，如果权限分配不够，相关岗位人员处理问题的能力会下降其岗位绩效将会降低，还会造成问题向上转移，最终造成该岗位人员(放弃处理有难度的问题)及其上级管理者(上级管理者则处理相对低级的问题)能效均下降。如果责任分配不到位，同样会造成对应岗位人员能效下降，因为没有责任，就不用对结果负责任，这样将缺少压力，也就是没有全力以赴的动力，最终会造成成果的不理想。管理者应该从多个方面来确保权限和责任与岗位匹配，第一，对岗位职责的定义应该明确其权限和责任，所有岗位人员的上岗沟通都应该由其直接的管理者将该岗位职责解释清楚；第二，管理者在任务安排时要做到充分授权，在分配任务的同时将权限和责任一并明确到位，避免只有任物执行的授权，而没有资源和责任的配套；第三，管理者应该要时刻注意防止问题和责任向上转移，一旦出现这种情况，应该明确拒绝，即使对于管理者来说解决上移的问题会很容易；同时管理者应该及时检查是否出现了权责利不匹配的情况，如果有应及时纠正，确保岗位的完整性和高效性。

权责利和岗位匹配是保证团队整体效率和团队成员效率的基本条件，是团队管理的基本内容，管理者应给予足够的重视，定期进行核查确保其动态匹配的状态。

6. 管理团队的外部联系

管理者需要关注团队的外部环境及团队的上下游关系做好接口管理，即使管理者并非团队的最高级别的管理者，依然应该如此，团队的外部接口代表着资源和产品的内外流通渠道，同时也是内部生产流程和任务运行的制约因素。关注对外联系也可以为解决组织内的各种问题提供更广阔的视角，对于组织较高层级的管理者来说，在处理组织方向问题、组织战略问题和资源问题时，也必须要考虑组织的外部联系，否则这些问题将会存在局限性，丧失战略意义。而组织的发展与外部联系的关系更加密切，外部联系可以为组织发展提供资源，同时组织的发展也依赖外部联系的提升或优化。

对于外部联系，管理者需要考虑以下因素：①管理者必须要密切关注团队外部环境的变化，并使得团队适应外部环境变化；②通过寻求外部联系可能的变化和改善(比如增加或减少联系，优化外部联系等)，来促进组织的发展；③为组织内部的发展寻求外部环境的资源支持和响应；④必要的时候，组织可以通过与外部的资源整合实现组织的横向发展。

7. 团队管理需要重点关注团队成长

管理者关注团队的成长更多的是从宏观角度，即关注团队中核心成员的成长，从而关注团队整体实力的增强，团队成员的成长包括业务知识和技能、管理能力、个人的综合能力等方面。

对于技术型的团队，团队成长的需求更突出，因为技术型团队的核心资源是团队成员的技术能力，提升个人的技术能力直接给组织带来更优秀的成果，相比其他能力，提升技术能力也是更容易实现的。不同于技术型团队，很多固定流程的生产团队则更难获得成长，因为团队成员每天从事的工作内容基本都是相同的，个人技能提升既没有需求也没有动力，这类团队的成长最容易被管理者忽视，但忽视团队成长依然是不合理的，因为即使是相同的工作也可以区分不同的水平，而且还可以通过工作岗位提升来促进团队成员的成长。总之，任何团队的任何阶段，管理者都应该致力于提升团队整体的能力水平，这样既能给团队带来更优秀的当期成果，也能为团队远期成果打下坚实的基础。

要获得团队的成长，首先要培养积极进步的团队氛围，时刻倡导以进步为荣，以懈怠为耻的团队价值观。管理者可以从多方面着手，比如绩效指标体系对成长的考虑、会议言论的导向等，管理者也要带头学习进步树立榜样，或先倡导团队核心成员一起创造努力学习的氛围。总之，营造一个积极成长的环境是非常重要的，而拥有这个意识并能努力去做到是管理者的管理能力的体现，可以说优秀的管理者总是一个积极环境的营造者。

在促进团队成长方面，管理者需要充分利用自身的资源和发挥自身的能量(作为管理者一定会有较为突出的方面)，将自我拥有的能力和资源应用在团队管理当中，主要包括以下方面：亲自参与业务知识培训，对团队成员进行激励(运用管理者的沟通能力和教练能力)，对团队成员的职业规划进行指导和建议，对团队成员的学习方法进行指导，对团队成员的思维方式进行梳理和引导等。

提升团队能力的一个重要手段是组织培训，一方面管理者亲自参与培训(亲自培训也是管理者创建影响力的方式之一)，通过积极贡献自己的能力和智力资源达到提升团队成员能力的目的。另一方面，管理者需要邀请各个领域的专家对团队成员进行技能或素质培训，借助外部资源达到团队成长的目的。外聘专家培训的优点是团队成员更容易接受，因此培训效果更好。另一种方式是从团队内部寻找培训讲师，尤其是团队核心成员，邀请他们对团队成员进行培训。能够产生良好的效果，内部挖掘培训讲师有很多好处，比如内部资源实现了共享和互通，形成互帮互助的良好氛围，同时通过担当培训讲师的经历，提升团队成员的知识总结能力和表达能力。还有一种培训方式是团队选派具有潜力的团队成员去参加外部培训，这种培训方式更具有灵活性和针对性，缺点是需要组织付出一定的培训费用和占用员工的工作时间。总之，管理者应该通过各种培训让团队的多数成员不断成长，从而带动整个团队的成长，提升整个团队的业务能力。

管理者应该引导在团队中形成“传帮带”的团队氛围，即有经验的人员对新的团队成员形成一对一的指导和培训，由于有经验的人员的指导意愿和指导能力良莠不齐等原因，这种指导效果有时并不理想，但是仍然很有意义：首先，相比一对多的培训，一对一指导效果会因为更具有针对性而明显提升；其次，一对一的指导具有即时性，即被指导人员随时可以向指导者询问和请教，从而获取知识更便捷，解决问题更快速；第三，这种一对一的帮扶是整个团队合作氛围的重要组成部分，能够巩固团队的共享文化，这种相互帮助的团队氛围正是达成高效团队所必需的条件之一。如前所述，团队管理的微观目标就是实现团队成员之间的合作互补，从而创造 1+1>2 的超叠加效应。

当然，要形成“传帮带”的氛围并不是件简单的事情，主要的原因是大部分非管理岗位的人员都不愿意对他人给予细致的指导，他们倾向于认为这件事情和自己没有必然的关系，认为自己的付出不会得到应有的回报。这类员工获取薪酬通常是通过时间或工作量换取的，而指导他人会占用本职工作的时间，此部分时间的消耗不仅不会增加报酬，而且被指导者日后还会与其形成竞争关系，因此他们没有指导他人的动力和意愿。不仅非管理岗位人员，部分管理岗位人员也存在这样的想法，这种情况下，团队的管理者要实现团队互帮互助是不容易的，但并非完全不可能，只要有正确的方法，仍然是可以实现的，主要的方法包括以下几方面：首先需要找到愿意指导他人的团队成员，先安排这部分人员进行“传帮带”，然后通过绩效分配、当众表扬、岗位晋升等方法对他们给予肯定，形成示范效应。管理者也可以亲自示范，以起到榜样的作用，之后还需要通过单独沟通继续发动其他成员，逐渐扩大参与“传帮带”的人员阵营，最后实现大部分成员接受并拥护这种团队文化和氛围。对于极其少数的无法适应团队主导价值观的成员，可以给予包容或通过人事手段进行处理。与大部分的管理过程类似，团队氛围的形成过程是漫长的，需要管理者有足够的耐心和坚定的目标信念，不断尝试和努力，才能达成最终的目的。

8. 管理团队需要及时更新团队成员

团队成员的稳定性对于保证一个团队的生产能力是至关重要的，因为团队成员之间的配合默契程度与团队成员的稳定有较大的相关性，同时一个团队长期形成或固有的文化属性也需要靠稳定的团队成员来维持，因此管理者需要做大量的工作来维护团队的稳定，尤其是团队核心成员的稳定，甚至有些组织还将控制离职率作为团队管理者的考核指标之一。

总的来说，保持团队成员的相对稳定是正确的，但并不代表团队成员完全不需要更换，而是应该定期地更新少量团队成员，主要有以下几个原因，其一，从绩效的角度来说，需要通过末位淘汰等方法来调整整个团队的状态，让整个团队有一定的压力和动力，同时淘汰绩效较差的团队成员本身也是提升团队整体绩效的方法之一；其二，团队成员的过于稳定不利于团队的创新，因为团队成员的思维方式相对固定，团队成员之间的合作方式也相对固定，难以产生新的想法、新的思路和新的模式等，而通过引入新的团队成员则可以为团队注入新的特质，从而增加团队的多样性和可塑性；其三，通过淘汰团队成员的方式可以明确团队在文化氛围和价值观等方面的导向，即通过淘汰某些团队成员来明确哪些行为特征是团队不提倡的，管理者需要及时剔除影响团队整体氛围的成员，否则将会降低团队整体的效率，同时也会让团队的发展出现障碍，还有一些小团体主义的成员，也需要及时进行处理，避免出现合作的偏向性和局部合作障碍。

(三) 管理管理者

管理管理者是中层及以上的管理者主要的管理内容。管理管理者与管理团队和人在管理方法和管理视角等方面有一定的区别，或者说管理管理者有其特殊性。从某种角度来说管理者更容易管理，因为管理者的悟性更高、执行力更好，而从另一个角度来说，管理管理者又有更大的难度，因为管理者有更强的个性，有更丰富的想法和更独立的想法等。管理者在管理更低层级的管理者时，需要有更高的境界，更好的包容心，也需要提出更高的要求，管理管理者的目标与其他所有的管理工作一样，就是要提升组织的整体成果。

管理管理者包含了两层含义，一是管理更低层级的管理者(这些更低层级的管理者还需要管理团队和人)，二是将自己管理的团队和人变成管理者。前面提到，即使处在组织的最末端，没有更低级的人员需要管理，也可以将自己变成一个事物管理者，而管理者就是要积极地指导或激励管理的团队成员变成管理者。

管理管理者有几项具体内容，一是管理管理者及其管理状态，确保其能为实现组织的目标服务；二是管理管理团队，这一部分内容与上一部分的团队管理内容基本一致，即包含绩效管理、团队合作和凝聚力管理等；三是提升管理者的管理水平和其他的综合素质；这几部分内容相互联系，相互作用，提升管理者的管理水平有助于实现组织目标，对管理者的指导有助于提升管理团队整体的管理水平，包括管理者自身的管理水平，如果组织目标能够较好地实现，也就直接体现了管理者较高的管理水平。

1. 管理者要通过管理团队掌控组织目标的实现状态

管理者需要建立与管理团队的指导和沟通机制，即定期核查组织目标的整体进度和各子团队管理者的状态等。管理者需要对整个管理团队进行工作督察、指导、协助等，尤其是核心岗位的管理人员，实现对组织目标进度和质量的掌控。对管理团队状态的及时了解还有助于核查管理者与岗位的匹配度和及时发现人才的异常状态，以便能提前采取措施，解决问题，避免给组织造成意外的损失。同时，管理者要引导管理团队中各岗位的管理人员去组织其各自的团队进行总结、反思、纠偏、调整等，从而获取流程改进信息、生产信息、管理经验等，这种从上至下的控制体系既有利于当期目标的实现，又有利于提升团队整体的生产能力。

管理者应该要求团队成员定期对管理工作向上汇报，管理者也应该将自己的工作内容向上一级管理者汇报，包括核心任务进展的状态，与上下游或横向之间的联系状态，各项任务是否存在进度上的滞后(如果有，原因是什么，解决方案是什么），是否有需要上一级管理者协调的问题，整个子团队状态如何，团队人才培养的情况等。管理者需要通过与上一级管理者沟通获取一些可用的资源（比如横向团队之间的合作或协助等）从而提升团队的产出成果，而上一级管理者需要通过对下一级管理者及其团队的工作情况，来判断其对实现整体组织目标的关系和影响，如果出现不良倾向或异常的状态，管理者应该加大对下一级管理者的指导和支持力度，协助其解决出现的问题。管理者可以加大跟踪检查的频率，必要时，应该采用一些管理手段（如资源调整、管理人员的调换等）进行干预，避免出现问题的恶化，最终的目的是确保子团队的表现不会影响组织整体目标的实现。

随着信息技术的日渐发达，管理者可以借助一些先进的工具来加大对各项任务的进程监控，比如使用内部服务器共享平台。管理者可以随时从网络工作平台上检查各个任务的进度，团队外部接口的管理者可以要求团队内部的所有外发电子邮件都抄送团队管理者，这样，无须当面汇报，团队的管理者就能掌握团队工作状态，这样可以提升团队运作的效率。管理者应该重视先进工具的使用，而不是只依赖于传统的沟通方式，而对于特别重要的任务，管理者仍然应该与任务的执行者进行当面沟通，一是了解任务的执行情况，更重要的是对任务执行者进行指导和评价。通过当面沟通让管理者对具体生产任务情况更为熟悉，同时也借沟通达到提升团队成员效率的目的。

2. 管理者要致力于提升下级管理者的综合能力水平

对于提升被管理者的综合能力来说，管理管理者和管理普通的团队成员有一定的区别。管理者的优点是觉悟更高、境界更高、执行力更强、更善于与人合作等，这也直接决定了管理管理者无须跟管理普通员工那样细致而具体，而是应该采用不同的管理方法，重要的一点是要通过一些激励手段协助其快速成长，帮助其实现自我价值和理想。这些激励手段包括创建组织或个人的愿景、提供方法指导、协助其确立个人目标和计划并督促其执行、提供锻炼平台等。

创建组织愿景并让下级管理者为之努力，为下级管理者确定一个明确的目标，让该目标成为其努力的动力，目标的大小直接决定了下级管理者及其团队最终能达成的结果的高度。管理者要经常与下级管理者沟通，包括对其进行指导和监督，确保其能长久地保持前进的动力（通常情况下，努力的动力会随着时间推移而减弱）。

创建个人愿景则是站在下级管理者的角度帮助其实现更高的个人价值，实现更有深度和效率的职业发展。管理者需要提供指导和建议，辅助其制定合理的个人目标和相应的行动计划，实现其个人的综合素质的提升，甚至也需要提供必要的监督(管理下级管理者的个人发展就如同管理一个具体项目一样)协助个人实现其目标。

提供方法指导贯穿于整个工作沟通交流过程。当下级管理者提出需求时，或者在创建的团队的沟通机制内，管理者应该在各方面给予下级管理者必要的具体的方法指导。值得注意的是，管理者仅仅是提供指导而不能代劳其工作内容，提供必要的全过程指导，能保证或提升最终的组织成果(高一级别的管理者面对问题通常有更好的解决思路，指导通常是有效的)，也能让对下级管理者的考核更加真实和具体(如果过程没有参与指导，同时下级管理者的管理成果又不够理想，管理者除了需对整体成果负责任以外，对于具体的工作任务也需承担一定的责任)。为提供培训的机会也是提升下级管理者综合能力的一条途径，只是培训的内容，应该更侧重管理方面，比如如何管理团队的绩效，如何提升沟通效率等与管理相关的主题。

提供锻炼的平台也是促进下级管理者成长的重要途径之一。如果一个低层级管理者要进阶至中高层级管理者，多方面的综合锻炼是必不可少的，如果一直担任某一团队的管理者，管理者可以将其调岗至其他不同业务类别的管理岗位进行历练，当其经过多岗位历练之后则为下一步的胜任中高层级管理岗位了打下坚实的基础。再比如某位管理者(也可以是非管理者)有意愿朝某个方向发展，则可为其提供相关的业务岗位让其进行实习历练，只有通过实践锻炼，才能够快速成长。相比理论培训，实践在个人成长方面更重要，因为做过才能印象深刻，做过才能发现问题，从发现问题、解决问题到总结问题是提升管理者能力的基本途径。

3. 管理者要致力于提升管理团队成员的管理水平

管理团队是组织的核心资源，组织的高层级管理者需要着力提升整个管理团队的管理水平，以充分发挥核心资源的关键作用。整个组织的绩效来源于各子团队的绩效以及他们之间相互合作的贡献，这两者都与子团队管理者的管理工作有直接的关系，都依赖于子团队管理者能力水平的发挥。子团队的管理者构成了组织的管理团队，若要提升组织绩效，完全可以通过提升整个管理团队的管理水平来实现。相反，如果管理团队的综合能力处于较低水平，或者某些管理成员管理水平较低，将会形成某一个环节的绩效短板，进而影响组织的整体绩效。组织高层级管理者应该重视提升整个管理团队的管理水平。

首先，在管理人员的选拔和晋升上，应设定有合理的选拔标准和晋升机制，对于不同部门的管理者，应该在能力侧重上有所区别，确保每一位管理者能充分发挥其优势(详见人员与岗位匹配度章节)。对于管理者的选拔，同时要充分考虑其意愿，一个主观上愿意去做的人员会尽其所能去努力，会想更多的办法和挖掘更多的可能性，作为管理者具备了主动性就具备了获取管理绩效的最重要的品质；另外对于管理者的选拔，一定要充分考虑其潜力，即在用人时考虑其未来成长的预期，考虑预期既可以扩大人才选择的范围(弥补人才短缺的局面)，又能有针对性地采取特定的培养手段去培养人才，通过培养使其快速成长，管理者要对下级管理者的潜力给予足够的关注。

其次，对于组织的管理团队，应该有明确的管理分工和明确的管理岗位工作职责。对于很多成熟的大型组织来说，通常都有较为成熟的组织架构和明确的岗位职责，高层级管理者只需要为各岗位找到合适的管理者即可。而对于小型组织或初创组织来说，情况则不一样，小型组织有很多客观原因使其很难达到明确清晰的管理分工，原因之一就是小型组织的人员较少，通常会出现一个人负责多种类型管理工作的情况，即所谓的身兼数职。另一个原因是小型组织的工作流程通常没有形成明确的标准，并不会很固定，这也导致了各岗位人员负责的内容并不会在流程的某一个节点上固定下来，有时候各个流程是并行的，比如项目负责制，即一个人既要完成项目管理，又要完成业务管理，其他管理者亦然，这样人员和岗位之间就会出现交叉，无法形成明确的管理分工。还有一个原因是小型组织的管理者通常并不会要求明确的管理分工，因为明确分工会导致用人不够灵活。比如，过去其中的一个管理人员既需要作为项目经理去负责项目，又需要作为业务联系人去维护客户关系，一旦明确其为业务管理者，则有可能会让其对其他工作产生额外付出的感觉，从而失去积极性和主动性。以上种种原因导致小型组织通常很难有明确的管理分工，而管理岗位的工作职责不明确也跟管理分工不明确有一定的关系，因为没有明确的管理分工，也就没有明确的管理岗位，当然也就不会有明确的岗位工作职责。但是，作为一个高效的管理团队，明确的管理分工和明确的管理岗位职责是非常重要的，它既能够提高管理效率，达成更理想的组织成果，又是组织发展壮大的必要条件。

作为组织的管理者，必须要通过管理分工来实现对管理团队的有效管理，对于小型组织，即使有上述的诸多困难，实现明确的管理分工也是可以达到有效管理的。首先，组织的管理者必须意识到，明确的管理分工是必要的，也是可以实现的。通常管理者在明确的管理分工方面存在一些心理误区，除了前面提到的不进行管理分工的理由之外，还会有更愿意自己多参与一些，自己多做一些会更放心的心理误区，还有其他一些心理误区，参见授权主题章节。管理者必须要有明确地做好管理团队分工的意愿和目标，并通过授权或其他方法去实现这个目标。其次，管理分工可以分步实现。比如，可以先让每个管理者确定管理方向，让其主要负责该管理方向，同时可以兼顾其他方向的管理工作，或者可以让两个配合比较默契的管理者进行交叉管理，这样既可以兼顾用人的灵活性，又可以兼顾管理分工的有序性，一旦组织适当扩大，管理人员充足时即可以进行充分的管理分工。第三，组织应该要不断地挖掘内部人才，让技术岗位人员或普通岗位工作人员进行兼职管理，这样可以扩大管理队伍，为管理分工创造有利的条件。当然，对于个别管理者可以让其参与多个维度的管理，但也必须要有一个主要的方向，其他方面只能是协助管理，这样的管理者甚至可以培养成组织的高层级管理者。最后，即使在局部出现了管理交叉，即一个人员兼具多种管理身份，也需要在工作交叉时明确管理岗位的角色定位，在做不同的工作时代表不同的管理身份，即将人员本身脱离出来，只以工作与管理角色对应起来，出现管理交叉必须避免将人员本身与具体的工作和多个角色混在一起。而岗位职责，则相对比较简单，针对组织的生产流程确定管理岗位，比如技术总监、市场总监等，然后明确每一个岗位的主要责任，并与上岗的管理人员进行明确沟通。

第三，应该让管理人员有充分的自主性(授权要充分，尤其是要充分赋予资源分配的权利)，从而调动管理人员的主观能动性，既要强调管理岗位的责任，也需要给予管理岗位相应的决策权限。同时对于管理人员也需要配合相应的激励制度，比如通过管理成果的认定增加其绩效奖励，通过及时反馈让管理人员有针对性的提升等。

第四，不管是什么岗位的管理，都应该为该岗位配置助手或副手。管理岗位副手的确定既是对管理团队的外延扩充，确保组织有管理后备力量，又可以提升管理者自身的管理效率，同时也能增加各子团队管理的灵活性和可靠性。但管理者的助手和副手应该由其自主确定，切忌出现上一级管理者直接为下级管理者安排助手的行为，这样会带来很多问题：首先被上级指派副手会让管理者产生不被信任的感受，让管理者难以全身心投入工作；其次由于管理者与其副手之间可能存在管理目的差异，在子团队决策上容易出现分歧，从而让管理工作推进更加艰难；另外，不合理的人事安排还容易在团队内引起矛盾，相应地会增加更多的内耗，降低整个子团队及其上下游的效率。因此助手或副手应该由管理者自主选拔，也就是遵循“谁使用，谁选拔”的原则。

最后，管理者应该经常组织团队成员进行管理方法和技巧的探讨，通过集思广益，相互激发灵感，进行管理创新或总结出一些适合组织使用的管理方法。组织大家集体探讨既可以形成积极的氛围，也可以创建组织的开放文化，在这种文化中管理者能够积极听取大家的意见，并能够鼓励大家献言献策，为组织的发展贡献个人力量。组织集体探讨可以营造出一种激发想法、畅所欲言的氛围，能够激发出参与者的灵感，同时可以通过设定特定的讨论目的，使得参与者的积极性被调动起来，更有针对性的思考，从而容易达成设定的目的。集体探讨能够弥补个人思维的局限性，管理者应该好好利用这种形式，通过定期组织或针对主题不定期组织等方式形成这样一种集体讨论的惯例，不断地创造更多的超叠加效应成果，提升整个管理团队的管理水平，为组织的经济成果服务。

4. 管理者需要促进管理团队成员之间的合作和增强管理团队的凝聚力

管理管理团队，与管理其他团队一样，需要组织一些增加团队凝聚力的活动，并制定相互协作的机制，虽然管理团队更容易适应各项制度，但在合作方面，管理者之间的合作并非总是那么容易(相比其他普通团队成员之间)，存在以下几种不利因素：一是管理者通常个性较强，更有自己的看法(执行者倾向于听从命令，而管理者则不然)，所以可能会因此而对合作产生一些理解错位(两个个性较强的人之间合作通常会缺乏包容)，从而产生合作障碍；二是管理者之间的合作，往往代表两个团队之间的合作，管理者不会计较自我个人的利益得失，但容易计较子团队的利益得失，因为管理者一定会为自己管理的团队尽力争取利益，并且一旦出现问题，会倾向于保护自己团队内部的成员，从而伤害合作的默契度；三是管理者之间的合作不同于各个流程上的工作者之间的合作，他们的合作相对固定，且合作内容具体而清晰，而管理者之间的合作，通常界限和内容都不会特别清楚，需要相互协商确定，这也增加了合作的难度；第四是管理者之间的合作，主要依赖彼此的自主性，通常没有更高级别的管理者去监督或协调，即使有，也只有简单粗浅的协调，不会那么具体或深入，因此总的来说管理者之间的合作相对而言难度更大。

虽然管理者之间的合作难度更大，但管理者之间的合作是非常必要的，因为所有的管理者及其管理的团队都是组织内部的组成部分，是一个有机组合的整体，彼此之间本身就存在较多的联系，并且有共同的组织目标，因此彼此之间必然要经常合作，其合作的默契程度决定了组织最终的成果。因此，管理者必须对整个管理团队成员之间的合作进行关注，并采取一定的措施确保管理团队的合作顺畅和管理团队成员之间的深度凝聚。

首先，管理者必须将整个组织的目标向管理团队进行清晰地传达，包括目标的意义和内涵、目标的构成、目标的实现步骤、目标的分解情况等，让所有管理成员信息对称，让彼此之间具备合作的基础；其次，管理者必须要将各个目标分解落实到各个管理者身上，并让其明白自己或自己的团队怎样做或做到什么程度才是合格的或优秀的，也就是让其明白工作任务的评价标准，让其了解相应的奖惩措施；第三，对于管理者之间的合作必须要明确共同责任的概念，即任何一个管理者和其团队的绩效较差导致整个组织的效率较差时，所有相关联的其他管理者和其团队都有连带责任，让团队共同承担组织失败的责任，共同享受组织收获的成果；第四，管理者要在组织内倡导合作和分享，对有额外付出的管理者及其团队给予一定的激励或补偿，并作为岗位晋升的重要考虑因素，同时对管理者的选拔也应注重备选者的合作、开放、分享的品质，从根源上提升团队合作的空间。第五，为每一项管理者之间的合作或团队之间的合作界定主次关系，确定主要负责人，以便明确责任和管理接口，除此之外，其他合作细节如界限、资源分配、合作措施等可以由主要负责人确定，也可以由合作双方内部商定。

除了合作之外，管理团队的凝聚力也是管理者需要关注的一项内容，管理者可以不定期地组织部分或全部管理团队成员进行聚餐、户外拓展或其他团队活动，确保管理团队成员之间能互相了解、互相支持、互相促进，提升他们合作的默契程度。管理者也应该及时关注管理团队内部人员之间的关系，一旦出现内部矛盾，管理者不能袖手旁观，应该投入一定的注意力，除了观察让他们自己解决之外，必要的时候要正面调解，或侧面斡旋，尽快平息存在的矛盾。内部的矛盾不仅会造成资源的无效消耗，还会影响团队整体的和谐氛围，让其他管理者受到影响，严重时还会导致小团体主义，在团队内部形成帮派，这将会对组织产生严重影响，管理者应该对此负责，避免产生负面影响。

5. 管理者需要为管理团队创立约束机制和激励机制

对于管理团队，需要有相应的管理制度或者激励机制，这一点很容易被管理者忽视。管理者更注重开管理会议来探讨如何管理项目和管理员工，但是管理团队更需要被管理，从某种角度来说，管理者同时也是组织的普通员工，本质上都具有惰性，也需要外在的机制约束和外在的动力推动。只不过管理者对这些外在动力更敏感，更容易或更愿意去借力工作，约束机制在管理者身上也更有效，所以看起来好像管理者可以不需要这些机制似的。但经验表明，很多组织没有达成目标首要原因就是管理团队的问题而导致的，因为管理人员的示范效应远远大于普通员工，其产生的影响是放大的。如前所述，这也是组织的高层管理者需要关注并掌控整个管理团队状态的原因，前面提到需要通过一些沟通手段去实现，而本节更关心机制的建立。通过建立合理的机制，可以减少管理者为此付出的精力和注意力，可以减少深入一线的频次，可以直接通过结果来掌控整个管理团队的状态。

关于管理团队的管理机制，管理者可以参考普通团队的管理机制制定，比如定期的例会制度，例会可以由管理团队成员来发起和主持。值得注意的是，并非所有的管理团队会议都必须由组织最高层级管理者来发起，如果全部由最高层级管理者发起，可能会出现会议失效的情况，比如最高层级管理者外出期间，或由于管理者个人的原因而取消会议。实际上，任何级别的管理者都具有主动发起沟通会议的权责，也具有发起沟通会议的能力(主动发起一个事件是管理者的基本能力之一)。因此，组织的管理机制应考虑相关的措施，比如让主持人进行轮换，确保管理者之间能互相监督而不会导致管理例会的中断。

另外，管理团队各成员的表现也应该被考核。对于普通岗位人员，很容易通过其工作内容的数量和质量进行评价，具体而简便。但对于管理团队成员，不同的管理岗位有不同的评价方法和不同的评价要点，因此统一考评具有较大的难度，但仍然不能放弃考核。对于管理成员的评价，横向之间的对比是需要被弱化的一个方面，更应该侧重对管理成员表现的反馈和督促其改进问题，即评价的目的是为了对管理成员实施监督和指导。当然，评价也需要让管理者的工作贡献与其获得的利益相匹配，从而促进管理团队成员的进步，并促进其保持工作热情，是对更努力和更高效的管理人员的一种激励，对落后和低效的管理人员的一种鞭策和约束，对于长期落后的管理人员甚至需要考虑调整其管理岗位或将其解聘。

6. 管理更高级别的管理者

前面讨论的都是更高层级的管理者对下一层级管理者的管理，除此之外，当管理者不是组织的最高级别的管理者时，还面临着另一个更艰难的管理任务——管理上一层级的管理者，而这里的管理不代表向上发送指令，而是指向上沟通、合作和与上一层级的管理者相处等。对上级管理者的管理相比向下管理更重要，因为最后管理者的成果考核和认定都是由上一层级的管理者完成的，管理者的成果和对于组织目标实现的努力也需要传递给上一级管理者才会有效。然而由于某些原因，中层或低层管理者却更容易忽视对上级管理者的管理，他们更倾向于关注自己的本职工作和向下进行沟通部署；另一方面，对于管理者来说，向上沟通似乎更有难度。所谓的难度并非指沟通达成一致的概率更低(相反还更容易达成一致，因为更高层级的管理者更容易沟通)，而是低一层级的管理者往往从心理上更难以要求上一层级管理者来协助自己实现工作的某个目的。而优秀的管理者通常更愿意付出精力去管理好更高级别的管理者，这样做能够获取更优秀的成果。

对于高级的管理者的管理，主要包括任务沟通(包括任务接受沟通、过程沟通、汇报反馈沟通)、方法沟通(请教)、个人成长沟通等。管理者要在可能的情况下，适当增加与高层级管理者的沟通频次。为了提高沟通的效率，在向上沟通之前，应该提前整理好需要沟通的内容，以便沟通时能有的放矢，除了能节约彼此的时间外，还能展现出管理者本身的沟通能力。在沟通过程中，除了做必要的摘要记录外，要将注意力集中在交谈沟通本身，避免注意力不集中而影响沟通效果；在沟通完成之后，需要对沟通内容进行整理，形成有用的结论，并据此形成下一步的行动计划。

对于与高层级管理者的任务沟通，首先是任务接受沟通，管理者应该主动接受，其中最重要的是要沟通全面，包括任务执行的目的、时间节点、可用资源和任务的重要性，还有任务的标准，即应该完成到什么程度。如果其中的某一项没有明确，管理者应该主动询问，不要完全被动接受。其次是过程沟通，过程沟通对于较大或较难的任务是非常有必要的，其主要内容是汇报任务执行的进展情况，并寻求上一级管理者的指导和资源支持等。如果过程中遇到困难，管理者也可以向上寻求支持，但要注意避免出现责任向上转移的情况。管理者必须首先充分利用和挖掘自身和下属团队的能力和资源，尽力去解决出现的问题，如果必须向上汇报，则应该准备好相应的解决方案，以供上一级管理者决策。最后是汇报反馈沟通，指的是在任务执行完成后，应该及时地将任务执行的结果和总结向上反馈。重点应该反馈所呈现结果的原因、取得的经验和团队的不足等方面，并应该请上一级管理者对任务的执行情况和团队的表现给出评价和反馈，并将该评价告之下属团队，在此基础上进一步总结，将经验应用到后续任务的执行中。

方法沟通主要是指管理者在遇到问题和困难(包括各个方面的，并不局限于任务执行中的问题和困难)时，向上请教方法的一种沟通手段。向上寻求帮助并不是简单地将问题向上转移，解决问题的责任和主体仍然不变，上一级管理者仅仅只提供思路支持或资源帮助。之所以要向上寻求帮助，是因为上一级管理者既有更多的资源权限，也有更高的站位和更广阔的视角，通常也有更丰富的思路，能够提供很多有效的建议。同时管理者遇到的问题也许放在组织体系中就不是大问题，这样就可以将问题化繁为简，甚至很多问题从上一级管理者的视角来看则不再是问题。所以，出现问题向上寻求支持是可行的，也是必要的，管理者不要因为害怕问题暴露而放弃使用该方法。

个人成长沟通指的是管理者就自己的职业规划、发展方向和个人成长方法等向上一级管理者寻求建议的沟通。这种沟通也是很有必要的，主要有几个原因，其一是任何个人对自己的性格特点评价都是主观的，对于自己的职业规划和发展方向的判断也会存在一些片面性，需要让其他熟悉自己的人员给予一些看法和建议，这样发展规划才会更加全面和理性。其二是个人的成长应该让比自己经验更丰富或更有成就的人员提供建议，这样的建议更具有建设性和指导性，而上一级管理者，有更多的经历，更能把握个人发展的方向等。其三是上一级管理者在指导管理者的职业发展方面有天然的优势，他有可能是从管理者现有的岗位向上进阶至上一级管理岗位的，他与管理者长期在一起工作，对管理者比较了解，又都在同一个组织系统内，对未来规划的指导更有针对性和更实用。当然，也有一个劣势，就是因为存在上下级的关系，上一级管理者在给予管理者指导时可能会有工作关系的考虑，存在一定的局限性，但总的来说，寻找上一级管理者进行个人成长沟通是非常有效和实用的。

在向上进行个人成长沟通时，管理者需要注意几点，第一，必须要主动，主动才能够有更多的收获，因为主动表示管理者的沟通会更有针对性和目的性，沟通会更有效和更高效，这样才会获得最想要的结果。第二，必须要真诚，不能因为顾及上下级的关系，含糊其词地表达自己的意思，这样的沟通效果将会大打折扣，必须将自己内心的真实想法如实地与上一级管理者进行沟通，这样才能够获得最有效的指导。当然，需要注意的一点是，管理者对上一级管理者要有足够的尊重，如果存在不认可或有不接受的意见和观点，需要在事后仔细考虑后再与上一级管理者进行真诚的沟通，一定要避免当场进行争论，因为管理者可能会理解不到在自身视角范围之外但完全正确的观点。第三，要敢于向上一级管理者请求给予一些有利于自身成长的任务和锻炼机会，只有主动争取，才会更容易得到可能的机会，才会让上一级管理者也更重视下级迫切的进步需求。只有获得了实践的机会，才能最终实现管理者的快速成长的目标。

还有一点需要注意的是，管理者偶尔会遇到自己认为不好相处的上一级管理者，此时管理者一定要在做好自己本职工作的同时去适应上一级管理者的做事风格和工作方式，这样才能实现高效的沟通，共同去实现组织的目标。需要注意的是，作为相对低层级的管理者并不能被动处理，而应该主动去解决与上级管理者相处的问题，主要有以下几个原因，第一，管理者的上级管理者通常只有一个，而上级管理者的下级管理者或下属却不止一个，由于注意力分配等原因，上一级管理者可能会客观性地忽略某一个下级管理者的情绪和诉求，而下级管理者却不可能会忽略自己与上级之间的问题和障碍。第二，上一级管理者看问题的角度更宏观，更宽广，下一级管理者的状态和贡献在其眼里只会是组织的一个局部，如果管理者表达出一些所谓的“不适”，很可能会因为与组织的整体方向不协调而被淘汰出组织，也就是说上一级管理者对下级的考查更多地会站在组织的整体角度，如果沟通不畅，管理者可能会面临不利的局面和结果。相反，下一级管理者并没有权限去左右上一级管理者的工作任务安排，因此如果下一级管理者不主动去调整自己的不适，最终被动的将会是下级管理者自己。第三，上下沟通不畅或出现其他问题的原因大多来自下一级管理者，除非上一级管理者与所有的直接下属都存在问题，而这种情况通常不会维持太久，要么是上一级管理者与整体组织风格不适应，要么是上一级管理者本身能力不够，前者通常会导致其离岗，后者通常会导致其换岗，所以上下沟通不畅很可能是由于下一级管理者本身对一些内容理解不到位或者过于执着于某些并不重要的原则或方式所导致的。如果是存在一些理解方面的误会，下一级管理者主动积极地去沟通解决问题将会是最佳的处理方式，因为通常上一级管理者有更广阔的胸怀和更高的境界，很容易达成一致而实现相互包容。

与上一级管理者的流畅沟通和目标一致是获取团队成果的关键，如果两者关系处理不好，将会影响下一级管理者的工作状态、工作成果和最终的工作前景。因此，下一级管理者必须主动地去面对和解决上下之间的问题和障碍，如果出现沟通不畅，管理者需要主动地去修复关系，抛却个人恩怨，以组织的目标和大局为重，共同去提升组织的整体绩效。

(四) 管理管理者的注意力

管理者的注意力也是组织的一项重要资源，因为管理者拥有资源的分配权限和组织活动的决策权限，高层管理者还决定了组织的方向和发展。因此，管理者尤其是高层管理者需要不断地提升自己的管理能力和水平，这直接决定了组织的进退和兴衰。同时高层管理者应该持开放的态度允许整个管理团队发挥更大的作用，降低组织成果与单个管理者的管理水平的直接相关性，从而提升组织成果的稳定性，即便如此，管理者的管理能力水平仍然是组织成果的决定性因素。

管理者的管理能力中，最重要的一条就是对管理者注意力的分配能力，因为这是管理者作用于组织成果的着力点和落脚点，即管理者作用于组织成果的方式是管理者对自我注意力的分配，其分配是否合理至关重要。如同管理本身的复杂性一样，管理者注意力的分配也是异常复杂的，除管理者自身的水平外，它与组织要素和管理者的位置都有关系，其中组织要素包括组织的性质、组织的规模、组织的发展阶段、组织的结构形式、组织所处行业的地位等；管理者的位置包括管理者的岗位职位、角色定位、权责力度等。管理者的注意力分配也是动态的，随着组织的发展需要不断调整和优化。

管理者的注意力管理是一个系统而复杂的话题，本节仅仅探讨一些与之相关的原则性问题，而不进行系统论述，以下是关于管理者注意力分配的一些实用的建议。

首先，管理者的注意力分配应该以目标为导向，这里的目标包括组织的大目标、阶段性小目标、岗位职责目标等，但不包括自我的个人目标。组织的大目标是大方向，管理者的关注点首先应该符合组织的大目标，即将注意力分配到实现组织大目标的各个要素上：资源、流程、干扰因素、市场等。组织的各阶段小目标是实现大目标的组成部分，在组织的各个阶段，依据小目标的不同管理者应该有不同的注意力分配，比如组织成立之初，组织的高层级管理者可能将更多的注意力更多地放在市场方面；待市场稳定后，管理者需要将注意力更多地放在流程管理上；而流程稳定后，管理者又需要将注意力更多地放在资源整合和资源分配上。也就是说管理者注意力的分配需要随着组织的发展而进行调整。岗位职责目标指的各个层级的管理者在管理岗位上首先要履行基本的岗位职责，比如信息的上传下达、基本任务的分配、项目的管理等，这些基本岗位职责需要优先被保障，对管理者的绩效考核也会围绕岗位的基本职责（通常有岗位职责说明书）进行。管理者不用担心优先完成岗位任务是否符合组织要求，因为组织在设定岗位或岗位职责时就已经围绕实现组织的目标进行了系统性规划，所有的岗位对于实现组织目标都是有效的，对岗位的要求也会符合组织的整体目标。

而对于管理者的个人目标，比如升职目标、薪酬目标等，则不应该成为管理者在进行管理工作过程中的主要关注点，也就是管理者的个人目标不能直接设定为注意力分配的主要目标，否则管理者容易偏离组织目标。比如某一个管理岗位有几个潜在的候选人，如果这些候选人以自己的升职为目标，则可能会成为相互的竞争对手，甚至可能会相互排挤而放弃为组织目标合作，这样会损害组织利益。正确的做法是管理者应以大局为重，共同为组织目标而努力，而岗位晋升应以岗位需求为依据，由高层或上级管理者对候选人进行选择，最适合该岗位的人员是能为组织带来更高效率的人员。虽然弱化自己的个人目标并非易事，但真正将组织利益置于自我利益之上的人员最后一定会获得更高的管理进阶，甚至会成为组织高层管理者的人选。

其次，管理者的注意力分配应该按照效率排序，即对于实现组织或管理岗位目标最关键的、最重要的部分应该分配更多的注意力，相比之下对实现目标重要性排在后面的内容则应该按照放权授权原则让其尽量少占用自己的注意力。不管是哪一层级的管理者，通常都必须对资源进行管理，对直接管辖的人员（可能是一个或多个，可能是管理者或普通人员）应该将其置于自己的关注点之内，包括他们的工作状态、工作方法、工作结果等。管理者自己管辖范围内的各个阶段目标的实现结果也应该被关注，即使管理者并不关心执行过程，也不关心目标未达成时的原因和解决办法，但至少应该关注结果。对于其他的管理内容，管理层级不同，注意力的分配也不尽相同。

第三，管理者需要提升自己对组织要素的判断能力，即能够精准地判断和识别在不同的阶段，实现组织目标所面临的主要矛盾或问题，即所谓的制约因素。有时候，这种因素并不一定是存在的问题或不足，也可能是看起来是处于优势的方面。比如很多组织或企业在成立之初，由于市场业务能力强，发展速度过快，导致很多其他配套资源跟不上发展节奏，这时候除了需要及时地补强各项资源外，还需要适当地放慢业务发展速度，因为毕竟资源补强需要一个过程，而且一个组织在某一特定时期的整体注意力是有限的，过多地关注市场，其他方面的注意力一定会受到影响，此时管理者对局势的判断会决定组织的发展走向。

第四，管理者需要学会扩容自己的注意力，因为管理者的注意力总是有限的，属于稀缺资源，要想尽可能多地发挥管理者的作用，可以采用一些方法对注意力进行扩容，常见的方法有制定制度或模板、招募助手、团队基础能力培养等。

当管理者持续关注的某些方面已经运转正常后，可以据此设定相应的制度或工作模式，让其拥有自我运营能力，这样管理者的注意力则可以被释放，只需要给予定期的关注就可以了，而不再需要连续地对其关注。这是对待流程和事项的常见的注意力扩容方法，这种方法需要注意的是，需要在运行初期关注制度或者模式的运行情况，确保其有效性，并确保其对管理者注意力具有可替代性。随着时间的推移和组织的发展，也需要对制度或模板进行修正和调整，使其能持续发挥作用，并适应组织的发展。

招募助手是一个直接对管理者注意力进行扩容的方法，理论上高层级的管理者甚至可以将下属的整个管理团队均视为自己的助手，在高层级管理者的带动下，他们各司其职，各自发挥某一方面的作用。但毕竟管理者的注意力扩容能力是有限的，受到管理者自身精力的限制，很难同时开辟多条扩容通道，而且在注意力传导和扩散的过程中，管理者的注意力会因为自己管理团队成员的特点而发生变化，导致最后的结果是并非实际意义上的管理者的注意力扩容，而仅仅是将管理者的注意力部分地传导到了新的注意力个体而已。相比之下，真正的管理者助手则不同，首先，助手更倾向于将自己的注意力依附于管理者，助手的所有工作都是围绕管理者的目标和工作展开的，不会将自己的注意力作为主体去发挥，这样助手的行为和工作内容实际上是管理者注意力的一种延续，也就是管理者注意力的直接扩容；其次，管理者与助手的沟通是高频的和连续的，这样可以确保管理者的注意力被有效地转化为实施计划和管理行动。

助手的招募应当符合以下要求，首先，助手需具有与管理者较为一致的价值观，这样助手才能对管理者保持较高的忠诚度和默契度；其次，助手需具有较强的领悟力、执行力和实施能力，确保能够有效地执行管理者的想法和计划；最后，助手同样也需要一项管理品质——个人利益服从组织利益，这其实是管理者进阶为优秀管理者所需要的一项品质，而管理者的助手其实也已经属于管理者的范畴了。

管理者在对某一专业团队(比如市场开发团队)进行持续关注时，需要培养该团队的一些基础能力，这些基础能力包括自我挖掘问题的能力、自我解决问题的能力、自我发展的能力、与外界协调的能力、自我监督和总结的能力等。当这些基础能力在团队中发挥作用后，管理者就可以减少注意力分配了，这就是开会时管理者常说的这个团队让我比较放心的一种情况。正常的情况下，管理者需对所有专业团队进行评价，比较弱势的团队会得到更多的关注，因为管理者会运用木桶理论去考虑问题。其实管理者不应该用单一的指标来评价和分配其注意力，正确的做法是判断弱势团队是否同时是组织内重要的团队，如果是才应该对其分配更多的注意力，而如果不是，则不应如此，所以要运用二维矩阵方法来分配注意力。管理者将注意力分配完成后，就需要培养团队(或团队的管理者)的基础运营能力和自我发展能力，直至最后管理者可以逐渐地将自己的注意力转移至其他更重要的事项上，比如尝试关注比自己更高一级的管理者的管理内容，关注组织的外部联系等。此时并不是管理者的注意力不再关注这些基本的内部流程和专业团队，而是可以更少地分配(比如只需要关注结果)，这实际上相当于间接对管理者的注意力进行了扩容。

第五，管理者也需要将注意力分配的经验传导给自己的管理团队，让组织的各层级管理者都能够合理地分配自己的注意力，也就是说管理者必须要将自己的注意力分配给下属的管理团队的能力提升，因为团队的管理能力也是组织重要的核心资源。既然管理者的注意力分配非常重要，那么管理团队的注意力分配也是如此，尤其是团队中那些身兼数职或统领全局或子团队的最高级别的管理者，他们的自主性非常大(不像某些特定岗位的特定职权的管理者灵活性较小)，效率高低浮动在一个较大的范围，因此高层管理者要组织具有这些特征的管理人员进行有关注意力分配的培训和沟通，确保所有管理者的注意力分配能力不会影响各自的管理效率。

第六，管理者要在人力资源中进行注意力的二次分配，即管理者将注意力分配给人力资源(注意力第一次分配)后，又将该注意力在所有的人力资源之间进行二次分配，比如前面提到的分配给管理团队的注意力其实就是对人力资源的注意力进行二次分配的结果。管理者的注意力在人力资源内部进行二次分配时，需要遵循以下原则：一是不能以自己的私人情感喜恶为分配依据，不能因为谁跟自己关系好就会得到更多的关注。二是管理者的注意力分配应该以对组织的贡献为依据，而考虑贡献时还应该考虑一定的潜在因素，而不是完全按照现状进行评价，比如某些团队成员虽然现在能力较低但具有较强的可塑性，也应该为其分配相对较多的注意力。另外，对“人”的注意力分配并不能完全依据其对组织的经济指标的贡献，还应该包括其对团队发展的贡献和对环境的影响等。三是管理者注意力的分配应该考虑“人”的实际诉求，可以结合绩效分配来平衡注意力的分配，同时也要考虑“人”的不同的性格特点进行平衡，比如主观能动性强的人员，可以分配少一些的注意力，即使他处在更关键的岗位。而对荣誉感很强的人员，可以采用恰当的方式给予关注，比如公开地鼓励或表扬，而在其他环节对其关注则可以适当减少。只有结合不同个体的特点，管理者的注意力分配才会实用而高效。

管理者的注意力分配还需要与管理者的层级和角色定位相匹配，即不同层级的管理者应该将注意力主要分配到与该管理层级相对应的事项上，不能越级分配。越级分配会减少组织的整体成果，比如市场总监通常很少直接参与市场业务的获取，而主要是进行组织的市场战略的规划、合作、发展方向等方面的工作，同时对核心的大客户进行关系维护，即使需要参与一定的市场业务，也要选择高级的、重要的和难度较大的市场业务去参与，而不能将注意力用于普通的市场业务，否则就是注意力的越级分配。组织的高层级管理者参与较低层级(对组织成果影响较低)的事项会降低其管理效率，发挥不出应有的作用，从而使整个组织效率下降。如果市场总监的注意力越级分配，直接的后果是组织的市场拓展会停滞不前，因为这些普通市场业务是市场经理或市场业务人员注意力的分配范围，除了市场总监的效率降低外，还会对市场经理的正常职责造成影响，也就是会造成下级管理者的习惯性“刻意利用”和“过度依赖”。因此对于管理者来说，注意力的越级分配是必须要避免的。

管理者需要对注意力越级分配尤其是对下越级有较高的敏感性，并采取合理的方法避免越级。首先，管理者需要按事情的重要性进行分类处理，对于特定的岗位，岗位职责就是其最重要的事情，对组织的成果影响大的就是重要的事情，重要的事情需要优先处理和执行，需要投入更多的注意力。其次，管理者要充分利用授权和放权的技巧，将次要的事项和简单的任务交由他人去处理，避免效率低下。第三，管理者要有注意力分配与岗位职责匹配的意识，一旦意识到对下越级应立即调整。有时候管理者虽然不会主动对下越级，但经常会被下级管理者“求助”的行为影响，然后无形地导致越级分配的情况。管理者经常会将对下级管理者的指导升级为下级管理者代劳，起初认为不应该对下级管理者的求助置之不理，或者害怕其对一些事情处理不好，从而逐渐地干涉越来越多，最终不知不觉地导致了管理者注意力对下越级。如果管理者对此有较高的敏感性，则会正确识别下级管理者的要求是否合理，是否涉嫌责任转移，是否符合组织的整体利益等，始终保持仅提供一定的指导和建议，而不过多地干涉具体的事项，从而保持注意力的分配与岗位职责相匹配。

管理者注意力的合理分配，是组织实现高效发展的重要保障。任何岗位的管理者，其注意力用于何处，成果就会产生于何处。组织高层管理者的注意力分配到何处，组织的发展方向就会去向何处，因此组织的管理者尤其是高层级的管理者一定要确保注意力的高效分配，确保分配方向不会偏离，避免组织的这种稀缺资源的浪费。如何更合理高效地分配注意力也是管理者需要持续研究和提升的主题。

与管理者的注意力相关的有两个要素，一个是时间，另一个是精力。要扩展管理者的注意力，就要提升其时间的使用效率和提高其精力的利用水平；对于时间和精力的使用，管理者与普通人员有一定的区别，管理者的时间很多时候都需要与其他人员“共享”，管理者需要在不同的事件之间不断地切换时间的使用，需要在不同类型的事件之间作出权衡，还需要应对大量的突发事件。管理者的精力分配在空间和时间上也是不均衡的(相比之下，固定岗位工作的人员其精力分配则极具规律性)，处理不同等级的事件需要不同的精力需求，且各种事件的时间排序并不会按照重要性呈线性排列，会导致精力分配的不均衡性和无规律性，因此管理者还需要应对精力供应和事件处理需求不匹配的情况。总之，管理者对时间和精力的管理有更大的难度，有更高的要求，对时间和精力的管理好坏直接决定了管理者的注意力分配是否合理，从而也决定了管理者的管理效率和管理成果。

下面将探讨这两个问题，一是管理者如何提升时间的使用效率，二是管理者如何管理自己的精力。

关于管理者如何提升时间的使用效率，首先需要说明的是为什么强调的是时间的使用效率，而不是说增加管理者工作时间的长度。增加工作时间的长度不应该是管理者努力的方向，一方面，时间长度对每个人来说都是一样的，增加工作的时间长度总是有限的，另一方面，增加工作的时间势必会减少其他部分的时间，比如生活或休息时间，从长期来看这是不平衡的，也是不合理的。其次，增加工作时间的长度并不能体现管理者的能力和水平，更多的时候，工作时间越长工作成果并不会线性增加，因为还受到精力的影响，如果精力不够，会导致更低的效率，最后反而会导致其他各方面的问题，比如更疲惫的生理感受。因此时间长度并不是管理者需要关注的重点，管理者只有在精力充足的前提下才能提升工作时间的长度，而且即使这样，也只能是短期行为，不能一直处于增加工作时间的状态，且不说对其他方面的影响，精力的持续高密度输出本身就存在问题。管理者关注的重点应该是时间的使用效率，因为效率高的管理者不仅能有更好的工作成果，还能够省出一部分时间去提升自己的知识水平和能力水平，或者去做自己喜欢的事情。同时，提升时间的使用效率，也能够体现管理者本身的综合管理水平，可以说，时间的使用效率决定了管理者的最终成果表现。

要提升时间的使用效率，首先需要对时间使用进行计划，包括时间的使用计划和对任务或事件的重要性排序，即优先完成重要的事情，而将次要的事情放在最后去完成。在时间维度上，管理者需要按长、中、短的周期分别进行时间使用计划，且需要相互对应，比如管理者要在年度的维度上对自己的主要目标和重大任务进行布局，即将每月的重点任务设定出来，然后对应地在月份的维度上将该任务进行细致的安排，最后落实到周和日，这样能确保时间的使用始终在正确的方向上。更重要的是，管理者应该每隔一段时间(比如两周)就检查一下自己的时间使用是否仍然处在大目标的方向上，一旦发现偏差，应该及时分析原因并及时调整。而对于即时发生的事项或任务，则应该即时进行处置，判断是否应该执行，是否应该由自己去执行，如果不是，则应该摈弃或交由他人去完成，如果是属于自己的执行范畴，则应该即时安排好完成的时间，如果属于紧急任务，且自己在任务完成期限之前没有多余的时间可供支配，则应该调整自己的时间安排或仍然交由他人去完成。相比之下，有计划地使用时间是最高效的方式，但需要注意的是，所有的计划都并非是一成不变的，一定要根据实际情况不断地调整或优化时间的使用计划。

其次，对于每一件任务或事项都应该确定执行的时间和任务完成的截止日期，不能出现没有落实责任人和时间的待办事项，即将所有的任务和事项都直接扔进待办事项，这样会带来任务的拖延或遗忘，也会导致待办事项失去其原本的作用，最终会导致时间使用效率的低下等问题。正确的做法是任何一项事项出现时就应该为其确定完成的时间节点和执行的时间段，然后严格地按照计划去执行。如果遇到特殊情况出现了到期任务并未完成，应该立即重新确定时间节点，直至完成为止，确保不要出现没有时间节点的待办事项。

第三，要将所有待办事项进行分类处理，比如需要自己单独完成的事项和需要与他人沟通的事项，将所有需要沟通的事项一起完成，然后留出能够相对独立的时间去做不能被干扰的事项。又比如有些需要几个人一起沟通的事项，管理者应该把大家召集在一起，一次沟通落实到位，而不是与每个人分别去沟通，这样可以提升时间的使用效率。当然对于很多需要单独沟通的事件仍然需要各自沟通。

第四，要避免低效的时间使用模式，比如管理者经常会遇到的无意识的或被迫的“闲聊”。很多时候，对于来访的人员，在完成主要的事项沟通后，管理者可能碍于情面不好意思让其离开，因此就又“无目的地聊了一会”，如果对方不是重要客户或其他重要的人员，这种情况就属于低效的时间使用模式。管理者还应该避免无效信息的输入干扰，有时候，人们容易被各种娱乐信息或其他资讯所干扰，且一旦引起了兴趣，很容易陷入进去，任务的执行可能会被反复地中断，时间使用异常低效。还有一种情况是管理者在做一件事情的时候，忽然想起了另外一件事情，然后就去做另一件事情，这期间又来了一件新的事情，然后管理者又转移了注意力，这种在没有完成一件事情之前又去做另一件事情的情况即所谓的“线程无序切换”，应该尽量避免。正确的做法是应该按照事情的安排计划进行依次处理，如果遇到突发事件应该先记录下来在事后依据四象限法则将其安排到事件安排序列中，并为其分配时间段，而不是将其插入到原本计划的序列中去。当然，特别重要又特别紧急的事情除外。再比如，前面提到的“责任上移”现象，即下一层级的管理者出现问题之后没有经过思考或没有考虑解决方案就将问题向上反馈，从而使得高一层级管理者占用更多的时间去分析解决，这种情况也是典型的低效时间使用模式。另外，还有一种低效的时间使用模式是注意力不集中。注意力不集中会导致大脑运转速度降低，从而使得任务的处理进度和质量相应地降低。相比处理进度，任务的完成质量更重要，一旦质量达不到预期甚至会导致任务失败或被重新执行，这样进度会再次滞后。所以，集中注意力对于处理管理任务尤其是重要的管理任务是至关重要的。

有一种误区，认为与人沟通时是处于一个开放的环境，所以对注意力的要求会更低。实则完全相反，在与人沟通时尤其要集中注意力，因为不集中注意力会导致很多后果：其一是会降低管理者达成沟通目的的概率，因为不集中注意力会导致沟通思路不够流畅，降低表达的清晰度和逻辑关联性，从而传达的意思会大打折扣；其二是会降低聆听的效果，聆听是最需要集中注意力的，否则会导致只听到表面意思，而没有听到沟通者真正的内心需求，这对于沟通是致命的；最后就是管理者的注意力不集中会给沟通者造成很差的印象，包括会使对方感受不到真诚或重视等，这样无形中又会进一步降低沟通效果，同时还会降低管理者的影响力，这些对于团队管理也是不利的，所以管理者应该时刻保持高度集中的注意力以提高时间的使用效率。集中注意力是一种能力，也是一种心态，需要有较强的自我控制的定力，当注意力集中达到极致的时候，人会达到一种忘我的状态，此时往往是解决问题并产生创造力的时候，很多的创新都是在注意力高度集中的状态下实现的。

第五，是对突发事件的管理。管理者，会经常遇到各种突发事件，如果处理不当，将会耗费很多的时间和精力。首先，如果是不重要的或规模较小的突发事件，则应该授权给下一级的管理者去处理；其次，正常情况下，突发事件不应该影响组织整体的目标计划、重大项目和长远计划的执行，除非这个突发事件确实已经重要到影响了组织的战略目标的实现。也就是说在突发事件来临时，需要判断其是否为战略级别的事件，否则应该正常处理或弱化处理；再次，突发事件要区分对待，对于有利的事件要适时地加以利用，而对于不利的事件要及时处理，将不利的影响降到最低级别；最后，对于任何新增加的任务，管理者都需要当时(或当天)做出处置。所谓做出处置是指以下几个方面：授权他人完成、放弃任务、放入某一个时间段内自己完成，绝对不能将新增的任务放入待办事项栏而不分配处理时间，这样待办事项栏会越来越满，而完成任务的效率也会很低，这样简单的处置并不能算处置完成。

第六，要将时间的安排和有限的精力相匹配，即根据自己精力的情况，对应地去完成不同重要性的工作任务，将最重要的工作安排在自己精力最旺盛的时间段去完成，确保其完成质量。通常应该将重要的事情放在前面完成，因为人的精力是随着任务的消耗而逐渐减弱的，在精力低谷时期只能完成一些简单或重复性的次要工作，否则时间的整体使用效率将会更低效。

精力是一个与时间处在不同维度的变量，个体精力总和通常与其体质、心理状态、作息情况、生活习惯、运动量等因素有关系，而精力在时间维度上的峰谷表现通常具有一定的规律性，当然如果作息不规律也会引起精力表现异常。正常情况下，人们可以根据精力情况去安排工作，但不幸的是，管理者的工作任务对精力的需求并不会保持不变。相反，很多的突发事件经常会干扰管理者的工作规律，尤其是对于组织的高层管理者来说。因此管理者需要采取一定的措施来应对，一方面是要想办法提升精力储备，另一方面是调节工作任务的安排尽量使其与精力状态吻合，这样管理者才会有更好的管理成果。

要提升精力储备，管理者可以从以下几方面去考虑：首先是心理状态的调整，让情绪尽量保持正向，通常心情愉快的个体的精力会比失落或悲伤情绪的个体的精力更好，自信的人的精力会比恐惧的人的精力更好。当然人的负面情绪是不可避免的，管理者需要具备快速调整自己情绪的能力，同时也需要将负面情绪转化为自己努力工作的动力。

其次是压力水平的保持。保持适当的压力水平有助于提升精力水平，过少或过多的压力都会使精力降低，过少的压力使人容易放松，然后呈现松散的状态，从而无法集中注意力，精力水平下降；而压力过大，则容易产生负面情绪，干扰其对事务的判断和精力的集中；因此管理者需要根据所面对的各项任务调整自己的压力水平，如果一段时间内没有特别紧急的任务，则应该将重要而不紧急的任务调整至紧急的状态，以提升压力水平；如果一旦发现紧急的任务过多时，则应该根据重要性将一些任务进行授权和委托，降低管理者的压力水平，从而使管理者保持稳定的精力水平。

第三是作息的规律性。作息本身如何并不是最关键的，关键的是要规律和稳定，比如晚上十点或十一点休息都可以，只要不是太晚休息或熬夜，但应避免每天晚上都是不同的时间休息，这样不稳定的作息会影响管理者一段时间内的精力水平。作息规律主要指的是早上起床时间、晚上睡觉时间和一日三餐的时间必须要保持一个恒定的或相对固定的时间段。总的来说，早睡早起比较符合客观规律，是属于相对健康的作息规律，也就是说早睡早起的通常比熬夜晚起的管理者具有更高的精力水平。

第四是生活习惯，主要包括饮食习惯和爱好等，是否有不良嗜好将会影响个体的精力水平，比如抽烟、喝酒，长时间游戏等，这些都会降低人的精力水平。相对而言，要保持更高的精力水平，饮食应该尽量规律、清淡、荤素搭配，营养均衡，部分人群有不吃早餐或晚上吃夜宵的习惯，都会降低其精力水平。睡前两小时内不宜大量进食，会引起消化系统的不适；早餐是必须要吃的，否则会影响上午的能量供应；还有部分人群有中午午休的习惯，这是一个良好的习惯，可以提升下午的精力储备，但如果睡的时间过长则适得其反。

第五是适当的运动。运动本身需要占用一定的时间，但并不会因此影响管理者的总体产出，相反，适当的运动还能够提升管理者的总的精力水平，因为运动会激活身体抗疲劳的机能，会强化主要功能器官的能力，也会提升身体代谢功能水平。另外，运动还会减少人体生病的概率，从而进一步间接提升人的精力水平。运动会占用一定的时间，可以在低效的时间段或连续的脑力工作之后进行运动，既能调节大脑疲惫又能减少对高效时间的占用。运动是为了锻炼身体和提升精力，但有时候人们很容易陷入另一个误区，就是过量运动，运动还有一个额外的作用，就是会让人感到心情愉悦，而且通常运动都会有多人一起参与，所以人一旦运动形成习惯后有可能会“上瘾”，从而可能会过量运动。过量运动会使人感到疲惫，或者导致运动损伤，适得其反。适量的运动标准是使得人既有略微的疲惫感，又能在一夜休息后完全恢复，这样的状态表明运动量是合适的。

通过上面的方法可以提升精力水平，在精力提升之后，更要让精力高效地发挥作用，即让自己在工作的时间内能够有充足的精力可以使用，同时当遇到棘手的问题时，能够通过精力的调节去提升解决问题的状态，而一旦发现精力储备不足时，就是到了该休息的时候了。

总的来说，管理者需要倾听身体的声音，如果感到疲惫则应该及时休息，切忌通过精神刺激或药物手段等进行人为干预和调节，因为身体都有自我调节的能力，都有一套自适应系统，会及时地向人传递精力不足和精力相对旺盛的信号，按照这种信号去使用精力会让人的精力系统保持长久的稳定。

最后需要说明的是，对于大多数人来说，提升精力并不是最重要的，将现有精力充分利用或者说将精力用在恰当的地方才是最重要的，因为大多数人的问题并不是精力不足，而是工作任务不足或低效任务太多，导致现有的精力使用并不充分或并不恰当。比如很多管理者会去做很多无效或低效的工作，这样就导致精力的使用处于低效水平，如果现有的精力使用都无法高效，再增加精力也不会有更高的产出成果。因此提升精力对于高层级的管理者或一些高层级的技术工作者(比如科学家)来说显得更加重要，因为他们已经深谙精力和时间的使用之道，甚至还会由于太过投入而忽视了通过充足的休息来对精力进行及时补充。同时，对精力进行补充对身体健康的好处也是非常明显的，即使精力提升并不会带来更好的产出成果，只要能够有利于身体健康也就足够了。

(五) 管理整体环境导向

管理整体环境的导向其实是管理者在管理团队和人时的一项辅助管理内容，或者叫衍生内容，此处单独论述，一是因为这项内容很重要，二是因为整体环境导向的管理不仅是对人的管理，还涉及大量的对事件的管理，因此显得更加复杂，需要管理者给予特别的重视。大体上，管理整体环境导向主要包括三个方面：一个是处理特殊的现象和事件，另一个是管理特殊的关系，再一个就是倡导积极正向的整体环境。

1. 管理者要管理好组织信息

组织内有大量的信息，这些信息包括技术信息、管理信息、财务信息、人员信息、经营信息等，理论上这些信息都有不同的加密等级，对这些加密信息的管理是非常重要的。比如组织内各岗位人员的薪酬待遇就属于一项重要的加密信息，这些信息对于除人事部门以外的人员来说是保密的，因为人员薪酬待遇容易被内部员工拿来做横向对比，这样容易影响人员的积极性。因为薪酬待遇永远都不可能绝对公平，而且所有的人员都倾向于将自己的贡献看得比实际的高，所以薪酬待遇信息就应该被组织进行保密管理。组织的管理者应该重视对这些信息的管理，并采取一些措施将组织内的信息限制在相应的范围内，确保其不产生负面影响。

首先，不同的岗位等级有不同的信息知情权限，管理者应该明确这些权限，同时，根据信息的重要性和影响程度，将信息赋予不同的保密等级。同时，明确其扩散范围，如果无法判断信息的知情范围，则应将信息控制在尽可能小的范围内，比如，人事部门应该将所有员工的基础信息进行保密管理，某位员工的基础信息只能让其直接的上级管理者掌握。再比如客户信息，除了直接相关的经营人员之外，其余人员并不需要也不可以去了解。

其次，对各岗位人员在上岗时应该向其明确信息的保密约定，有时候并非岗位人员不重视职业操守，而是由于不知道信息保密的必要性和重要性，或者干脆没有被告知需要保密，此时，容易不经意地将重要信息泄露，从而造成不良影响。组织的高层级管理者应该建立信息保密体系，让各层级管理者都有义务约束其管理的团队人员。

最后，信息加密可以采取一些必要的工具进行管理，比如通过对文档设置密码来增加文档信息的安全性，公司内部的平台或通用程序，可以设置相关的权限避免信息的无限制流通。如果信息出现泄露，管理者要视情况严重程度进行相应的处理，但不可扩大影响，比较好的处理方式不是对当事人进行处理（恶意泄露或盗取重要信息除外），而是完善信息保密管理的机制。

2. 管理者需要处理特殊的现象和事件

通常，组织内存在一些特殊的人员，他们喜欢搬弄是非，喜欢背后议论公司和上级管理者，喜欢抱怨，甚至会挑起一些事端，比如当众与上一级管理者理论或争论等。这些特殊人员的数量可能并不会很多，但几乎在所有的组织内都存在。这种情况的存在主要是两方面的原因，一方面是组织本身存在的问题所引起的，另一方面是某些人员自己的思维问题。对应地，管理者需要对组织本身存在的问题进行分析，如果能够改进则应该立即着手，而对于“特殊人员”自己的问题，则要根据不同的情况区别对待，通用的原则是应该先进行沟通再作处理。具体来说，对于这样的人员或现象，管理者可以按照以下的建议进行处理。

首先，组织的管理者，绝对不要放大这些现象，不要有过度反应，尤其是在公众场合更是不要刻意渲染，如果情况比较严重，应该私下与相关人员沟通交流，找到其问题的真正原因，如果最后的结论是个人的问题，可能需要对某些人员进行惩罚甚至让其离职（比如是恶意伤害组织或个人人品问题等）。此时应该尽量避免让组织内部人员将此前出现的现象与处理结果相联系，即弱化产生的问题，因为毕竟大部分的团队成员依然是正向的，但如果团队中很多人员都出现了某种程度的问题和偏离，也可以利用对某些个人的处理来进行警示，以起到调整整个团队状态的作用，但应注意这并不是最优的选项。

其次，管理者及组织要重视制度设计的合理性，要更透明，更公平，尤其是工作任务的安排和绩效的计算等关键问题，如果在组织层面就存在模糊或者偏见，自然也就更容易引起团队成员的抱怨和不满。如果组织本身就比较公平和透明，组织内成员的抱怨就会更少。

第三，如果组织内存在小团体主义，或者比较严重的任务执行不力等问题，管理者应该对这种现象进行整顿，表明组织的态度。整顿时管理者需要注意，一是某些人员确实存在故意的过错，即管理者必须是在了解真实原因的前提下，才能对此执行某些严重的惩罚，相反如果管理者并未调查真实情况，就强行辞退某些员工，则并不能达到“杀一儆百”的目的，相反还会产生“人人自危”的后果，其效果适得其反。二是所有的措施或行为都应该以组织的集体利益作为依据，而不是依据某些人或者是管理者自己的诉求或利益，只有破坏组织利益的人才能被辞退或解聘。三是在解聘某些员工之后，管理者需要及时采取一些措施去改变组织的消极氛围，让留下来的人员意识到哪些行为是不能被组织接受的，同时让所有人员将注意力重新投入到努力工作中去。

第四，管理者要为组织建立上下沟通的通道和机制，鼓励下属或其他人员积极向上反映问题，且管理者要及时对问题进行分析，并采取相应措施。如果下属反映问题得不到任何反馈，则沟通渠道是无效的，达不到上下通达的效果。有效的沟通机制会减少团队内部的抱怨现象，毕竟大部分的团队成员并不会希望组织越来越差，只是没有地方沟通自己所理解的不公平和困惑而已，有时候甚至只是存在一些误会而已这些误会完全可以通过沟通来消除。

第五，组织管理者应该校正下属的表达方式，一方面，管理者应该明白什么才是正确的处理问题的方式，并应该明白怎么做才是对下属负责任的；另一方面，管理者要设法让团队的成员明白，抱怨对于解决问题是没有用的，相反还不利于问题的解决，因为处在抱怨情绪中的人员会自动远离解决问题的通道(人的注意力通道存在带宽限制，一旦被抱怨情绪占据带宽，留给积极思考的带宽就有限了)。因此，管理者应该让团队成员主动摈弃抱怨，积极去寻求解决问题的方法，如果自己解决不了，则应该如实向上反映和沟通，并积极配合最终达到改进的目的。如果管理者能够耐心与下属进行沟通和交流，既能改善组织的成果，又能提升下属的思维能力，同时还能提升管理者的影响力，是较为合理的解决方法。虽然耐心疏导处在负面情绪中的下属，既需要耗费管理者大量的精力，还会考验管理者的策略能力，也存在一定的无效风险(有些下属面对管理者的指导，会产生反感或者产生自己正在被利用的错觉)，但不管怎样，耐心沟通仍然是正确有效的处理方法之一。

最后，作为中层或低层管理者，不能与这些“问题”人员一起抱怨组织的种种不是。有时候，管理者这么做是为了表达和自己的下属站在一起，实际上这样做是不对的。首先，管理者的行为会加强下属的错误想法，使得他们更加相信组织确实存在这样或那样的问题，这样会降低他们的工作积极性；其次，管理者应该站在组织利益的高度考虑问题，做真正维护组织利益的决策，而不是只考虑自己的“好人”形象(最后“好人”形象也会崩塌，因为实际上纵容下属并不会让下属成长)；第三，如果与下属一起抱怨组织的种种不是，是一种无能的表现，因为与组织内普通的人员不同，管理者(即使是最基层的管理者)拥有更多的资源去解决问题，抱怨是一种不作为的体现；第四，管理者的抱怨对树立自己的威信和影响力没有任何帮助，因为与下属言行一致并不会创造价值，只有通过创造价值才能产生正向的影响力；第五，管理者的上一级管理者，会对管理者的行为进行评价，在评价体系中，管理者对组织不利的行为并不会被支持，反而会因此对自己的管理工作造成负面影响。

3. 管理者需要协调和管理特殊的关系

在管理整体环境方面，管理者还有一项管理内容，就是管理和协调更低级别的管理者甚至是普通员工的关系和彼此之间出现的争执。出现矛盾和摩擦在组织内是非常常见的(组织内没有任何问题才是不正常的)，很多时候，这些矛盾仅仅是因为工作关系(与个人恩怨无关)，但如果得不到及时的处置，有可能会引起个人或团队之间的积怨，既不利于工作的开展与内部合作的进行，也会引起组织内紧张和消极的氛围。因此团队管理者需要随时关注组织内氛围的变化，以下是关于这方面的一些有用的建议。

第一，需要采用多方一起沟通或单独沟通等沟通方式相结合，优选的做法是管理者先与矛盾双方中职位更高的或者组织内更重要的人员进行沟通(解决与自己相关或无关的矛盾是管理者一项重要的能力)，然后让其自己去解决；如果矛盾双方自己不能自行解决，则需要采用其他的方法，有时候高层级的管理者召集矛盾双方一起沟通可能更为有效，矛盾双方会顾及更高层级管理者的存在反而愿意改变自己的言行从而化解矛盾，同时由于高级别管理者的协调使得双方有一个更公平的沟通环境；但有时候也会因为第三方的存在反而使得矛盾双方拒绝做出让步，那么此时则应该分别进行单独沟通，然后再一起化解双方的矛盾。

第二，调解关系需要站在更高的角度，比如从组织利益的角度去看，要站在更长远的角度。将矛盾双方引导至更高更长远的角度来看待问题，这样矛盾会显得微不足道，当然这还只是解决问题的第一步。而要真正地解决问题必须还要回到问题本身，要引导双方都回到解决问题的意愿上来，同时要保证双方轮流阐述，而不是交替发言，管理者要对整个过程进行适时的引导和控制。整个沟通过程尽量只谈论问题本身，要淡化个人恩怨。调解关系的人员言行要客观，要避免出现人身攻击或侮辱。

第三，调解关系更重要的是，不要只听到争吵和矛盾，一定要听到双方争吵背后的诉求，然后尝试满足其诉求，这样更容易解决矛盾；同时要看到双方的问题，判断其诉求的合理性；部分严重的矛盾产生的本质是双方的诉求是矛盾的，这种诉求冲突相对也是最难调解的，但更多的争吵并不是来源于核心利益冲突，而可能只是表达方式有问题，或者各自站的角度不同，甚至可能只是缺乏深入沟通而产生的误会而已。不管是什么原因，只要核心利益不冲突，就可以通过挖掘矛盾产生的真正原因并协调双方的诉求而达成和解。

第四，调解关系需要选择合适的人，通常是更高一级的管理者，此时可以利用高级别管理者的影响力。如果矛盾双方都愿意听从调解者的协调和决断，则协调解决问题已经成功了一半；而另一半，就是调解者所表现的客观性，也就是不能依据个人感情去做决策，应该认理不认人，避免偏见和袒护。

最后，如果遇到调解无效的情况，则需要暂时搁置，待到双方遇到新的问题后，管理者再进行调解，通常都会成功。当然如果矛盾仍然不可调和，则应该采取果断的措施，将其中更次要的人员或者在矛盾中更无理的人员进行解聘，必要时也可以让双方都离职，避免事态的影响进一步扩大。

4. 管理者需要提倡正向积极的整体环境

除了管理和处理一些对环境不利的因素外，管理者还应该给团队的整体氛围加入一些正向因素，比如团队成员之间的相互帮助，保持学习成长的氛围等，这种环境氛围的保持有利于提升整个团队的凝聚力和促进整个团队的成长，需要不断地引导和提倡。管理者可以通过全体会议进行宣传强调，也可以通过树立榜样和典型进行强化，通常这样的氛围并非一朝一夕即可形成，作为管理者要不断地为此而努力，且不能轻易放弃，让团队成员都看到管理者的决心。其次管理者需要自己做好榜样，比如愿意不求回报地去帮助自己身边的同事，同时也不断地学习补充自己的知识和技能。另外，管理者还可以先影响一部分更具可塑性的或者是本身思维相对正向的同事，让他们先形成正向积极的小环境，然后逐渐地扩大影响，最终使整个组织形成一个稳定的正向大环境（部分无法被影响的成员只要不起反作用即可）。

在这个过程中，管理者应该向团队传授一些抵抗负面干扰的方法，并明确团队所倡导的正向的价值取向。比如通常努力学习的人都倾向于“偷偷地”学习，因为他们总是认为，自己的努力不应该被其他人发现，否则害怕没有学习成果而被看轻，所有的人都希望自己被认为是聪明的。但事实恰恰相反，真正有成就的人都是靠努力获取的，而不是靠聪明，努力学习就应该“光明正大”，因为学习并不是丢人的事而是光荣的事。在学习中会遇到一些干扰因素，比如如果 A 岗位的人主动去学习一些 B 岗位的技能，就可能会引起周边同事的敏感反应，然后学习者就会觉得不好意思，好像是暴露了自己想获取更多成就的野心一样。其实这些想法和表现都是片面的，多学一些知识并不是什么坏事，完全没必要觉得不好意思，相反，还应该将影响学习的“干扰者”的思想给扭转过来。他们同样也应该多学一些知识和技能，而不应该是停滞不前的，仅仅靠以前的经验去工作。看到其他人在努力学习时应该表现出羡慕和鼓励的态度，并向其学习，而不是去制造干扰，这样的做法于人于己都是正向有益的。如果所有的人都能以不断地学习为荣，后进者都积极地向先进者靠拢，形成你追我赶的学习氛围，就可以塑造整个团体积极正向的环境氛围。尤其是对于一些以年轻人为主体的组织，管理者更应该要努力去实现这样的环境目标。

互相帮助的环境氛围的形成也是类似的，管理者要打消大家互相帮助的疑虑才能最终形成这样的环境。比如有一部分人觉得帮助他人并不是自己分内的事，有一部分人觉得帮助他人会被认为自己有所企图，还有一部分人觉得帮助他人反而会威胁到自己在组织中的地位等，管理者应该通过公开和单独沟通等方式阐述帮助他人的好处和必要性：首先，任何人都不是孤立的个体，都会需要与他人合作，没有任何人可以做到不需要其他人的帮助，而一旦需要他人帮助的时候，平时对其他人的帮助就会体现出作用，一个平时帮助他人较多的人，遇到困难时也会有很多人愿意帮助他。相反，孤立的个体在需要帮助时也容易被孤立。其次，帮助他人能够反过来提升自己的能力和水平，比如帮助他人完成工作任务，可以增加自己的经验，将自己的知识通过讲解教授他人则可以增加自己对知识的掌握程度，自己学习和学习后能够分享是知识掌握的两个层次，通过帮助他人会让自己对知识的掌握层次更高。再次，帮助他人是创建影响力的一个方式，通过帮助他人能够创建自己的个人品牌，树立一种乐于助人、热心、胸怀宽广的个人形象，会得到他人的认可和欣赏，这样在工作中会得到更多的发展机会。最后，帮助他人是实现自我价值的一个途径，能够帮助他人说明自己有较高的社会价值，同时帮助他人也是获取幸福感的一种方法，通过自己的帮助让他人成长会成为人们内心快乐的源泉。如果团队的成员能够意识或体会到这些帮助他人的好处，就会积极地去做，一旦大部分人都能积极地去帮助他人，就会在组织内或团队中形成互相帮助的积极氛围。管理者要积极地倡导互相帮助的行为，并将互相帮助的好处与团队成员深入分享，让大家去理解并接受互相帮助给个人和组织带来的益处。如果一个组织内团队成员之间互相支持和互相补位，团队将会有较强的凝聚力，团队成员也会在合作时更好地产生超叠加效应，对组织成果的提升无疑是大有裨益的。

最后，如果团队成为能够互助补位的团队和学习成长型的团队，管理者还需要通过一些措施去稳定这样的氛围，并让团队的新人在入职时就都能接收到相应的提示，确保其能快速融入正向的氛围中。同时，为了加强这种组织价值观的导向，也可以在工作场所张贴一些醒目的提示语以起到提示和强调的作用。

（六）管理问题

问题是组织发展的源生动力，没有问题的组织是不正常的，没有短期的问题必定会有长期的隐患，更可能的是，本身存在问题，但没有被发现，或干脆被掩饰起来而没有暴露，这样的情况对组织的发展是极为不利的，甚至最后会由于问题的积累产生严重的后果。问题的产生和挖掘是组织进步的着力点，是组织发展的源泉，通过解决一个个实际产生的问题，组织逐渐地趋于稳定，逐步获得成果。

管理者的一项重要的工作就是“找问题”和解决问题，这些问题包括具体事项的、流程的、团队的、人才的问题等。找到问题后由管理者或其他人确认问题的重要性和紧急性，确定是否应该解决，解决问题并不一定是管理者的事，但管理者一定需要重视存在的问题，重视在组织内发现问题（甚至要让整个组织的成员都去发现问题）。管理者可能需要提供解决问题的方向或思路，但并非要亲自解决所有问题，多数情况下管理者可能只需要解决很少的一部分问题，因为大多数的问题都属于专业问题，应该让相关专业的团队成员去解决。

很多时候，管理者还没有主动去“找问题”，问题就已经自己来了，但这并不能说明管理有问题，更多的可能是问题一直存在，只是出现了一个机会将问题暴露了。一直没有问题出现并不一定是好事，因为通常来说这种没有问题的情况并不是真实的，这也是为什么管理者需要去“找问题”的原因，找到潜在的问题就可以避免事态进一步恶化。管理者应该把“找问题”的任务分派给整个管理团队甚至是整个组织的所有成员，比如可以通过召集讨论会来下达任务，让组织的成员一起去完成这项工作，优秀的管理者从来都不会自己一个人去执行一项具体的任务。“找问题”有一个重要的原则就是问题不分大小和门类，所有的问题都应该被找出来，问题最后的归属和去向是之后要做的事情，在第一步找问题时不应该进行筛选，而应该是穷其所有。“找问题”通常不会那么容易被组织成员接受，因为“找问题”并不是一件很光荣的事情，找到的问题要么是自己出现的问题，要么是同事们出现的问题，而人们都不愿意承认自己存在问题也不愿意去找别人的问题，他们认为找到了自己的问题将会被组织追责，或被其他同事嘲笑，找到了别人的问题当然更会被同事责怪，是吃力不讨好的事情，基于这些原因他们往往会拒绝发现或寻找问题。因此，组织的管理者要鼓励大家去“找问题”，将“找问题”作为一种支持组织进步的光荣行为。管理者应该要让大家知道，有问题很正常，任何工作都不可能没有任何问题，有问题进行掩饰才是不应该的，问题代表过去，发现问题代表对未来改进的期许。因此，发现问题是必须要提倡的，组织并不会对过去产生问题的人员进行责罚，而对发现问题的成员应该给予奖励，因为他们的行为代表着为组织进步而作出的努力。

“找问题”的第二步就是为问题提供解决方案，即解决问题。比如采购部门的存货过多就是一个问题，管理者需要对该问题进行分析，看存货过多是一直存在还是偶尔出现，为什么会出现这样的问题，管理者甚至需要召集相关人员共同商议解决方案。解决方案的形式最好是拟定固定的流程或通用的办法，以避免下次再出现类似的问题。比如采购部门的存货过多是因为采购部门和生产部门之间没有建立相应的联系和沟通，或者缺乏能及时响应的沟通机制，则解决方案应该是在采购和生产部门之间建立固定的即时的沟通机制，每次采购之前先从生产部门处获取相关的数据，然后执行采购任务，采购的数据也能够及时与生产部门共享，并有专门的人员关注和处理。这种形成固定流程的解决问题的方法能够让解决问题更加到位和彻底。

第三步是将问题及其解决方案进行汇总分类整理。“找问题”是组织进步的方法和手段，其目的是避免组织再次出现类似的问题，因此需要将问题进行整理后进一步发挥作用，或者整理成手册，让全体成员自行学习，或者组织相关岗位的人员进行讨论和总结，并定期回顾，这样才能避免问题再次出现。如果手册编订出来之后就将其束之高阁，“找问题”的作用也就发挥不出来。同时，手册也应该随着问题的更新而定期补充，并将一些过时的不会再出现的问题删除，以保证其时效性和适用性。

对问题的重视，是组织进步的开始，发现问题、解决问题、总结问题和避免再出现问题这样的流程是组织进步的一个有效途径。管理问题是管理者提升绩效的一个有效管理手段，要想通过问题管理来促进组织的发展，需要管理者调整自身对问题的态度。大部分的管理者和经营者与普通岗位的员工一样，认为出现问题是组织弱势的体现，不愿意承认组织中有大量问题的存在，这符合人类的心理倾向。人们总是倾向于认为自己没有问题，无论发生什么事，都倾向于将问题归结给其他人。所以管理者要有开放的心态，有自我反省的意识，有客观地看待问题的能力，这样才能在组织中建立起问题导向的开放氛围，从而更好地使用这一条特殊的有效的提升组织绩效的途径。

二、高层管理者需要管理的内容

对于组织的高层管理者来说，除了上述常规的管理活动外，还有一部分特殊的管理内容，比如管理组织的股东、管理组织的创新、管理组织的人才培养体系、管理组织的外部资源等。组织的高层管理者，需要为组织的战略把握方向，为组织的发展确定目标和提供更多可用的外部资源，同时管理好组织的外部接口，高层管理者需要通过对外部接口的管理为组织获取更多可用的资源。组织的高层管理者需要有更宏观的视角、更长远的眼光、更宽广的心胸、更高的境界和更大的格局，因为他们通常会遇到更大的事件，面对更多的人群，处理更大的问题，承担更大的责任，掌控更复杂的局面等，因此高层管理者还需要不断地学习和进步，确保知识和思维的更新速度大于外部市场环境的变化速度。高层组织者需要经常做各种决策，每一个决策都可能会影响组织的发展方向、发展速度和稳定性，可以说高层管理者的各项管理活动对组织的影响都会被不同程度地放大，因此其管理活动的有效性、高效性和合理性对于组织的成果和发展是至关重要的。

（一）管理组织的股东

对于组织的高层管理者来说，管理的对象除了内部的团队和外部的市场外，还有一个重要对象就是组织或公司的所有者——股东。很多时候，管理者容易忽略一个事实，就是股东也是组织的一项重要资源。股东不仅是组织的一个外部接口，更是组织的一项资源，而且还是非常优质的资源。

从本质上说，管理者是受组织的股东的委托来经营管理整个组织的业务，管理者应该就组织的效益和发展直接对股东负责，并定期将经营情况向股东汇报。所谓管理组织的股东，指的是将股东作为一种资源进行管理，主要包括以下几个方面：一是及时向股东汇报和定期与股东沟通，让所有者与经营者的方向和思路一致，避免存在经营理念或经营思路的分歧，避免使股东成为经营的障碍；二是通过与股东的定期交流沟通，利用股东的战略思维为组织的经营发展提供有用的建议和思路；三是利用股东的业务关系和外部资源去维护或开拓市场、去获取其他能为组织利用的外部资源等。

通常与股东沟通需要定期进行，如季度或年度沟通，主要围绕组织发展方向、公司经营、组织存在的重大问题、高层人事情况、市场情况、行业情况等主题进行沟通。这种沟通的主要目的是让股东了解组织的经营情况，通过管理者汇报、股东提问等形式进行。对于经营者来说，沟通的目的则是要获取股东对组织经营方向的认可，或者了解股东对组织发展的构思和意见，以确保组织的经营不会有来自股东方面的阻力和障碍。除此之外，当组织遇到如下问题时也可以主动向股东寻求帮助和建议：比如高层管理人员的引进、市场业务关系的拓展、重大方向的决策以及当地政府政策的了解和熟悉等，通过与股东沟通这些问题，一方面可以让股东更加了解组织的实际状况，另一方面可以进一步获得股东的支持(因为股东既能感受到组织管理者对组织发展的重视，又能感受到组织经营者对自己的尊重和依赖，同时还能确实地为组织的发展作贡献)，同时能真正利用好股东的智力资源和其他外部资源。

在很多组织中，管理者也是股东之一。在这种情况下，除了通过正式的股东汇报会议沟通之外，管理者还可以创造更多的与股东沟通的机会。沟通不一定是通过正式的会议，也可以是通过非正式的谈话，对于这种级别的沟通，不用正式的记录，不需要主持人，也不用特定的会议地点，但沟通的目的一定要明确(否则沟通将会无效或低效)，就是为组织获取更多的资源(包括市场资源和人力资源等)。如果组织的股东人数较多，还可以考虑创建一定的机制，给予做出直接贡献的股东一定合理价值的回报(此时股东相当于组织内特定岗位的团队成员，比如获取业务的相当于市场部门的业务人员等)。

(二) 管理创新

组织的发展是组织对管理者的客观要求，也存在少数较为成熟的组织，管理者只需要做好日常的管理工作就可以使组织维持一定的利润水平，比如垄断型的企业、资源型的企业等。但随着社会的不断发展，市场环境越来越公平，无论什么组织都将面临新的竞争和挑战，尤其是一些传统业务类型的组织受到科技进步的强烈冲击，比如传统的媒体企业，随着互联网的普及，其业务模式因为不适应市场而逐渐被淘汰，从而面临着业务转型或被合并并购的局面。在这些组织中，如果管理者能够及时关注行业最新动态，及时对业务模式进行创新的话，通常可以使组织避免被淘汰。因此，现代企业和组织应该保持创新的状态，持续的进步，以不断地提升组织的核心竞争力。

所谓的创新，是指打破传统的方法或固定的模式，从资源到产品、从组织结构到管理方式等方面进行或大或小的改进，从而提升组织的整体效率。创新一定是进步的、比之前更有效率的，更优化的变化才能称得上是创新。创新可能带来即时的效益提升，也可能在短期内并不会体现在经济指标上但长期有利于组织的发展，也就是说所有的创新最终都会给组织带来更优异的成果。

对于一个谋求长远发展的组织来说，管理者必须要重视创新，并应该将创新作为组织战略计划的一部分，创建并形成组织的创新体系，大力倡导组织内部的集体创新，对创新的行为给予即时的丰厚的奖赏，并形成创新至上的内部氛围。

一个合格的组织创新体系，必须具备以下特征，一是由组织最高管理者亲自参与并监督实施；二是必须有创新的机制和方法，比如定期的讨论或总结大会，组织引导开放的、不墨守成规的团队思维方式，善于否定或积极思考所带来的价值肯定等；三是必须要有配套的资源分配和激励机制，比如对创新人员成果的特殊奖励，重视每一项创新成果的价值转化等。

客观地说，创新的难度是很大的，尤其是一些机制和模式的创新，既有技术上的难度，也有其他相关因素方面的难度，因为很多创新可能会颠覆传统的利益分配方式，从而给既有利益群体带来一些损害。除此之外，创新客观上也会遭受到各个层级人员的挑战，他们已经适应了既有的工作模式，并不愿意去主动改变或适应新的工作方式。这些人员也包括管理团队成员，管理者本身具备一定的基础能力，更不愿意去改变现状，尤其是一些元老级别的高层管理者，更不愿意接受“现有的已经过时或已不够好”这样的看法。所以创新或变革需要管理者有较强的决心，需要管理者本身有开放的心态去打破固有的想法和固有的模式、有向前看的发展的眼光，也需要管理者在创新执行时采用一些沟通技巧，比如团队成员“各个击破”等，通过这些技巧逐一化解变革或创新的阻力，最终让创新的目标顺利达成。

管理者需要管理的组织创新主要包括以下几方面：技术创新、业务模式创新、管理方法创新、组织结构创新等。

1. 管理者应该为组织的技术创新投入较多的注意力

最常见的创新是技术创新。对于大部分的组织来说，在保持主营业务不变的情况下，最重要、最常见的创新是技术创新。技术创新是提升企业竞争力和盈利能力的重要来源和保障，技术创新在任何一个生产环节或技术环节都可能存在，任何一个小的技术创新都很宝贵，都可能带来组织效率的大幅提升或产品的成本降低等。技术创新通常可以以专利的形式来体现，衡量一个组织的创新能力会以其所获得的专利数量和质量作为指标。企业的技术创新与一般的科研院所的创新有一定的区别，企业技术创新更具有目的性，更重视其价值转化为企业盈利的可能性，比如一项理论的技术创新开创了新的理论研究方向，对于整个社会来说可能是很有价值的，但对于企业来说，可能因为其价值转化为盈利的可能性低而被认为是低效的或无效的，甚至有可能在获取创新成果之前就被组织叫停了。

对于技术型的组织来说，管理者尤其应该重视技术创新，应该将技术创新作为一项战略要求存在，通过持续的技术创新来保持技术的先进性，保持组织核心竞争力的稳定性，从而保证组织的盈利能力。对于盈利能力较强的组织，一方面要将利润投入生产来扩大生产规模，另一方面更重要的是要将利润投入到技术创新上，比如可以成立专门的研发部门，来支持组织的技术创新。规模较小的组织可以成立研发小组，更小规模的组织则可以让技术人员兼职作为组织的研发人员。如果技术研发对生产直接形成支持的话，管理者也可以将研发费用直接分摊到生产成本，这样技术研发部门的投入就更有保障。

同时，管理者应该将技术创新任务贯彻到整个生产团队和整个生产过程，这种伴随生产过程的创新更有针对性，更实用也更全面，更容易转化为生产力，但相对来说这种创新也更困难，其原因主要有以下几个方面，一是生产人员相对来说创新意识较差一些，因为生产过程多半是标准化的、流程化的，所以生产人员更倾向于通过固定生产过程来降低精力消耗、提升过程效率以及降低出错概率等，固定的流程致使生产人员难以有创新的意识；二是生产人员的创新能力也相对有限，因为通常在生产人员招聘和定岗时就只是按照生产岗位的技能要求去匹配的，对他们并不会有过高的技术创新能力要求；三是组织对生产人员的要求更多的是围绕生产任务，并不会也不适宜有其他的与创新相关的要求和考核指标，因此生产人员将主要焦点放在岗位职责上既是合理的也是应该的，在没有相关的考核指标时，生产人员自然不会有创新的动力；四是生产人员的精力是有限的，通常在出色地完成本职工作以后，已经没有足够的精力去思考其他诸如创新之类的问题，正因为如此，组织内要实现生产人员的创新相对较为困难。但作为管理者又必须要重视激发生产人员的创新潜力，生产人员的创新既是必要的也是可以实现的，管理者要针对上述几条困难分别制定相应的措施，为生产人员创新提供条件，只要给予时间、动力、制度等方面的激励，同时给生产团队注入创新意识，生产创新就会有明显的效果。

如果组织有专门的创新团队或小组（比如技术研发团队），则需要组织的高层级管理者为其选择合适的团队管理者，相比较而言，创新团队的管理者责任更重大，对其综合素质的要求也更高。创新团队管理者应该具有一定的团队管理经验（比如计划能力、协调能力、激励能力等），更重要的是，创新团队的管理者应该有开放的心态，有创新的精神，还应该有资深的行业背景和一定的技术功底，既有广博的视野又有深邃的认知，同时，管理者还应该具有一定的经营思维，要将创新与组织的发展相联系。创新团队管理者的能力水平直接决定了创新成果的质量和数量，因此创新管理的首要任务就是确定合适的创新团队带头人。此外，创新团队最重要的就是合作，包括与其他团队的合作和内部成员之间的合作，因为创新的起点是组织的生产，创新的终点是组织的产品，合作不可避免。同时，创新工作是一项系统性的工作，只依赖一个独立的个人很难有系统的成果，必须要通过团队合作来扩充成果。再者，多人的合作更有利于取长补短，更有利于打破个人思维的局限，攻克个人独立无法完成的一些难题，管理者应该倡导整个团队都积极地参与相互合作，并通过一定的合作机制共同去获取组织的技术创新成果。

技术创新团队的绩效体系和激励机制与普通的生产团队有一定的区别，对于创新团队，在一个特定的周期内，技术创新团队的成果带来的经济价值通常是可以量化的，管理者根据该量化值对技术创新团队进行绩效产值的分配。但该周期的长短对于不同的组织是不相同的，一部分技术创新的成果要转化为组织利润往往需要较长的周期，与之对应的是技术创新团队的成本又是即时发生的。因此，管理者需要按照一定的规则(比如按照生产成本的比例)去合理地界定技术创新团队的整体绩效，但对于规模较小的组织和利润较低的组织来说，管理者的决策将会比较困难，需要根据实际情况权衡并动态调整。

技术创新团队的个人成果更难以用经济价值直接进行量化，因为所有的技术创新成果都不是以有价的产品出现的，而且个人的创新成果可能只是有价成果的一小部分。此时，团队的管理者需要根据团队成员的贡献进行绩效产值分配的平衡，同时，产值分配还需要结合考虑其本身的专业水平和创新水平等因素，以尽可能做到公平合理。

对于存在专职技术创新团队的企业来说，第一步就是挖掘技术创新的方向和课题，或者直接为组织产品的成本降低和质量提升制定系统的目标和计划。这一步是最关键的，需要组织的高层管理者组织各个环节的管理人员(包括市场、采购、人力、生产、质量、研发等团队的管理人员)，结合组织的战略方向和计划，确定技术创新团队的工作内容和工作方向，或者至少提出一些可能的创新范围和议题。然后由技术创新团队根据第一步确定的创新纲要来制定技术创新计划，并由组织的高层级管理者确认，不单单是因为技术创新的重要性，还因为该计划涉及其他部门的配合和需要一定的资源，需要高层级管理者从整个组织的高度把握投入与产出的关系，从而确定计划实施的内容。之后便是创新计划的具体执行和实施，在创新计划实施后，组织的高层级管理者应该定期了解技术创新团队的成果进展，必要时可以分步将阶段性成果应用到组织的生产实践中去，并评估其效果，如果带来了可观的经济效益或提升了组织的核心竞争力，应该及时给予创新团队较高的正向激励以保持其持续的动力。如果在计划实施过程中存在市场环境的变化或行业发展的变革，组织高层级管理者和创新团队的管理者应该及时调整计划或修正计划，以确保技术创新团队的工作一直是有效的，方向是正确的。组织的高层级管理者也可以偶尔参与技术创新团队的讨论会，既能感受一线员工的工作状态，也可以激励团队成员去实现组织的创新目标。

如果组织确定了合适的技术创新团队管理者，建立了合理的绩效激励制度，分配了合理可用的资源，并明确了创新方向，通过有效的过程控制，组织将会取得预期的技术创新成果，技术创新将会确保组织在行业内保持优势地位。

另一个重要的技术创新来自研发团队以外的其他成员，比如前面提到的生产团队成员，如果组织有成熟的创新体系，专业研发团队之外的创新将会更常见。一个好的创新体系，管理者会培养每一位技术人员（不分职位高低和工种区别）的创新意识，并激励其提出创新的想法和观点，管理者会重视这些想法，并对可能实现的想法给予积极的支持，甚至为其分配一定的资源去深入验证或实现这些想法，即使最后达不到预期的效果，这样的尝试也是值得的。从生产过程中得到的创新，具有针对性，也最具有实用的价值，而生产过程中产生创新，也是非常可能的，因为这些生产一线的人员都具有丰富的生产经验，对工艺和过程特别熟悉，会产生很多创新的灵感，只要加以引导，就会形成创新的思路并可能产生创新的成果；很多时候组织的生产团队没有创新成果，是因为组织没有创新的氛围，没有创新的需求，也没有对创新的引导，即使生产人员有创新的想法也很难被重视，最后不了了之。因此，组织内部的创新土壤很重要，组织的管理者，要重视培养这种创新土壤。

要达成创新的氛围，前提条件是管理者能意识到其重要性并为其分配出一定的注意力，其他的管理措施则是一些通用的方法，比如在各种会议或场合进行强调和提倡，制定相关的激励计划，并由专人负责该计划，同时不定期地对一线出现的创新进行特殊的表扬和奖励，树立相关的典型，让所有的组织成员都能感受到创新，甚至可以组织团队成员参加有关创新的培训和讨论会。管理者如果能为创新分配足够多的注意力，或者能建立相关的创新机制，则能在组织内形成创新的土壤，便能涌现丰富的创新成果。

2. 组织结构创新

组织结构创新包括组织岗位结构、生产流程、资源分配模式、绩效制度等方面的创新，一种组织结构创新可能是由于产品结构变化或技术创新引起产品生产流程的变化而产生的。组织结构中的岗位通常都是围绕组织的产品生产而设置的，如果产品结构发生变化，势必会引起岗位的变化，不过这些创新实际上并不是真正的组织结构创新。真正的创新是在产品结构没有发生变化的情况下，管理者通过优化岗位结构、设置新的岗位、调整岗位关系，或调整组织各岗位的权责利关系，来提升组织的整体效率。比如，工程咨询组织通过设置咨询总监岗位，对工程咨询项目进行统筹管理，实现更高效的资源分配，从而提升组织的效率，就是典型的组织结构创新。再比如随着组织规模的扩大或主动改革，将点式管理的模式升级为金字塔形管理模式，提升组织的整体能效，增加组织的可扩展性，增加组织的整体容量等，这些都是典型的组织结构创新。组织结构创新对应的是成本分配、资源分配和绩效制度的相应改革，最终的目的是增加组织的活力和外部联系，提升组织的总体绩效。

生产流程的创新本身就包含了组织结构的创新，因为流程的变化最直接的影响就是组织岗位结构的变化。新的岗位结构必须适应新的生产流程，这里创新的关键是匹配度，因为新的生产流程会包含很多新的要素，如何破除老的要素关系、同时让新的要素有机组合是流程创新的难点。

资源分配模式和绩效制度等方面的创新属于组织结构中的要素创新，是微观的和局部的组织结构创新。资源分配模式最常见的创新就是将资源分配权力下放至最底层，形成资源分配和生产支配的有效融合，这样既能最大化地发挥资源分配的效用，也能减轻组织的负担，同时还能提高人力资源的效率。另一种常见的资源分配模式的创新是通过内部的“市场”调节分配，比如大型组织可以将一个部门分解为三个同质部门，表现更好的部门可以获取更多的资源，这样让资源与生产更高效地匹配，也可以提升组织的效率。资源分配模式创新的最终目的是提升组织的整体效率，只有能提升组织的整体效率，创新才是有效的。绩效分配属于资源分配的一个特殊部分，绩效分配更多地局限在人力成本，而资源分配则更综合。

组织结构创新中，有一种特殊的情况，就是当组织的产品品种较多时，产品结构也是影响组织结构创新的一项因素。产品结构包括了产品的种类和比例关系，如果其中的一项发生变化，组织结构则面临相应的变化，但如前所述，真正的创新并不是一种简单的变化，而是一种主动的于组织有利的变化，甚至是一种非常规的变化，这种变化最终会提升组织的绩效。

3. 业务模式创新

业务模式创新，指的是对组织获取利润的方式进行创新，从而获得新的利润增长点或降低组织获利的风险，主要包括产品创新、市场模式创新、盈利模式创新等。对于业务模式的创新，最重要和最常见的是产品的创新，通常是为了使产品能够适应外部环境的变化，比如客户需求的变化，行业盈利方式的变化，新的技术手段的应用等。产品创新就是主动提前预判外部环境的变化，并采取一系列措施改进或优化产品的属性去适应外部的变化，从而保持产品的竞争力。业务模式的创新对现代化企业更为重要，也更为常见。传统的制造业也可以进行业务模式的创新，比如由于组织信息化而产生的产销联动体系和产品定制体系，就是典型的业务模式创新。

产品创新指的是产品的功能、外观等方面的创新，即在原有产品的基础上，通过改变产品的某些要素以获得更好的客户评价，获得更好的市场认可。如果组织的产品是人们在生活中经常使用的产品，产品的创新则更加重要。组织通常会有产品设计中心，产品的设计也是组织的核心竞争力之一，交互式产品的创新通常需要更重视客户需求和艺术表现等，而与技术的相关性更低。对产品设计创新团队的管理与技术创新团队的管理类似，也需要重视与组织内其他团队的合作，尤其是处在市场一线的销售团队，他们在与客户的接触过程中通常能感知客户需求的本质及其变化，这些正是产品设计创新的着力点。产品设计创新可分为局部细微创新和换代创新，通常组织需要根据产品设计的复杂程度来确定换代创新的周期，在一个周期内会进行多次局部细微创新，而产品的换代创新也对应着技术的创新和生产流程的更新等。

管理者需要根据产品设计创新对组织盈利和组织发展的影响大小来确定产品创新的地位，并匹配相应的产品创新团队规模，同时分配相应的资源。如果产品创新在整个产品流程线中是最重要的环节，管理者应该赋予该部门更多的协调合作权限，以获得整个组织的支持。

对于一些技术服务型组织来说，产品创新更多的是指服务的增值或者服务的表现形式的创新。比如一些工程技术咨询公司，通过使用一些先进的软件技术如使用BIM技术，改变过去工程咨询技术的平面化的表达方式，从而给客户带来更良好和更直观的体验。对于这些技术服务型组织来说，产品创新更容易实现，因为不需要更新整条生产线，但并不代表这些技术服务型组织更容易实现产品创新，真正的决定因素是组织管理者的导向性。如果管理者能够以为客户提供更好的服务为导向，组织将会不断地对服务进行创新从而让客户获得更好的产品体验，反之，很多管理者以获取利益为导向，反而可能让组织很难进行服务创新，最终可能逐渐被市场淘汰。

市场模式的创新则有更大的难度，它可能是组织内诸多创新积累产生的质变，也可能是组织的高层级管理者综合多个部门共同创新的结果，很多时候，市场(盈利)模式的创新甚至涉及组织的整体战略。比如，进行园林施工的企业，转型做园林养护就是市场模式的变化，这种变化给组织带来的改变是巨大的，甚至是开创一项新的业务，业务模式的创新将会引起组织结构、产品结构、生产流程、人才配备和相关配套等一系列的变化。当然这种创新一定是基于组织现有的一些优势和特点，在这些优势和特点的基础上进行市场模式的调整，给组织带来更有质量的盈利或更大数量的盈利。如果是组织完全更换不相关的产品不叫市场模式创新，而应该叫业务转型。业务转型不是创新管理的内容，属于商业运作或市场开发范畴，更换不相关的产品与新开办一个新的企业几乎是相同的。管理者如果想进行市场模式的创新，可以定期会同市场、产品、研发、人力、财务等各部门的管理者一起进行开放性探讨或将组织的例会固定出一个创新讨论的环节，通过“提议—筛选—论证—尝试—改进”的流程对创新进行管理。值得注意的是，管理者要调动大家的积极性去实现创新，而不是孤军奋战，因为几乎所有的创新都需要突破固有的思维，因此由不同部门的、不同方向的或者不同思维方式的管理者或技术人员一起参加创新讨论将会是产生创新非常有利的基础条件。

盈利模式的创新在过去是比较困难的，因为传统组织的边界和接口是有限的也是固定的，基本就是采购资源，进行加工，最后将产品推向市场。这种固定的生产模式决定了盈利模式的单一化。然而，对于现代化信息企业，盈利模式的创新是组织最重要的创新方式，盈利模式的创新与新技术的使用和资源模式的变化相关联，比如，过去的互联网企业依靠流量盈利，后来依靠接口盈利，再后来则依靠客户黏性即捕获客户的注意力盈利，而现在的盈利方式则是支付方式和支付接口。盈利模式的变化往往伴随着组织提供给客户的价值发生变化，通常是价值的增加、价值的优化，或价值的丰富。不同类型的组织对盈利模式创新的管理要求也不尽相同：对于传统的生产型企业，盈利模式需要充分结合产品的附加值进行考虑；对于技术型企业，则可以考虑技术上下游延伸的价值增值；对于现代互联网企业和一些平台性质的企业，则应该由专业的管理者和团队进行盈利模式创新的专项管理，因为对于这些企业来说，盈利模式是最重要的企业属性要素。

4. 让管理创新为管理成果服务

在创新管理中，管理创新也是重要的一个方面，高层级管理者需要亲自负责并指导总结和实践。管理创新指的是采用新的管理手段、管理工具或管理模式来进行组织的管理工作。这些管理工作包括本章提到的所有管理内容，比如流程管理或团队管理。管理创新没有固定的模式，没有固定的内容，也不会有固定的结果，但可以确定的是，管理创新的目标是提升管理的效率，获得更好的管理成果，这也正是管理本身的目的。管理创新来源于管理者自身的管理水平的提升，也来源于管理团队的共同进步，比如管理者对资源分配模式和权责分解模式的改进都会带来管理创新。管理创新中包含管理工具的创新，这也是最常见的创新手段，比如很多企业采用的 OA 管理系统，组织内所有的成员都可以在管理系统内发起、执行和审批各种人事或生产流程，从而提升组织的运营效率。又比如管理者使用一些管理软件来进行注意力的管理，这些管理软件会根据管理者的计划定期提醒需要完成的事项，避免管理者在忙碌的工作中遗漏部分管理内容，相当于是管理者注意力的扩充。管理工具的使用，会提升组织的运营效率，但管理者和管理团队不能完全依赖于管理软件，因为软件性质的管理工具最大的弊端是缺乏即时的讨论功能，对于很多重要的管理事项或沟通事项仍然需要面对面地进行，即便如此，管理者依然需要重视先进管理工具的使用。

管理创新需要注意的是，新的管理方法或工具与组织的适应性问题，不同性质、不同规模、不同生产模式的组织都会产生管理的差异性，管理者不可盲目套用其他组织的管理创新。比如很多的知名大型企业都有各种与管理相关的经验，很多业已著作成书，这些经验都是由企业内部的管理人员总结的，具有很强的实操性。即使如此，管理者也应该在借鉴管理经验时对适应性进行判断，依据组织特点进行取舍或改进。另外，并非所有的管理创新都会给组织带来有利的变化，不管是哪方面的管理创新成果，在被证明无效或有负面影响后都应该停止应用，以减轻组织的负担，最后，管理者时刻要具有管理创新的意识，通过不断地学习和总结，尝试去提升管理水，达成创新的目的，管理者还要组织管理团队进行管理创新讨论，并形成有用的成果，然后不断地实践、评估、改进，提升组织的管理效率。

（三）管理人才培养体系

1. 管理者应该建立人才培养机制

人才作为一项特殊的资源，需要组织进行特殊的管理。与其他生产资源不同的是，人才的使用除了受到人才价值的影响之外，还涉及人才本身的意愿度和其价值发挥的程度，也就是说对人才管理得当，人才将会体现出更好的使用价值，相反，人才的价值将会大打折扣。另一方面，人才作为一项特殊的资源，在供需市场上除了遵循市场的客观规律之外，还受到很多其他与人相关的因素的影响，致使人才的价格在市场上呈现很多不确定性，从而给组织带来一些人才使用的风险。为了降低人才使用不确定性的风险，组织需要建立自己的人才培养体系，减少对人才市场的依赖。

管理者应该重视对各岗位人才的培养，培养是指对目前不能胜任但未来可能胜任某些岗位的人员进行培训、历练和指导使其成为能胜任某些岗位的人才。人才的培养伴随着组织的发展，人才的培养也支撑着组织的发展壮大。如果人才培养的成果显著，会促进组织的快速发展，而如果人才培养力度不够，则会限制组织的发展或延缓组织发展的进程，因此人才培养是组织和组织管理者一项重要的工作任务。

人才的培养有很多作用，一是为了应对人才的流失，尤其是中高层级管理者，由于行业的竞争经常会出现人才的流动，多数人才也会定期更换工作岗位，可能的原因包括薪酬待遇、状态疲劳或追求技术差异化等。另一个人才流失的原因则是因为“上进隐蔽性”，即组织错误地判断了人才追求上进的状态，而未给予其充分的发展空间，如果出现这种情况，三年(后面会提到培养管理者的周期)是其服务于组织的上限(要避免这种“上进隐蔽性”的发生，需要组织有开放的态度，需要管理者及时与下属沟通)。二是为核心岗位储备更合适的人员，从而改善组织的业绩。比如有些组织中的部分核心岗位如果存在一定的劣势或不匹配的状况，则应该优先对该岗位人员进行培养和补强，弥补组织的短板。三是为组织的新业务开展或新的岗位提供人才支持。每一次组织的扩张和发展都会存在较大的人才缺口，而组织的人才培养体系能为组织的质变积累人才，比如一个小组织过去靠固定的客户维持生存，管理者决定进行改革并拓展业务市场，需要成立市场部门，此时就会需要拓展市场的人才，如果存在内部培养的人才将会加快新部门的工作进度，因为内部人才对组织及其业务相对熟悉，而且外部招聘往往需要一个过程。第四是通过人才培养来促进组织发展。比如培养业务能力较强的市场人才(不一定是管理岗位人才)，则可能会给组织带来业务市场的扩张；培养了技术人才，可能会因此改进某些技术流程，从而生产更有竞争力的产品；培养了管理人才，可能会带来新的管理理念，从而提升管理绩效。总之，一个组织尤其是处于发展中的组织对人才的培养既是必要的也是值得的。

相对于从组织外部引入人才，内部培养人才有很多优势，一是内部培养人才是一项长效机制，能以此应对组织即时对人才的需求也能改善组织长期对人才的需求。二是内部培养人才总体来说性价比更高，因为培养人才的过程也是用人的过程，而使用有潜力的人员成本整体相对更低一些。对于管理者来说，培养人才的过程也是提升管理者自我素质的过程，也是管理者建立影响力的过程，这样也会产生额外的附加价值，总的来说内部培养人才的性价比(培养的成本与所获得的价值之比)会更高。三是内部培养的人才对组织有良好的适应性，具有组织自身价值观的基因，继承了组织的各项特质和管理、技术基础，进入组织的管理岗位能够发挥更大的作用。四是内部培养的人才会有更高的忠诚度，一方面是基于对组织培养的感恩，另一方面也是对平台的依赖性——即在熟悉的平台更能发挥自己的潜力。

管理者对人才的培养可以从以下几个方面考虑，首先是人才的招聘环节需要有选择地招聘一些有潜力和可塑性强的人才，最常见的就是招聘应届毕业生。刚毕业的人员没有社会阅历，可塑性强，适应性强，也富有理想和热情，只要加以正确的引导，进步会很快，培养可塑性强的人员能够缩短人才培养的历程。

人才培养需要结合个人意愿和规划，对其进行有针对性的培养，避免组织与个人计划的冲突。需要充分尊重个人意愿以调动其自身的积极性，因为组织对人才的培养仅仅只是帮助和协助他们成长，人才仍然是主体，所以不能像某些家长培养孩子一样的包办和控制。管理者还需要分析每个人的优势特点，并结合组织对人才的需求进行有目的地培养，符合个人意愿的有目的的培养会更进一步缩短培养的过程。

尽管可塑性强的应届毕业生是较理想的被培养对象，但并非所有的应届毕业生都是如此，也需要进行选择，应届毕业生的缺点是容易好高骛远，因此选择脚踏实地的人员就异常重要，应该选择愿意从底层做起的，不怕困难的，具有较好韧性的应届毕业生。

必须指出的是，人才的培养并不仅仅限于新人和应届毕业生，任何一个岗位的人员都可以成为被培养的对象，这取决于组织的实际需求和个人的潜力大小，还取决于个体对自我进步的意愿。对于人才的培养，组织的老员工也要纳入备选范围，人才选择范围也需要随着时间的改变而调整，过去没有被考虑的人员在新的形势下也可能会被选择；选择人才进行培养的另一个重要的标准是是否懂得感恩，懂得感恩的人才才值得被大力培养，懂得感恩的人才会因为组织的培养而为组织作出应有的贡献。

其次，组织需要建立人才培养的机制和环境。管理者应该将培养人才视为一项系统的工作，将这项工作贯彻到整个管理者团队，让每一位管理者都是培养人才的发起者和执行者。作为一项系统的工作，第一步是制定人才培养计划。人才培养计划有两种情况，一种是根据组织的业务模式，确定几个人才版块，比如市场、管理、技术等，针对每一个版块分别制定人才的培养计划，将现有的团队成员进行选择或引入新的成员，分别根据其性格特点将其纳入不同的人才版块，然后采取一系列的措施对其进行有针对性的培养。另一种情况是，根据组织的特性来定义核心岗位，然后针对每一个核心岗位进行后备人才的选择，之后可由管理者或现有在岗人员进行培养和指导，通过这种方式实现人才的培养和扩充。后一种情况更具有针对性，计划更精准和简练，适合中小型组织或中高层管理岗位的人才培养，不过这种培养方式的效果也会受到现有在岗人员态度的影响。比如，有些管理人员受到自身格局和境界的影响，在培养助手方面会有所保留，从而影响培养效果。不过从另一个角度来说，这些在岗人员的态度会让为其培养后备人才显得更加必要。无论采用哪一种方式培养人才，组织的高层级管理者都应该关注人才培养计划的执行情况，对于偏离计划的状况进行督察和纠正。正常情况下，组织的高层级管理者的培养周期为三至五年，而中层级管理者的培养周期不会超过三年，对于低层级的管理者培养周期为一至两年，所以如果组织的人才培养体系得当，通常会在三到五年就有一次人才使用上的整体上调。

第三，在人才培养体系中，需要落实和优化人才培养计划。组织需要有专人负责管理整个人才培养计划，如果可能，最好对每一位潜在人才都安排相应的职业导师进行协助和指导，协助其确定成长目标，制定相应的学习计划和成长计划，组织可以相应地提供培养资源，当然除了资源以外，还需要给予他们重视、信任、鼓励和足够的耐心。定期的过程监督和指导也很重要，要确保每个人一直处在通往目标的道路上，最终保证大部分的人才培养是有效的。培养的方法主要包括理论指导(包括知识技能和职业规划等)、实践锻炼(包括任务锻炼、平台锻炼等)和外部培训等。应该注意到的是，对人才的培养和锻炼是在他们完成各项工作任务的基础上或与其本职工作相结合进行的，有时候甚至很难区分组织到底是在使用人才还是在培养人才，这是正常的，因为这两者本身就是合二为一的。然而，主动培养人才还是很容易分辨出来的，主要体现在组织对人才的态度上，是主动还是被动，如果是主动培养，组织会为人才制定培养计划，会协助人才制定职业发展计划(因为培养往往是长期的、多层次的)，会在任务安排时加上管理者的主动修正，会在各个时间节点上对人才的培养效果和成长状态进行审视，如果有必要会修正人才培养计划。培养人才就好比组织给人才的成长加入了一个导航器和助推器，确保其能快速成长达到人才培养的预期效果。人才的培养除了对技术技能的培训之外，还需要培养其正确的思维方式和工作价值观，尤其是对于刚毕业的应届毕业生来说，更要培养其工作习惯和职业道德观念等，甚至还需要培养其正直、开放、高要求的基本品质；

第四，管理者要合理地使用组织培养的人才。人才培养不是最终的目的，人才的使用才是，人才培养计划的最后一步是人才的使用，人才使用的效果才是检验人才培养计划成功与否的标准。人才使用首先要注意的是人才使用的时机，根据各岗位人才培养的周期和实际成长的效果有不同的使用时机，但总的来说，人才应该是一边培养一边使用，使用的“度”为，让其时刻感受到任务或岗位有所挑战但又不至于非常困难，直至其达到了培训计划的目标岗位的要求，或者说其能力能够较好地胜任该岗位，才算是真正完成培训计划，其后可能会使其跳出培训计划或又将其纳入新的人才培训计划。还有一种情况是，培养人才达到了预期的效果，但是没有合适的岗位使用，比如目标岗位仍然存在匹配度较高的业绩较好的管理者，此时，可以将人员安排在其副手的位置，或者扩充出平行团队，也可以将人员调用于其他类似的管理岗位。如果这些都不能实现，则应该与其充分沟通，避免其认为组织不重视自己，避免人才的流失，如果一旦有更高级别的人才培养计划，也可以将其重新纳入计划。此外，组织不可能将培养的每一个人才都安排得非常妥当，还需要采用一些特殊管理手段对暂时没有充分使用的后备人才进行管理，比如设置新的部门或岗位，或者短期降档使用，但不能将人才空置而不使用，这样不仅是对培养的人才的浪费，更会引起其本身的不满，进而可能影响整个团队的效率。

管理者应该对自己的人才培养体系进行适应性评价，因为不同的组织有不同的人才需求，不同的生产流程和利润模式对人才也有不同的需求，管理者应该在建立人才培养体系后不断地进行改进，使其与特定的组织相匹配。同时，管理者也应该定期对人才体系进行总结和更新，根据组织本身对人才需求的变化和外部人力资源市场的变化及时调整人才体系的结构和机制，确保其一直合理有效。

最后，需要指出的是，即使组织的人才培养机制非常合理和有效，仍然不可避免地需要从组织外部引入部分人才，比如遇到突发性的人才使用危机，可能就会需要从外部进行招聘来应急。这里并不探讨人才招聘的技巧，只是强调管理者需要处理好外聘人才与内部培养人才之间的关系，比如薪酬待遇问题，通常外来人才会要求更高的薪酬待遇(因为外部人才入职之初除了薪酬待遇，并不会有其他有效的激励方法)，管理者需要将这种差异限制在较短时间之内，长期必须保持相同的标准。另外，对于稀缺人才岗位和核心岗位一定需要有自己的人才培养计划，而不能依靠临时到人才市场解决问题。

2. 管理管理者需要培养自己岗位的接班人

在管理管理者中，有一个重要的任务就是为组织培养自己岗位的接班人，作为组织的高层级管理者，承担了组织较多的最终责任，是更综合更全面的高级人才。这种人才的培养更耗时耗力，且能够成功的高层级人才并不常见，因为高层级管理者需要一些特质，比如格局和境界，这些特质并非轻易能够在后天习得，所以高层级管理者的挑选和培养更是组织的一项艰巨的任务。

管理者的成果是管理的目的，即组织的获利能力和组织的发展效率(包含了经济指标和团队指标等)，一个组织要想获得稳定的发展(包括规模的扩大和核心竞争力的增强)，必须依赖于组织内高层级管理者的不断进步，或者出现新的高层级管理者，理想情况是通过先培养副手再让其转正的方式来实现。培养组织高层管理岗位的接班人是非常有必要的。一方面，要让组织实现跨越式的增长，或者扩大规模，就需要第二个甚至第三个高层级管理者，只有满足这个条件才可以培养组织经营的第二极、第三极。比如过去组织只有一个经济独立体，而分裂后可以成为两个并行的组织，在空间上分享市场，也可以成为两个独立的组织，以不同的产品形成两个互不干扰的市场，通过这种形式可以实现组织的裂变，包括组织的经济指标和规模。另一方面，培养出更多的高层级管理者，可以让组织的最高级管理者拥有更广阔的授权空间，从而腾出更多的时间和精力考虑更高级的组织行为与活动，比如资本运营、市场合作和资源整合等。

当然，要培养高层级管理者，首先需要对潜在的候选者进行筛选，因为高层级管理者对于综合素质的要求更全面，很多特质是难以培养的，必须其本身具备这些潜质，找到了合适的具有特定潜质的候选者在高层级人才培养上就已经成功了一半。这些候选者可以是目前在岗的低一层级或是低两个层级的管理人员，但其现状的角色并不是最主要的，最主要的是潜在候选者应该在价值观和其他难以改变的性格品质方面具有一定的优势，而对于可塑性较强的经验和能力方面则可以适当放松标准，以下是高层级管理者在品质和能力方面考查的重要性排序：

第一项应该考查的是潜在候选人是否正直。正直的人自我认同度高、自信、决策力强，正直的人更有影响力，而且正直的人不会犯方向性的错误，通常只要方向不错，组织的发展就只是时间的问题。

第二项特质是是否具有大局观，格局是否足够大。格局大的人从空间上看问题能够从顶部视角看到整体且能够看到与周边的联系，时间上能够看得更长远，胸襟上能够容纳更多的人，对于组织的发展来说，格局大的管理者能够为组织的生存和发展带来足够的空间，比如人才、合作等这些都会成为组织发展的重要因素。

第三项是是否具有经营思维。具有经营思维的人看重的是组织的盈利能力，会把组织当成一个独立的经济体，能看到市场，会关注客户，懂得加强内外联系和横向联系，能看到各项可用的资源，会有目标感，会用发展的眼光看问题，会为组织的利润布局。管理者最难得的是具有很敏感的经营思维，因为组织的属性中最重要的就是经济属性，只有经营思维才是与之对应的配套思维。

第四项是是否具有正向思维。具有正向思维的人更加主动积极，更加乐观，更不怕面对困难，更喜欢挑战，更善于解决问题，更有韧性，更能坚持，自然也更容易达成目标。组织在复杂的市场环境中遇到困难是常态，只有具有正向思维的管理者才能够确保组织在既定的目标面前不会放弃和妥协。

以上的一些品质和能力对于组织的高层级管理者来说是最重要的，这些很多都是基础能力和基础品质，但对组织的成果和发展起到决定性的作用，同时也因为其基础性而更难培养，能具备这些基础能力的人才相对更稀缺。相比之下，其他的品质和能力则次要一些(并非不重要，而是通常具有管理经验的人大都具备)，也更容易培养，比如执行力、沟通能力、计划能力、专业能力等，这些能力大部分的管理者都比较容易习得，提升相对较快。

(四)与政府机构沟通

无论何种经济组织，都离不开政府相关行政部门的监管和政府相关部门的政策指导。首先，一个经济组织必须获得政府相关部门的行政许可方可进行经营，包括工商、税务、人社、行政主管部门和地方政府等。在获得经营许可后，还需要接受各个政府部门的监督和管理；更重要的是，无论什么类型的经济组织，都会受到政府行业政策的影响，比如政府对行业发展的限制性或鼓励性政策，会从行业准入、金融政策、税收政策等进行宏观调节，不同类型的经济组织会受到不同程度的影响有些甚至是决定性的影响。

另外，很多经济组织的经营活动都会受到政府行政审批手续和流程的影响，典型的有涉及建设项目的经济组织。比如如果一个加工型企业需要获得土地资源，然后利用土地建设生产厂房，则需要成立专职的部门去对整个建设流程进行管理，而这个流程管理，最主要的就是与政府行政许可部门的对接和沟通，也就是说，所有的工作都是围绕最后获得政府行政许可部门的许可和批准而进行的，这样才能最终具备生产条件。而对于以建设项目为主营业务的专业型组织来说，通常会有专门的专业部门来负责与政府的行政许可部门沟通，而这个部门也是异常重要的，因为政府的行政许可是否流畅和高效，直接影响到建设项目的速度，而建设项目的效率将影响整个组织的利润获得结果，因此这一类型的组织应该重点关注与政府相关行政机构的沟通和对接，以保障组织最终的成果获取。

对于与政府机构的沟通，需要遵循以下原则：

首先，守法是第一原则，任何经济组织都应该合法经营，无论是组织生产、经营活动、利润获取方式，还是税收缴纳等，都应该确保符合政府的政策和相关法律法规，这是最基本的经营法则。如果越过了这样一个基本法则，组织将会面临极大的风险，而且组织将不会有太大的发展空间，也无法在市场竞争中处于有利的位置。不合法的经营将会漏洞百出，不合法经营的组织也很难获得合作伙伴或上下游资源的支持，种种原因将会使组织走向衰败。当然有些经济组织采取的一些既符合政府政策又可以合理地减少一些行政许可问题的措施则需要具体地分析，总的原则是必须要避免违法违规的风险。

其次，经济组织应该保持与政府各机构之间的良好沟通。一方面通过更专业和更完整的手续申报材料和流程减少政府行政机构不必要的工作量；另一方面，也要积极配合相关行政机构的督察和监管，为其工作开展提供尽量多的便利，遇到不理解或难以接受的一些政策时，需要耐心与相关机构沟通，而不是对行政许可采取抗拒或背道而驰的态度。

再次，经济组织应该重视对政府发布的组织所在行业和地区的相关政策的信息获取和解读，组织应该安排专人或专门的部门来对此负责，要对政策的变化有较强的敏感性。通常政府的政策是各层次经济趋势的一种表征，组织需要顺应大的经济环境导向，避免被大的经济趋势所抛弃，也就要求组织要积极研究政府的各项经济政策。

最后，在条件允许的情况下，经济组织应该力所能及地替政府承担一些社会责任，比如对特殊人群的照顾，部分地解决社会的就业问题，参与一些公益活动等；或者积极与政府合作，共同承担部分社会责任。

从本质上来说，政府的目的是为社会经济组织提供相关的服务和监管，并着力解决民众的社会问题，保持社会的稳定和整体经济健康地向前发展，而作为组成社会经济体的一分子，任何经济组织都应该积极地为整个社会最终的大目标服务。

(五) 管理其他外部资源

前面提到了两种外部资源，一种是客户，另一种是股东(从组织整体角度来说，股东是组织的内部资源，但从经营角度来说，股东则属于外部资源)，除此之外，组织还存在其他的外部资源也需要进行关注和管理。通常情况下，管理者更多的可能会将关注点放在组织内部，尤其是在资源的管理方面，对于外部资源总是视而不见。其实优秀的高层级管理者更应该重视对外部资源进行管理，为组织的业务能力拓展更多的空间，外部资源如果利用得当，将会使管理成果更加稳定，也会是组织发展的重要契机(组织的发展通常是从扩充可用资源开始的)。

常见的其他外部资源有产品上下游组织、合作伙伴、第三方关联组织等。比如一个建筑设计企业的上下游组织有：地产开发商、政府、效果图公司和图文公司等，其合作伙伴有设计院、事务所，第三方关联组织有施工企业、监理单位和各种设备厂家等。这些外部资源在一定条件下均可为组织所用，比如可以使用其生产资源、人力资源、管理资源甚至是资金资源等。

当一个组织业务呈现周期化特征时，或者是在组织发展壮大的初期，管理者尤其应该利用好外部资源，即当组织的业务量短期内增大时，管理者应该优先考虑使用外部合作伙伴的协助来消化市场业务量，这样可以灵活地扩充组织的生产能力。但通常管理者不应该去接洽与组织产品不相关的业务，然后再利用外部资源来消化(这实际上相当于中介公司的业务转包)，因为这样不太容易控制业务的完成质量，同时还会占用主营业务的精力，得不偿失，除非组织定位本身就是中介公司。大多数时候，管理者的目标不仅仅是获取短期利润，而是为了组织的长远发展和长期利润(中介公司通常难以控制转包方的产品质量，大多数都属于短期行为)。利用外部资源有诸多好处，其一是对于突然增大的业务量，可以在不用扩大组织本身规模(扩大组织规模会使各种成本——人力、办公、管理成本等增加)的情况下完成短期扩大业务的消纳；其二是使用外部资源可以延迟成本的支出(通常都是先生产产品后支付费用)，从而为组织获取较好的财务弹性；其三是通过与外部合作伙伴的合作，可以为组织提供可扩展性和弹性生产能力，可以获取更广阔的业务市场，可以通过合作获取其他资源，扩大组织的影响力等。

在组织发展初期，管理者应该将业务进行分解，将非核心的部分外包给上下游相关的组织，这样可以减少组织的成本支出(初期由于资金不充裕，低成本运营非常重要)，增加组织的灵活性(通过降低组织的规模可以提升组织的灵活性)，同时又可以让组织集中精力把核心业务做好，减少干扰因素。比如一个经营品牌时装的组织，它只需要进行服装款式的设计，而将服装的生产加工外包给其他组织。再比如一个地产公司可以将销售外包给专业销售公司，这样可以减少组织的成本规模，同时又不影响组织的盈利效果(销售公司由于其专业性，销售效果甚至要好于地产公司本身的销售部门)。

对组织的外部资源进行有效的管理，目的是获取同等条件下对资源的优先使用权，这时需要组织与外部组织维持战略合作关系，当组织需要用到外部资源的时候，可以无缝对接而不会产生过多的额外沟通成本。鉴于外部资源的特殊性，管理者也需要维护不止一个的同质资源，以增加可能的选择，从而提升资源使用的稳定性，降低风险。另外管理者也需要控制外部资源的质量及其产品的质量，需要有管理和控制外部资源质量的责任人和相关措施。最后一点，既然外部资源的使用有明显的附加效益，组织的管理者就要在需要的时候有意识地利用它，如果组织的管理得当，就会更容易获得外部资源的附加效益。

更高级的外部资源使用和管理的方式是资源共享，即不仅管理者可以使用其他组织的资源，管理者也可以将组织内的周期性的某些闲置资源提供给外部使用，从而提高资源的利用效率。当很多的企业或组织实现了资源共享之后，通过彼此合作的协同效应，一定可以创造更多的附加价值。比如某一组织缺少资金，而有不错的项目，而另一组织则有闲置的资金，则两者即可以进行合作，从而形成更多的协作价值。作为管理者来说，需要积极地让自己的组织加入这样的资源共享平台，或者可以去主导设定这样的共享平台，从而为自己的组织创造更多的成果和更大的影响力，也为组织创造更多的机会。只是这种将内部资源进行外部共享的合作方式一定要保持谨慎，一方面要保持合作的平等互利性，另一方面需要避免自己的核心资源受到损失，最后就是需要组织的管理者具有开放的心态，具有更广阔的心胸和更长远的眼光，这样才能将资源共享的优势充分发挥出来。

三、专项管理内容

对于不同属性的团队，有不同的专业管理内容，作为某一个专业团队的管理者，除了需要掌握第一部分基础的管理内容之外，还需要重点关注专业管理内容，以获得最佳的管理成果。同时，组织的高层级管理者，也需要重点关注这些专业的管理内容，毕竟高层级管理者需要做出更综合的决策，这些管理内容的支撑将会让高层级管理者的决策更加有效。在管理下级管理者时也需要经常针对这些管理内容进行沟通，对于高层级管理者来说，熟悉这些管理内容的重要性并不会低于专业团队的管理者，对于很多想要进阶到高层管理者的中低层级管理者来说，拓展管理范围也是非常必要的。

(一) 管理市场(营销、客户和业务)

对于组织来说，最终的效益来源于收入，而收入来源于市场和客户，因此市场对于组织来说是至关重要的。对于组织的营销部门来说，是通过将技术或产品销售到市场不断地扩大组织的营业收入。要提高组织的营业收入，一是通过一些营销手段不断地扩大市场份额，从而卖出更多的产品；二是采用提高产品附加价值的方式比如提升客户体验感受的方法来提高产品的销售价格。也就是说，除了外部市场以外，营销部门还应该关注组织的产品本身，而这往往是营销部门所忽视的。组织通常会将产品交给设计、研发和生产部门，而营销部门仅仅负责销售和市场，但其实组织的管理者或营销部门的管理者应该同时重视产品本身，即使有再好的市场，产品不符合市场需求也不会有好的销售成果。可以说，营销部门在组织中占有非常重要的地位，它不仅仅是产品变现的关键环节，也是拉动组织发展的动力源泉。从某种意义上来说，营销部门的业绩其实也就近似地等于了组织的业绩，组织的高层级管理者应该在管理市场团队方面投入更多的注意力(指关注市场团队的管理者、问题和成果)。

营销部门最重要的任务是将组织生产的产品销售给相应的市场和客户，并在巩固既有市场的前提下不断地拓展新的市场，形成完善通畅的销售渠道和营销网络。营销部门还应该制定销售计划，确定营销手段和方法，虽然随着信息时代的来临，营销渠道变得越来越不重要，但恰当的营销方法还是应该被重视。比如采用饥渴营销法进行销售对于品牌和质量都不错的产品来说就是一种非常有效的营销方法。在产品销售方面，营销团队需要根据销售计划进行市场调查，以确定市场的竞争程度，从而确定能获得利益最大化的销售价格。同时需要根据不同的空间区域进行有针对性的优化销售计划，以确保产品销售既能与组织的生产产能相匹配，又符合各分区市场的实际需求，最终实现销售业绩的最优化。

营销部门是介于产品和市场之间的联系桥梁，承担的主要任务是将生产团队的成果卖给市场，在很多组织中销售产品甚至是营销部门唯一的任务，但作为组织的管理者和营销团队的管理者，应该明确营销部门的工作远远不止于此，还有很多其他必要的工作任务和事项。

首先，营销部门作为产品和市场之间的联系桥梁要关注双向信息流动。从生产流向市场的是产品，而从市场流向生产的是信息，营销部门需要及时将市场对组织产品的反馈信息和同类竞争产品的市场信息传递到生产部门或产品设计部门，或者说营销部门应该有向生产部门要"更好的产品"的义务，这样能够保证组织的生产以市场需求为导向。信息反馈是营销部门需要完成的基础任务，其中产品销售数据是最基本的市场信息，但组织需要更多的市场信息，这些信息包括客户反馈和其他竞争产品的信息。客户反馈比如客户对现有产品的评价（满意的方面和不满意的方面），客户提出的一些新的需求等。其他竞争产品的信息包括了其他组织的同类产品的样式、功能的区别等，以及这些产品的市场占有率及变化和趋势等，还有客户对竞争产品的反馈信息等。这些信息可以作为设计部门或生产部门生产工艺改进和产品更新换代的参考，营销部门应该在组织内部和市场之间架设一条即时的信息通道，以确保组织对市场的敏感性和产品对市场的适应性。营销部门的这项工作能够确保组织获得更好的产品竞争力，最终获得更好的销售成果。

其次，营销部门应该从产品的附加值方面考虑如何提升产品的价格，比如对产品进行包装，通过宣传等手段提升组织或产品品牌的知名度等。如果以上这些营销工作需要其他部门的资源配合，营销部门的管理者应该及时地与上级管理者沟通，以确保能获得上级管理者的协调和授权。

通常生产部门将产品的核心部分（涉及技术的）生产完成后就形成了产品的价值，而营销部门需要将产品包装成符合市场需求的形式和样式（在大部分组织中这也属于生产部门的任务），以提升市场对产品的接受度，比如包装的质感、颜色（比如不同的汽车车漆有不同的颜色变化）和特殊造型（比如很多U盘做成钥匙扣的形式）等。这些产品的外观呈现方式通过营销部门不断地接触市场反馈而逐渐形成最佳形式，同时又会随着时代的变化不断地动态变化。营销部门应该重视产品包装的作用，随着技术壁垒的逐渐消失，产品的其他要素设计将会成为重要的甚至是决定性的要素，营销部门应该有专业的人员进行产品包装的研究和设计，并将这一部分作为产品销售前的重要环节。通过这一环节，可以使产品对市场有更好的亲和性，也可以提升产品的附加价值，从而可以让产品以更高的价格销售，对于提升组织的销售收入是非常有效的。除此之外，管理者还应该重视其他提升产品附加值的手段，比如为产品增加一些其他附加功能或服务等，例如宝马汽车的免费紧急呼救功能让客户能够获得更尊贵的服务，从而间接地提升了产品的竞争力。

使品牌知名度提升不仅仅是营销部门的工作，也是组织高层级管理者的重要关注点，因为品牌知名度不仅可以提升产品的附加价值，也可以提升组织的整体价值，还可以通过品牌效应吸引更优秀的人才为组织服务(最终的结果是提升组织人才的使用效率)。品牌的知名度是由多方面构成的，包括市场的态度、内部员工的认可、其他公众舆论的态度等，其中最重要的一条就是产品的质量和服务，过硬的产品质量、贴心到位的客户服务是塑造品牌的第一步也是最核心的一步。产品和服务的口碑能够带来最好的品牌效应，为了塑造品牌，有时候甚至需要牺牲短期利益(比如海尔公司张瑞敏怒砸不合格冰箱)，尤其是涉及产品质量时。塑造品牌的第二步是树立有社会责任心的企业形象和正直的企业文化。一个企业如果是一个有良知的组织、讲信誉的组织、有社会担当的组织，则更容易被市场信任，因为这样的组织不会做违法的事情，更不会有坑蒙拐骗的行径，也不会通过损害他人利益去获取自己的利益，而只会以创造价值为获取利益的唯一途径，这样的组织会是一个可靠的和值得信赖的组织，自然能够获取较好的外部口碑从而提升组织的品牌价值。第三步是组织内部的品牌塑造工作，即有合理的人才培养机制，重视每一位员工的成长帮助员工实现自身价值，关注每一位员工的状态，对每一位员工负责任，同时有合理的绩效分配体制和激励体制等，比如典型的在内部品牌塑造方面较为出色的企业就是海底捞，海底捞通过对内部员工的关心(包括对员工的薪酬和其他帮助)而获得较高的美誉度，这样间接地提升了组织的品牌价值。最后一步，是对组织品牌及其产品的宣传。在过去，这一条在品牌知名度提升方面占的比重更大，但随着互联网的普及，这一条已经彻底沦为辅助手段，在信息社会，相比之下缺的是好产品，而不是好产品的市场。反过来说，如果产品知名度很高，但前三条做得不到位，产品很快就会失去市场，品牌则沦为伪知名品牌。当然，并不是说宣传毫无意义，宣传仍然有它的作用，只不过现在宣传渠道越来越多，成本也越来越低，管理者只需要投入较少的注意力即可，而应该将更多的注意力放在提升产品的价值和质量方面。

塑造品牌还有一点需要注意的是，要结合组织自身的优势去打造品牌的亮点，着力于区别于竞争对手的一些特点，也就是我们所说的品牌差异化。由于市场竞争较为激烈，同质化竞争是很困难的，只有有突出的特点才会有较强的品牌竞争力，从而获得较为稳定的市场。比如宝马汽车主要的核心特点就是操控性能一流，苹果手机主要的特点就是系统的流畅性。组织的管理者应该将核心竞争力转化为市场竞争力，然后逐渐地转化为品牌优势。

管理业务和业务关系则是高层级管理者或市场管理者(实际上其他的管理者也应该有业务敏感性)的重要工作内容，它既涉及管人，也涉及管事。管理业务关系本身也需要与人沟通，但这种沟通相对来说更加纯粹，更加有针对性，沟通双方更多的是合作和利益关系(现代高级营销也讲究与客户交朋友，创建更多除利益以外的联系，但实际上在大多数的情况下，交朋友的目的仍然是为了获取业务和利益，少数情况下，最后也可能与客户真正成为不错的朋友)。因此，这种业务管理的重点是定期主动地进行业务维护，也就是说通过一些交往行为或沟通活动与客户创建联系，保持业务关系的黏性，也就是说，管理客户其实并非真正去对客户进行管理，而是管理好组织的业务关系和客户关系。

管理业务也包含对内部业务团队的管理，这个业务团队的管理跟其他类型团队的管理没有本质的区别，只是团队成长更多的是指团队业务能力的成长，包括了客户关系的维护和业务市场的拓展等，因此要管理好业务团队就应让团队成员主动去维护和拓展业务关系。当然，业务关系维护除了业务人员的常规联系之外，更重要的是组织的生产团队需要将客户的业务和对客户的服务做到极致，以获得良好的客户反馈和评价，从而获得客户黏性。因此业务管理者还需要加强与生产部门的沟通和联系，并需要协助控制产品或成果的质量，客户对组织或组织的产品有充分的信任才算是管理业务的初步成功。而要真正地成功，需要长期地跟踪产品或服务的质量，不能出现疏漏，一旦出现问题，需要及时纠正，避免造成进一步的后果。如果给客户造成一定的影响，要及时响应并纠正问题，同时采取措施确保以后不会再出现类似问题。因此，业务管理者还应该认真地关注客户的关注点，为客户提供可靠的产品或服务，只有站在客户角度考虑问题，才能获得更稳定的客户关系。

对于技术型组织的业务团队来说，管理者在业务人才培养方面有一些特殊的要求。通常来说，大部分业务团队的市场营销人员都是出身于市场营销专业或者其他不相关的专业(甚至很多市场营销人员并非科班出身)，而大部分的技术专业的人员都不愿意从事市场营销工作，产生这种情况的原因有很多，比如一些大众看法认为市场营销工作相对更低级(部分原因是因为市场销售岗位门槛较低，从业人员素质良莠不齐)，这种社会误解让从业人员产生了一定的思想障碍；或者技术专业人员的性格特点或思维方式相对来说更不适合做市场销售，市场营销工作相对不够稳定，工作业绩也存在很多的不确定性，所以技术专业人才不太适应这种类型的工作。但作为技术型组织来说，市场营销人员具备一定的技术能力又是非常重要的，因为这样才能够有效地与客户进行前期沟通，才能获取客户的信任，才能更准确地获取客户的实际诉求，才能确定业务的获利大小，从而做出相应的决策和采取相应的市场措施，因此技术型组织的市场营销人员从客观上要求其具备一定的技术基础能力。目前通常的做法是对市场业务人员进行相应的技术培训，使其具备一些基本的技术素养，来弥补专业能力的不足，从而能够应对业务市场上的谈判和沟通需求。

另一方面，业务团队的管理者，应该从技术岗位去挖掘更多的市场营销人才，因为对于技术型组织来说，技术人员去做市场营销会有很多天然的优势，只要培训到位或管理得当，拥有技术背景的营销人员会有更好的市场业绩，会给组织整体带来更多的效益。首先，管理者需要明确一点，就是技术人员做好市场营销工作是完全可能的，所谓的性格特点不适合更多的是由于岗位的限制而导致的，处于技术岗位上的人员肯定不会具备市场人员的关注点和思维方式，但对于大部分人来说，只要将其置于市场营销岗位上，他们就能够转变自己的关注范围，也就是说所谓的技术人员不适合做市场的说法并不是绝对的，大部分的技术人员完全可以通过自己的刻意改变或练习去适应市场营销岗位的要求。其次，针对客户的需求，技术人员可以直接提供更多更好的解决问题的方案，从而能够更好地与客户进行沟通，这种技术优势可以帮助双方建立更好的相互信任，实现合作的机会更大，同时也有利于创建稳定的合作关系。再次，处于营销岗位的技术人员由于其对生产的熟悉，使其能够获取更多的有效的市场反馈信息，从而能够在生产和市场之间建立更为有效的信息流通渠道，这也得益于其与技术团队之间的沟通更顺畅和更有效。

基于以上这些原因，组织的管理者或者业务团队的管理者应该主要让部分技术人才转型做业务市场，一方面，管理者应该提倡和鼓励这种岗位的转变，同时为其建立有效的渠道。另一方面，也需要从激励政策、业绩认定等方面给予实际的支持。此外，还需要提供相关的培训，在对市场营销人员进行技术培训的同时也需要为技术转型的人员提供市场培训，这些培训要帮助技术人员树立信心，要对其思维方式进行指导，也要提供一些实际可行的经验，比如信息的获取方式，潜在客户的辨识和沟通技巧，合同谈判技巧等，甚至管理者还需要亲自协助部分刚转型的市场人员，以降低其业务获取的难度，进一步帮助其建立信心。另外，管理者要给予他们试错或犯错的机会，任何一个刚转型的市场人员都会遇到很多的困难和坎坷，组织的管理者或者他们的上一级管理者应该不断地鼓励他们，并提供更多的机会让其去磨炼，而不是因为转型人员的几次挫折就妄下结论认为其不适合市场岗位，也不能对他们的挫折不管不问，不能任其自生自灭。如果市场团队的管理者能够通过以上几点去吸纳技术人才的转型，同时帮助其适应和成长，则整个业务团队将会逐渐壮大，这也是管理者努力培养人才的结果，无论团队创造的成果还是管理者自己的影响力都会越来越突出。

1. 业务团队管理应注重团队市场属性的打造

业务团队在面对市场时需要体现出专业性、可靠性和灵活性才能获得良好的业务市场份额，管理者在管理业务团队时，也要重点打造业务团队上述几条属性，不断提升面对市场的基本能力。除此之外，市场业务人员还需要具有一定的市场敏感性、一定的工作韧性和创造可能性的能力，业务团队管理者在招聘和用人时应重点考查和培养业务人员的这些品质。

一个组织的专业性体现在组织的规模、组织所占市场份额的比例、组织的技术特点等。如果组织规模较大，市场份额比例也较大，或者组织有明显的技术特点，通常被认为是更专业的，专业性本质上体现在生产团队有过硬的技术和组织有核心的优质产品，但对于很多初创企业或发展中的企业而言，这恰恰是短板。幸运的是，管理者还可以在专业性上做一些其他更容易的事情，比如可以引入经验丰富的生产人员(哪怕是外聘兼职)，可以对过往的业务活动进行总结，对做过的产品进行提炼，以支持市场业务人员。除此之外，站在市场的角度，管理者还可以对公司进行包装(比如制作一系列有公司 LOGO 的物品，如手提袋、茶杯、工作服等)，制作市场宣传手册，出版专业技术刊物，这些都能够展示一个组织的专业性。当组织规模足够大的时候，以团队方式呈现组织的市场行为，也有助于提升公司的专业性形象。

可靠性指的是与客户沟通的诚信和响应力度。通常一个组织对客户要保持百分之百的诚信是很难的，因为这并不是某一个人可以决定的，而是涉及整个组织的响应能力，而市场业务人员或其他人员面对客户时又不能完全决定组织的响应能力。所以，很多时候，一旦业务人员急于达成协议，或者不够理智时，容易答应客户的一些有较大难度的要求，而事后又发现很难做到这样会损害组织的诚信。产生这种情况的原因是不同的形势下有不同的大脑响应，比如急于达成协议时，可能会高估自己，认为可以一边牺牲组织利润一边还可以满足客户的各种需求，而一旦协议签订完成，就会发现当时自己过于迁就客户，当时看似合理的内容变得不再合理。因此市场业务人员需要时刻保持清醒，避免给客户带来不便和给组织声誉带来伤害。关于在市场中体现的可靠性，有如下建议：第一，从组织高度将诚信放在一个极其重要的位置，甚至可以作为企业的基本价值观，从长远来看，诚信对企业的长期发展起到至关重要的作用；第二，培养组织成熟的定价体系，培训业务人员较强的定价能力，业务团队要对公司产品的成本构成了如指掌，确保不会出现因为定价不合理而产生违约；第三，谈判时始终保持理智的状态，要有利润的概念（为实现某些特定目的的市场行为需要牺牲利润的情况除外），也就是说，如果没有合理的利润，放弃合同未必不是更好的选择；第四，与客户沟通时，谨慎评估组织响应客户要求的能力，即三思而后行，如果确定达不到客户的要求，不如放弃承诺，保持一种真诚的态度与客户沟通反而更有效；第五，如果承诺过的条件，一旦出现难以实现的局面，需要及时与上一级管理者沟通，这样可以评估失去诚信带来的影响，同时因为上级管理者的参与可提升兑现承诺的可能性，如果面对的是重要的优质的客户，即使牺牲利润也要满足承诺客户的条件，如果确实难以达成，则需要真诚和耐心地与客户沟通，直至消除可能的不良影响。

灵活性则体现在对待客户的要求上。通常客户会因为不够专业或视角不同等原因而提出一些从专业角度上看不合理（在客户看来是合理的）的要求（尤其是在技术型行业），此时往往因为对问题理解的不同，很难与客户达成一致，从而破坏合作的可能性，此时就需要灵活处理，如果是技术人员则可能会坚持自己的原则（从专业性上看确实应该这样），如果是市场人员则可能会倾向于不顾及原则地去满足客户（部分原因是市场业务人员也欠缺专业性），以上两种做法都是有损组织利益的做法。正确的做法是，在满足客户需求的前提下，想办法避免触碰规则，即用灵活的方法处理客户的需求，真正理解客户需求的原因和内涵，用专业的办法去灵活解决。比如设计公司为某住宅小区设计室外雨水井，客户要求用砖砌筑雨水井，而设计师则以国家规范规定不能使用砖砌雨水井为由将其设计成混凝土雨水井，此时则需要与客户进行深入沟通，了解到客户的最终目的只是为了省钱，并非一定要用砖砌雨水井（客户认为砖砌雨水井肯定会更省钱），则设计师可以将产品设计成塑料雨水井或者优化后的混凝土井，这样造价并不会增加，又不会违反相关规范的要求，这就是灵活处理客户需求的做法。而如果设计师或业务人员缺乏灵活性，则会坚持自己的原则（因为这样做并没有错误），最后客户会认为设计师不配合（因为客户并不理解为什么不能用砖砌雨水井），或者认为设计师水平不行等，这样的结果只会导致合作失败。相反，如果能够有更灵活的处理方法，一定会更容易获取客户的认可，也能够在市场竞争中获得更好的竞争优势。

客户提出问题本身就是一种机会，因此灵活性对于业务团队来说非常重要，可以从以下几点去考虑：首先，不能一味坚持原则而对客户的诉求置之不理或强力否定，而应该要拿出不要怕困难（比如增加工作量的困难）的态度，耐心地与客户沟通；第二，积极挖掘客户的真正需求（而不是表象要求），往往这会成为灵活解决问题的关键，因为组织的目的是满足客户的真正需求，而不是表象要求；第三，市场业务人员和技术人员一定要互相配合(通常这一点也有较大难度，因为业务人员和技术人员的诉求和视角都不一样)，共同去解决客户的问题，因为市场业务人员更能挖掘客户的真正需求，而技术人员则更有办法和能力去实现；第四，无论何时，都不能一味迎合客户的无理要求尤其是要避免产生不专业的问题(一旦出现问题，客户不会因为提出不合理要求而主动承担责任，反而会认为对方没有做好专业性的把关，这种双输局面是最坏的结果)，也就是应该采取灵活的方式去坚持原则，通过沟通达成客户认可且不违背专业性原则的结果；第五，还有另外一种情况，就是利用好客户的顾问或顾问团，通常客户的顾问相对比较专业，而且客户对顾问通常比较信任，此时，可以通过与客户的顾问进行沟通(专业的人员之间沟通会比较容易)，然后让顾问再与客户沟通，从而达成目的。

市场敏感性是指在具体的各项经营活动中，能捕获或发掘市场机会，并善于整合或借调内部和外部资源的能力。比如某工程咨询公司的业务市场人员在得知同行业的其他公司某一名业务人员即将离职，立刻意识到这是一次扩大组织市场份额的机会，然后主动联系该离职的人员(虽然在过去只有点头之交)进行访问和沟通，获取市场信息。而如果敏感性差的业务人员则可能不会意识到这些，或者认为自己跟其不熟悉而放弃沟通的机会。这样两种不同的做法肯定会带来完全不同的市场效益，这就是业务人员的市场敏感性不同带来的市场效益的区别。较高的市场敏感性来源于对行业的熟悉、对业绩的渴求，以及对信息的敏感分析等，因此业务人员需要不断地加强专业性的学习，加强与各类潜在客户的沟通和联系，刻意练习对市场的嗅觉以获得更好的市场敏感性。

工作韧性指的是业务团队成员面对困难的局面或结果时并不气馁，反而会更加积极努力去面对挫折，直至达成目标的一种综合能力。业务人员通常会遇到很多的困难或失败，每一份业务合同的达成都需要付出很多的努力，甚至会有反复的变化，这对业务人员的心理承压能力是一个较大的考验。

在拓展业务市场时，业务人员应该注意以下几点：一是在客户没有明确合作伙伴之前，任何的不利因素都不应该影响自己，应该在心态上保持积极正向，并保持与客户沟通(而不应该认为没有希望而放弃)，积极地创造可能性；二是在市场谈判过程中，如果出现沟通或行为上的失误，要立即做出改变或采取挽救措施，避免进一步造成负面影响；三是即使客户最后选择了与其他竞争对于合作，也应该向客户致谢，同时表示仍然可以提供一些力所能及的服务，这样做既能体现风度，也为以后可能产生的合作打下基础(如果客户选择的合作伙伴一旦出现纰漏则可能会考虑更换合作伙伴)。

创造可能性的思维能力与工作韧性类似，即为了达成目标付出更多的坚持和寻找更多的方法，只要还有一丝希望就决不放弃。市场业务人员最需要这种品质，实际上很多的业务合作都是在看似没有希望的情况下最后出现转机而达成的。因此一直坚持就显得非常重要，在这方面，需要打破自我的限制，需要防止自己为放弃找理由，需要有发散思维，通过有限的信息去做出分析判断，比如最常见的寻找可能性的思路有：从客户的合作伙伴获取信息、尝试接触客户的其他部门或人员（而不是只接触一个人）、先免费提供解决方案和产品样本、通过展示与客户的竞争对手的合作资料、做一些非协议事项的沟通（即无目的性的行为活动）等。

2. 服务型组织更需要提升整个组织的服务意识

如果组织的业务模式是提供服务（比如技术服务、咨询服务等），则管理业务需要重点提升整个组织的服务意识和服务水平。要站在客户的角度去开展工作，协助客户达成想要的目标和成果，如果提供的是技术服务，要让技术为客户服务，而不是用技术原则限制客户的需求（很多技术工作者容易以技术为中心而忽视客户的需求）。尤其是对于技术较为成熟的行业来说，服务的好坏很大程度上决定了能获得的市场份额。服务出色的组织，能够给产品带来附加价值，也能够帮助塑造组织的品牌。

组织要创建良好客户服务系统并让其发挥作用本质上提供优质服务是管理者确定的应对市场竞争的一种策略，或者说是作为组织长期发展的方法和手段，可以从以下几方面考虑。

首先，在服务意识方面，管理者需要强调的是全员的服务意识。业务团队的服务意识通常比较突出，因为业务团队的目标本身就是服务客户，但内部生产或技术团队则有可能缺少服务意识，因为技术团队本身无须直接面对市场，在其业绩评价指标中也不会有服务客户这一项内容，因此出现服务意识不足也是合情合理的。因此业务团队管理者应加强与生产团队的沟通，强化利益共存和组织大目标的概念，或者业务团队管理者需要与更高层级的管理者进行沟通，请求获得上层资源的支持。而组织的高层级管理者，需要站在整个组织的高度，加强组织全员的客户服务意识，或者在技术团队中加入客户评价或市场部门评价等考核指标以改善其综合表现。此外，高层级管理者可以在业务团队和技术团队之间建立双向沟通渠道，使得技术团队部分了解或直接面对市场的压力，从而达到提升组织整体服务意识的目的。

其次，在具体措施方面，管理者应该要求业务团队的管理者组织各个部门共同制定客户服务手册。服务手册应该包含组织内所有的团队在客户服务方面的要求，并且具体可操作，形成一套完整的服务体系。然后，高层级管理者应该负责对服务手册进行宣传和督察，确保服务手册能够有效执行。客户服务手册应该包括整个客户服务流程，从客户的挖掘、客户的谈判、客户的合作到客户的反馈和客户的维护等，客户服务要全面和具体，还需要有一定的创新性和独特性，即客户服务应该体现出组织的优势，做出与竞争对手不一样的或更优异的服务体系。客户服务还应该讲究一定的原则，既要满足客户的需求，又不应该违背组织的价值观和社会的公序良俗以及法律的约束。对于技术型组织来说，更多的服务应该体现在服务的专业性上，用组织的精良技术去满足客户预期之外的需求和体验。

第三，对于主营业务为提供服务的组织，管理者还应该将客户的满意度作为各个部门的业绩考核的指标之一。如果在服务体系形成初期，还可以提高该指标的权重，以尽快形成客户服务体系，在达到效果之后，再重新调整绩效考核指标之间的权重比例。不过客户的满意度是一个很难显性衡量的指标，管理者应该与市场部门商定更适合量化的替代指标或其他指标。这些指标对于不同类型的组织存在一定的差异，比如对于生产生活用品的组织，客户满意度指标可以用不同周期的销售参数组合来衡量，还应该结合同类产品的数据比较来衡量，也可以用一些行为性指标来定性衡量。市场营销部门的考核，可以用在一定周期内对客户需求和反馈的收集数量和质量，以及其对产品设计生产部门的实际指导情况来衡量。对于产品设计部门，还可以通过邀请市场部门人员对组织的前后换代产品进行评价来判断其满足客户的程度，作为对该部门进行绩效考核的参考；对于提供技术咨询服务的组织来说，客户满意度可以用客户意见反馈、客户访谈等数据来支撑，也可以通过客户流失率来补充评价，这些评价都需要根据服务流程明确主要责任者和次要责任者，将责任人、行为、指标结果有逻辑地联系起来，虽然这是一项较难的工作任务，但也是一项必要的、有显著作用的管理工作。

最后，对于提供非服务类产品的组织，也需要客户服务意识，只是服务意识的表现形式略有区别，其服务意识更多地体现为用户思维，即产品的构思、设计、生产、包装、销售都围绕提升用户的使用体验和满足用户的需求而展开。用户的需求和体验包括功能满足、使用方便、外表美观、经久耐用、增值功能等。具有用户思维会让产品的客户满意度不断增长，组织的管理和生产人员会克服各种困难，将组织的短期利益置于客户满意度之后，这样虽然可能会损失一部分组织短期利益，但从长期来看，客户满意度带来的获益将会远远超过短期的损失，组织最终会因为用户思维而受益。比如会不断地扩大市场份额，会形成较好的品牌效应，这也是组织获得稳定发展的最可靠的方式之一。管理者要为组织的用户思维负责，让整个组织的主要管理和生产人员都能够接受并以实际行动去执行用户思维，并应定期进行总结，以实现整个组织稳定的发展。

(二) 处理与市场竞争对手的关系

竞争对手是组织一个重要的外部因素，组织与竞争对手的关系是：共同构成整个用户市场并相互依存，同时又是互斥的竞争关系(即在市场总量确定的前提下，此消彼长)。竞争对手的发展既会刺激组织的进步，同时也可能给组织带来市场困局，竞争对手之间的不当竞争会破坏整个市场，最终会使得相对弱势的企业遭到淘汰。通常一个成熟的市场会呈现充分竞争的态势，组织的发展需要在整个市场的平均水平之上，才能实现真正的发展或者才能保持生存，因此对市场的评估和对竞争对手的管理是组织重要的任务，是组织高层管理者需要投入大量注意力的方向之一。

处理与竞争对手的关系最基本的原则是，遵守市场规则，遵守基本的行业自律标准，尊重所有的竞争对手，避免使用不正当的手段经营(比如窃取竞争对手的商业机密等)等。这些原则是组织发展必须遵守的，是组织获得长远发展的必要条件。如果不能够遵纪守法，组织的发展会有很大的法律风险、经济风险和信誉风险，有可能会失去组织内外的信任，这种情况下组织想要做大做强将会步履维艰。

竞争对手是组织发展的动力之一。行业的技术进步需要靠所有市场中的企业共同推进，一个市场如果没有竞争，就不会有太大的技术进步，竞争激烈的市场会让处于其中的组织产生危机感，从而争相发展组织的创新能力，不断提升技术水平，确保组织较强的竞争力。竞争对手的不断发展会是组织发展的不利因素，但也可能成为组织创新发展的动力，影响结果的好坏取决于组织的管理者对竞争对手关系的处理，如果处理得当，就可以实现将外部的威胁因素转化为内部的发展动力；处理与竞争对手的关系主要包括掌握行业内主要竞争对手的产品情况、发展动态，以及其基本的市场数据等。

首先，要及时了解和跟踪竞争对手的动态，及了解整个市场的动态。这里市场的动态不同于市场管理章节中提到的市场信息，市场管理中的市场信息是指市场的需求及其变化，而这里的市场动态更多的是指关于市场中各同行业组织的动态，即各竞争对手的动态，包括行业龙头企业的动态和变化，市场中竞争对手结构的变化，以及新进入市场的竞争对手的情况等。竞争对手的变化包括其产品的变化、产品的定价变化、营销手段和方式的变化、生产技术的变化、高层管理者的变化，以及其财务数据动态等。在获取这些信息后，要由市场部门进行整理，提取其中有用的信息，供组织做决策使用。

其次，考虑竞争对手变化对市场的影响并采取相应的措施去应对。对市场动态和竞争对手的动态应该及时进行数据比对和分析，找出其变化的趋势，根据趋势判断其对组织的影响，并采取相关的应对措施。比如竞争对手尤其是行业中排名靠前的企业如果调低产品销售价格，则需要评估其对市场份额占比关系的影响，如果造成组织同类产品的销量严重下滑，则需要考虑是否相应地调低价格，或者将产品进行差异化设计，必要时应该着力提升组织产品的竞争力，以应对竞争对手行为带来的不利影响。

第三，对于一些特定项目上的竞争需要进行特殊处理。比如项目竞标，这种竞争比较直接，即只能由多家中的一家或两家中标，非此即彼，此时，对竞争对手的了解就更加重要，比如进行商务报价，需要对对手的报价进行预判，这种预判需要考查多个因素，包括对手本身的情况和项目本身的情况以及两者之间的匹配关系。如果对竞争对手比较了解，则能够更好地应对，能够提升中标的概率。有一种特殊情况，就是在竞标时并不知道有哪些潜在的竞争对手，这样对对手的预判会有更大的难度，但如果平时对竞争对手了解比较到位，则更容易判断潜在对手的情况。总之，了解竞争对手能够提升组织对市场的掌控程度。

与竞争对手合作也是处理竞争关系的一种方法，比如有些项目较大，可以考虑联合竞争对手一起参与，共同来完成项目，这种化竞争为合作的策略在特定的情况下是更好的选择，通常在以下情况应该考虑这种合作：一是组织对获取项目把握不足时，可以考虑主动与对手合作；二是项目过大或难度过高时，通过合作的优势互补能够将项目完成得更出色，能够获得更高的共赢价值；三是在竞争比较激烈的市场，可以通过合作先获取稳定的市场，或者说通过合作淘汰一些其他的竞争者以扩大中标的概率；四是组织的技术创新或市场模式创新落后时，可以与走在前列的竞争对手合作，以缩小与行业先进水平的差距。与竞争对手合作可以是局部的(比如某一个项目)，也可以是全面的，可以是暂时的，也可以是战略的，特殊情况下甚至可以考虑部分资产的合并，合作的条件是可以优势互补，合作的结果是既能够减少市场竞争压力，又能提升组织自身的竞争力。合作能给组织带来价值，但合作并非容易达成，其原因是组织的管理者们无法拟定或无法接受合作的利益分配方案，因为作为竞争对手，将竞争的思维方式转变为利益共享的方式是比较难的。组织的管理者，要克服对组织利益的短视，为组织的长远发展考虑，同时要放下敌对竞争的固有思维，而多考虑合作共赢思维，选择最佳的参与市场的方式。

除了要重视与竞争对手的关系，组织也要重视保护组织的基本权益，也要懂得合理地保障组织在市场中的竞争力，比如对核心技术申请专利、对商标进行注册、对组织的经济数据等商业机密的保护等，要防止被竞争对手利用，避免造成不必要的损失。

最后，参与市场竞争的同时，管理者更需要管理组织的核心竞争力。组织的核心竞争力应该是组织难以被模仿的产品特性，是由组织的核心技术支撑的，比如宝马汽车优秀的操控特性和运动性能就是其核心竞争力，其他品牌的汽车缺少如此优秀的操控特性且短期内难以赶超。一方面，组织的管理者需要根据组织自身核心技术来定位自身产品的特点，并为此付出超常规的注意力和资源投入，以培养产品的核心竞争力；另一方面，组织需要不断地加强、发展和巩固组织的该项优势，确保组织的核心竞争力能够不断地拉大与其他竞争对手的差距，以获得稳定的市场份额。对自我核心竞争力的管理是战胜市场中竞争对手的核心手段，让自己保持进步是战胜竞争对手的最佳策略。

（三）管理财务

组织的财务管理包括财务制度的管理、资金或资产资源的管理、财务团队的管理等。

财务制度包括合同相关制度、费用支出制度、会计制度、预算制度等。管理者应该对财务制度进行特别关注，确保财务制度符合组织的业务模式、符合开源节流的原则、符合资源分配的特点，合理的财务制度在扩大组织业务规模、调动团队成员积极性方面都有正向的作用。当财务制度的细节出现不确定性时，则应该以目的为导向进行决策，避免财务制度的模糊性。比如，合同制度里需要明确业务合同有相关的审核流程，避免出现索赔风险。而对于制式合同，则需要简化审批流程，避免签订合同繁琐而丧失灵活性。合同制度的目的是为规范外部经济接口，避免经济风险，避免组织业务人员的违规操作同时使业务人员能更便捷地与客户达成一致完成合同签订。

费用支出制度需要确保费用支出能够被合理控制，该制度的特点是涉及支出权限问题。通常业务部门应该要有正常业务费用支出的权限，也就是权限要与责任匹配，这样才能充分发挥各级管理者的主观能动性和确保组织的灵活性。通常一笔费用的支出需要有使用这笔费用的业务部门的认可。亦需要有资源调配权限的管理者的审批，还需要财务主管部门的审批，业务部门认可费用对应的工作量或资源数量，资源调配者认可费用支出对应内容的价值、价格和合理性，而财务主管部门认可费用支出的形式和可支出的额度，同时满足这些条件时费用才能够被支付。

会计制度主要由组织的财务人员确定，既要符合国家的相关法规，又要与公司的业务模式相匹配，管理者需要对会计制度的合理性和导向性进行确认。

财务团队的管理与其他团队的管理并无二致，唯一的区别是，财务团队可以独立于组织的业务团队存在，属于更通用（与组织的业务种类不相关）的团队。

但组织的高层级管理者需要确保财务团队的管理者既熟悉财务制度又具有相应的行业背景，因为财务团队的管理者通常是组织高层级管理者的重要参谋，管理者对组织进行资源整合、业务转型以及较大的战略合作时都离不开财务团队管理者的意见。另外，针对一些特殊组织的费用归属问题，需要具有业务背景的管理者进行管理。比如组织存在两个或多个具有独立经济属性的子团队，但财务收支统一管理时，则需要将收入和费用支出分别归入不同的子团队，甚至还需要细化到不同的类目（这些类目与组织的成本结构相关）。归入到相应的类目便于做深入的经济核算，从而能精细化控制组织的成本，同时也便于对业务或生产部门进行经济指标的考核。由于记账规则与组织的业务相关，而与会计制度呈弱相关，所以通常这类与业务成本结构相关的财务核算应该由具有业务背景的人员来实施，而不是会计人员。

组织内的中低层管理者可能并无资金或资产这项资源的处置权限，但并不代表他们之间没有任何关系，前面提到，组织内的任何资源都等效于资金或资产，比如生产资源、人力资源都是通过消耗资金或资产获得的为达成组织目的的资源。任何一个管理者都需要对自己管理范围内的资源进行有效的管理，比如子团队的管理者应该权衡每一个团队成员的薪酬待遇，让其与该成员的贡献相匹配，又能起到调动其积极性的作用。任何一个子团队都存在资源和其产生的价值相匹配的问题，管理者应该通过恰当的管理活动使其达到动态平衡。

1. 预算制度是财务管理的重要手段

预算制度是一个重要的财务管理手段。通过制定合理的预算制度，能够控制财务风险，能够对组织的费用支出进行控制和引导，能够简化财务的费用支出流程，其作用是显著的。预算制度的制定是实现财务管理功能的一个关键过程，管理者应该确保该制度是合理的，包括预算制度的适应性和灵活性。正因为预算制度的制定是非常重要的，其制定主体也就很重要，应该由组织的高层管理团队成员共同制定，并由组织的首席执行官审批生效。如果委托相关的中层管理者来制定，也需要由高层级管理者优化和确认。

预算制度制定的工作包括：对组织所有的成本进行属性分解，并按照各业务属性团队的重要性和过去一年或几年实际发生的成本进行预算分配，然后与组织目标进行匹配，根据匹配情况调整预算分配，之后进行导向性分析再一次调整预算分配，最后进行各业务属性团队预算分配的范围确认和限值确认。成本预算的过程也是对组织成本结构的详细分析过程，有助于经营团队找到管理和控制的着力方向，预算制度的制定应该注意以下几个方面。

首先，成本分解时应该考虑一定比例地对组织长期发展和未来有利的成本，比如产品研发、创新团队的成本预算。在很多组织中，这一部分费用有可能在预算制度制定之前是不存在的，但是制定预算制度时，则应该考虑这项预算，因为科研费用对于组织的核心竞争力非常重要，会给组织的未来带来丰厚的回报。管理者需要权衡成本预算在近期和远期之间的分配，确定研发分配比例，如果财务状况良好，应该适当调高科研成本预算比例，即在确保正常经营的情况下，尽量选择较高的科研成本预算。

其次，预算分配时不应该只以过去几年实际发生的费用为依据，因为每一个业务属性团队的成本支出与其管理者的能力水平有很大的关系。管理者能力强的团队具有更高的资源使用效率，相比之下，其团队的成本会比预期的更低，这种情况下应该给予该团队一定的奖励，保持较为合理的费用分配，而不是以实际发生的费用为依据给予其偏低的分配比例。团队管理者能力较差的团队则会发生比预期更高的费用，这种情况下应该通过成本预算限值来控制其对资源的浪费，并刺激团队管理者提升管理水平，如果最终团队费用支出超出预算限值，应该考虑降低其激励奖励或者更换团队管理者。预算分配应该以过去实际发生的费用加上对其本身的成本分解分析为依据，确定各业务属性团队的分配比例。

第三，预算分配应该与绩效制度相结合，即对于人力成本的分配，需要通过考虑一定的浮动范围来调动人力资源的积极性和挖掘其潜在能力，尤其是对于组织的管理者，其绩效上下浮动的可能性应该在预算制度中体现。比如对于子团队的管理者，应该在其达到某一绩效标准之后，给予一定的超额奖励费用，这样能够将预算支出调动人力资源潜能的作用发挥出来。

第四，预算分配应该充分体现组织的导向性，且不同的时期应该有不同的导向，因此预算制度应该是动态的。比如，在创业初期，占领市场是最重要的，则应该给予市场团队更高的预算分配，尤其是绩效奖励比例，以使得市场团队能迅速发展。而在组织的发展瓶颈期，则应该重视盘活组织的“存量”管理资源。所谓“存量”管理资源，是指没有发挥管理效益的管理岗位和管理人员本身的潜力挖掘，此时预算分配应该适当将预算分配向管理团队倾斜。而在组织稳定发展时期，则应该将预算分配向科研方向倾斜。总之，预算分配是一个管理工具，可以用来调整组织的发展方向，管理者应该重视并利用好预算分配的这一功能属性。

最后，应该注意的是，组织的高层级管理者的背景可能会影响预算制度的决策。通常管理者会倾向于将自己过去所属的领域的预算做得更高一些，因为人们通常倾向于记住自己在过去工作领域中遇到的困难，从而认为其重要性更高，认为该领域工作含金量更大，因此倾向于为该领域分配更高比例的预算。比如，组织的高层级管理者如果是由市场部门的管理者升任而来，那他就会倾向于为市场部门分配更高比例的预算。但这种情况往往不利于提升组织的整体效益，因此组织的管理者应该杜绝出现这样的倾向，应该为整个组织的目标服务，客观地对待每一个业务部门的贡献，打破自己过往的局限思维，站在整个组织的高度去权衡各个部门的贡献，让组织的预算制度为组织的目标服务。从这个角度考虑，如果一个组织的高层级管理者具有多个业务部门的背景会对整个组织更有利，组织培养的潜在高层级管理者，应该让其在多个不同的业务部门接受锻炼。

2. 管理者要重视资金和资产的管理

资金或资产是组织一项特殊的资源，也是最重要的资源，是一切资源的源头，也是管理者最需要重视和充分利用的资源。

首先，经营管理的最终目的就是为组织的所有者赚取利润，利润通常是以货币资金或固定资产的形式存在，管理者需要通过公司的日常运营，通过对资金资产的管理来实现组织本身的增值或产生较高比例的利润。简单地说，管理者为组织制定的目标就是为组织获取持续的利润(或者是赚取利润的能力)，相比短期的利润，更重要的是持续的稳定的较高利润水平，即一定经济周期内的利润总和。管理者不能以牺牲未来的利润为代价来提高当期的利润值。管理者的成果也可用一定周期内的利润总和来衡量。获取利润最直接的手段就是扩大组织的营业收入，对资金或资产的管理中也包含利用资金或资产进行生产规模的扩充，只是这种扩大生产规模的资金使用应该与组织的所有者进行沟通后再确定。另一项增加利润的手段是控制或减少成本费用的支出，对于经济体量较大的组织来说这是非常重要的一种方式，可以通过内部资源挖掘和资源的优化等手段去实现，管理者应该在这项内容上投入较多的注意力。

其次，组织所有的资源都与资金或资产有着直接的关系，比如人力资源，在财务上都体现为人力成本，即通过为其提供资金形式的薪酬获取其工作成果或价值。因此，对资金或资产的管理实际上是对资源使用效率的管理，任何的资源活动都需要管理者用经济关系进行权衡，从而确定资源的使用方式和使用数量。

最后，对资金或资产的管理是维持组织正常运转的必要条件。任何时候，组织的现金流都应该是组织高层级管理者重点关注的对象，一旦出现现金流紧张的情况(这种情况对任何组织都很常见)，则必须要采取必要的措施，比如短期的借贷或融资、缩减资金使用规模等。如果管理者不重视现金流的管理，严重的情况会让组织无法正常经营而陷入困境。现金流的形态也能反应组织的业务形态，一旦出现业务形态的异常(如组织的业务形态变成买方市场)，组织应该做出相应的调整去适应市场，通过对现金流的管理可以避免业务形态变异带来不可控的影响。比如现金流不足也说明了组织业务形态的变异或者组织在生态链上地位的变化等，应采取必要的措施及时进行调整以避免事态恶化，比如增加与业务客户的联系以获得更多的回款等。

资金或资产管理需要分别对待，对于现金或等同于现金的各类票据等，需要考虑其合适的数量，考虑其时间属性，因为现金对应的是通货膨胀的贬值，随着时间的推移，现金的价值只会越来越少。而对于以实物形式呈现的资产则刚好相反，同样因为通货膨胀的影响会使其实现资金等价形式上的增值，所以组织的发展应该以实物资产的增长为标识，尽可能多地持有实物形式的固定资产。

3. *财务管理需要为组织决策服务*

管理者要让组织的财务管理为组织决策服务。管理者应该定期通过财务分析来判断组织的发展情况，主要包括两个方面，一方面是组织的收入、应收和实收账款等指标，比如每季度的营业收入代表组织的主营业务是否运转正常，市场是否有变化，每季度的实收表示现金的流入情况，代表了所有的生产结果最终是否转化成了经济成果。如果收入高，实收低，则应该警惕资金不能回流的原因，是产品流通的时间问题还是市场不景气的提前显现，需要落实具体原因，并采取应对措施。应收账款的多少代表组织与下游市场之间的强弱关系，如果应收账款少，表明产品供不应求，回款良好，一旦应收账款过多，则应该分析是否是市场周期性变化还是市场已经走坏，或者是有新的竞争对手进入等。应该进行相应的生产调整或者加快新产品的研发上市，以避免造成组织的自我伤害(组织的自我伤害指的是在获得已有市场恶化信息的情况下，继续执行原有的生产计划，致使损失扩大的现象)。应收账款过多，应加大回款力度，避免产生大量坏账死账。另一方面是组织的各项成本数据，比如生产成本及其构成，管理成本及其构成，以及其他的成本数据等。管理者需要关注占比最大的成本部分，了解其变化情况，同时与相关的产出数据进行匹配，判断其合理程度，如果占比最大的成本数据变化较大，则应该查明原因，并确定是否正常。如果发现问题应该及时纠正和改进。如果组织的最大成本是生产原料成本，应该结合采购部门的数据如主材价格、仓储、运输等数据进行生产成本的判断。如果组织的最大成本是人力成本，则应该结合人力数据如换岗率、离职率等进行人力成本分析，同时还应该关注各子团队的人均人力成本，看其是否符合生产流程的资源分配情况。对于成本来说，还有一个必须要关注的就是组织的管理成本，通常这项成本并非生产的直接成本，而是间接成本，因此与生产的关联性较小，正因为如此，管理成本通常波动很大，管理者应该重视对管理成本的控制，尤其是一些无效消耗应该被严格控制或彻底清除。从管理成本也可以判断管理团队的效率，也可以借此判断成本控制机制的有效性。组织应对除主要的生产成本以外的一些可变费用的控制制定相应的制度，比如预算制度和责任人制度等，如果制度合理且符合组织特点则可以在控制成本方面起到很好的作用。

对于规模较大的组织，成本数据分析的工作量将会很大，应该让财务团队进行其中的过程分析，然后定期将相关的分析报告(注意是分析报告，并不是财务报表)呈现给组织的高层级管理者，并对其中的财务数据进行解释，尤其是异动的数据应该给出特殊的提示，但不能根据自身经验进行解释(避免实际信息不足而进行经验解释造成解释失真，而管理者可能会以此为依据进行战略决策，失真的信息是有害的)。对于无法解释的数据应该交由组织管理者，由管理者结合其他部门反馈的情况进行分析，并由此判断组织的经济状况和业务情况，如有问题应及时处理，以确保组织在一定的经济周期内不会偏离方向，不会出现实质的问题，确保组织目标的实现。

组织在确定战略方向和进行合作并购等重大决策时，都需要以财务数据为依据。比如组织如果需要拓展新的业务时，则需要提前在财务规划上体现出来，储备足够的资源以支持这项新业务的快速起步。如果组织需要并购其他企业，亦是如此，需要有大量的盈余资金来支持，同时还需要主营业务的持续的盈利支持。如果在组织财务环境并不宽松的情况下仍然需要发展新的业务，则可以考虑将新的业务直接剥离出去，作为一个新的项目去运作，如果仍然以组织现有经济主体为项目主体，则需要增加新的投资或对外融资。不管是什么情况，组织在进行战略性的决策时，总是离不开组织财务情况的分析和相关经济要素的支持。

另外，管理者应该定期对财务数据进行分析，可以让财务团队做成经营简报的形式定期呈报，这样管理者可以根据当期的财务状况对组织的发展战略进行即时地调整和修正。比如如果财务数据持续宽松，一定时期内有较好的现金流和较大的利润数额，在充分考虑市场未来的变化后，组织应该相应地采用更为激进的扩张策略，否则将会出现资源利用的低效。相反，如果组织的现金流相对紧张，组织则应该相应地制定紧缩的财务政策，缩减相关开支，降低相关费用，从而避免组织财务数据的进一步恶化，确保组织的健康发展。

4. 管理收入和成本的核算方式

有些组织的业务模式是以项目形式开展的，即一个独立的项目就是一个独立的经济模块和利润模块，此时，财务核算还应该考虑按照项目进行。大部分的组织都是以生产流程为导向的，而对于项目型组织来说，因为每一个项目的经济指标都是相对独立的，包括其主要成本和收入，此时财务核算按项目独立核算相对比较合理。在组织成立的初期，可能会出现财务核算简单化的方式，即不区分每一项收入和开支的具体归属，因为组织成立初期本身项目较少或者完成项目的资源有限，交叉比较多，也因为在组织初期管理资源有限，难以形成合理的财务制度，但对于这种类型的组织来说，如果想要进一步发展，按照项目核算的财务核算方式是必由之路，主要原因包括以下几点：首先，以项目核算的方式能够较好地反应项目作为经济独立体的特点，即每一个项目的成本和收入都是独立的数据，从而可以考量该项目是否盈利，可以计算出其盈利的数量和比例，这样可以从市场端确定出哪些项目是组织重要的盈利来源，据此对项目进行分类，根据分类可以合理地对项目进行取舍，可以确定项目的合理谈判策略。其次，按项目核算才能确定应该如何控制成本，因为按项目核算时项目的成本能够比较清晰地落实其归属，所以能够较准确地找到其源头，同时按项目核算也能够清晰地分析每一项成本的比例，从而能够有针对性地进行成本控制。反之，如果组织不按项目核算，即将所有的项目成本都混杂在一起，则无法判断每一个项目的成本高低，也无法确定项目成本的具体构成和数量，从而也无法确定应该从哪些方面去降低成本，因此对项目的成本控制无从下手，难以达成控制目标。最后，每一个项目都会有项目负责人，如果按照项目核算成本，项目负责人可以充分发挥自己的管理能力去实施项目。最后组织可以通过项目的盈利水平来判断项目负责人的管理能力的高低，从而可以有效地对项目负责人进行相应激励，准确地对其进行绩效考核。因此，这种按项目进行成本核算的方式可以充分调动项目负责人的积极性，充分发挥项目负责人的管理效率，这对组织和对项目负责人都是有利的。因此，按项目核算能够从提升项目质量、控制项目成本、提高项目管理者积极性等多方面提升组织的总体经济效益，对于以项目为经营模式的组织来说，是合理的经济核算方式，组织的管理者应该积极采用。

5. 重视应收账款

财务管理中，管理者应该重视对应收账款的管理，除了业务营收、费用支出、净利润等指标以外，应收账款也是组织重要的经济指标。应收账款反映在了业务收入内，但现金流内并没有该笔收入，也就是说应收账款为计入收入的“假收入”，对于组织来说，这是影响组织经营的重要因素之一。如果组织所有的收入都只是一项项应收账款，那么组织的发展和运营将会受到严重的不利影响，因此，要警惕应收账款在营业收入中的比例。如果该比例过高，除了会让组织缺少必要的现金流之外，还会是组织运营不良的体现，或者反映了组织在上下游关系中的不利地位。此时，组织应该采取必要的措施去扭转这种不利的局面，比如加强上下游的战略合作关系，通过产品研发提升组织的核心竞争力，加大业务部门的回款考核等。另外，还应注意，应收账款并不是一定都能收回的，如果应付账款方经济情况发生恶化或者出现信誉危机的情况下，这些账款有可能会变成坏账死账，从而会直接从收入数据中抹去，这样会影响最终的净利润。在这种情况下，如果管理者能够提前预判，应该采取一定的措施去应对，比如货物折款、回款折扣(即通过回款打折，减少对方的应支付额，从而让对方有能力支付从而获得即时支付的方法)等，甚至在不得已的情况下采取法律途径追收账款。在极端情况下，坏账死账是无法避免的，所以管理者应该让财务部门和经营部门将应收账款的比例控制在一个动态的限值内。如果出现应收账款激增时，应该督察市场部门加大业务的回款力度，降低经济损失的风险。

(四) 管理法务

随着社会法律体系的完善，很多的经济纠纷都会通过法律途径解决，客观上对组织的法务能力也提出了更高的要求。常见的法务问题有经济合同纠纷、人事合同纠纷两方面。管理者应该根据组织规模聘请专职或兼职的专业法务人员，以应对复杂的商业环境和逐渐突出的人事纠纷问题。

首先，管理者要尽量提前规避法律风险，确保组织不出现违法或违约行为。如果实在不可避免，则需要提前沟通以获得对方的理解和谅解，或者相互协商解决方法，争取做到不伤害正常的业务关系。在可能的情况下尽量不采用法律途径解决，因为一旦走入走法律程序，对双方都是一种损失，法律程序需要耗费组织的各种资源，还会对相关人员或管理者的精力和心情造成影响，甚至会干扰正常的生产活动。另外，法律途径解决纠纷还会影响组织的声誉，因此组织应尽量避免通过法律程序解决纠纷。

其次，如果组织遇到对方违约的情况，同样需要先详细沟通，在了解违约的原因后再进行判断。如果可能，同样应尽量通过协商解决问题。比如，对方的违约是由于一些客观因素导致的，而其履约能力依然有效或者能够快速修复，且对方本身的信用状况一直较为良好，则完全可以给予对方适当的缓冲时间和空间后续继续履约。如果对方出现故意违约或信用状况变差的情况，则应该判断组织是否还有控制对方履约的能力，如果情况变得不可控，则应该考虑走法律途径解决问题，以避免组织出现损失。

另外，是否走法律程序还需要从其他多方面进行判断，其一是判断该纠纷或问题是否重要，如果不重要则应该从简解决，有时候重要与否是根据经济价值的高低判断，但如果涉及组织的声誉，则应该更谨慎；其二是先判断是否有除法律途径之外的其他途径可以解决纠纷，如果有且能够解决，则应该优先考虑其他途径；其三是走法律程序的代价(包括对正常生产经营活动带来的不利影响)是否超过违约的价值，如果超过，则应该放弃走法律程序甚至放弃索赔；其四是走法律程序是否能确保解决问题，或者说是否有较大把握胜诉，如果存在较大风险，则应该谨慎；其五是考虑是否会伤害双方的业务关系，需根据对方与组织的关系情况判断，比如对方是组织赖以生存的大客户，偶尔出现的轻度违约，则可能需要慎重使用法律手段维权，避免因关系僵化而损失较大份额的市场。

对于管理者来说，有一点值得注意的是，不要将是否走法律程序的决策完全交给组织的法务人员，而应该由管理者及管理团队(也包括法务部门的管理者)共同决策，因为这种决策牵涉到组织整体的利害关系。而法务人员仅仅在如何获取法律纠纷的胜算或通过法律途径获取更多的利益方面更专业，并不具备整体视角，因而并不适宜独立进行决策。

最后，即使是需要使用法律途径解决双方的纠纷，也应避免两败俱伤的局面，而应就事论事，无需相互结怨，在司法程序完成后，接受既定的结果，并按照法律判决进行后续的决策，是继续上诉还是执行法律判决。无论最终结果如何，双方都应该达成相互谅解，尤其是在个人关系上，因为法律纠纷是组织行为，而个人仅仅代表组织利益而非个体行为，因此不必联系个人恩怨；对于管理者来说，代表的是组织的集体利益，不管通过何种途径，都要维护组织的应得利益，但也不主张通过一些不正当手段去攫取不当利益，法律途径只是保障利益的一个手段，而非获取利益的途径。

四、管理者不需要做什么

作为管理者，永远不要忘了不应该做什么，因为管理者的精力、时间、注意力都是有限的，管理者在专业技术上也并非是万能的，通过一个人或少数几个人使整个组织运转是不可能的。管理者要善于借助外部力量来执行大部分的任务，要积极地调动自己管理的团队去高效地完成更多的工作，通过整合资源来获得更多更稳定的效益。管理者只需完成系统中核心的和关键的工作，对于大部分的工作内容，管理者应该将其授权或委派给相应的人员(可以是下级管理者，也可以是普通的非管理者)或者干脆摒弃低效的任务。

关于管理者不需要做什么，即管理者的工作内容，有几个基本原则，以下分别论述。

首先，管理者不能什么都做，不能没有选择地去执行管理任务或其他任务，尤其是一些具体的琐碎的事务性工作。这些工作的价值与管理者时间的价值并不匹配，执行这些工作会使管理者处于低效状态，会降低管理者的整体产出，如果组织中有较多的管理者都处于这种状态，则会导致整个组织更低效。

其次，管理者对人的管理也不能没有选择，管理者只需要管理直接相关的人员，而对于其他不相关的或影响力范围之外的人员则不应该建立管理联系越级管理是常见的管理误区，对下层级管理者管理的人员进行管理就是越级管理。越级管理会带来很多危害，首先会导致组织结构混乱，造成部分人员存在多头管理，一旦出现信息不对称的情况，这些人员将会指令接受混乱，从而造成任务管理混乱。这些接受多重指令的人员将会陷入忙乱和无所适从，他们可能会被误认为是执行力不足或“拿着鸡毛当令箭”，从而导致承受更大的压力(由于出发点和站位不同，发出指令的人员往往不会觉察或体会到)；其次会导致中间的管理者出现“懒政”的状态，因为有更高一级的管理者越级管理，他们会“很乐于”享受这样的“减负”，而如果之后他们的绩效不够理想，他们往往倾向于将责任推给高一层级的管理者。另外，更严重的是他们可能会产生不被信任的感觉，通常更高一层级的管理者的越级管理是因为他们对下一层级管理者的管理工作不满意或不放心所致，这样会让上下级之间产生隔阂和摩擦。所以，管理者要明确自己的管理范围，而不能越级管理。

再次，管理者永远不要单独完成一项任务，而应该通过协调多人合作完成，或干脆委派他人去完成大部分的任务和事项。管理者常见的问题是“抢活”，包办大部分的工作任务，这里面有下属不得力的原因(引发了管理者的不放心)，也有管理者心态的原因。典型的“抢活”心态有：害怕其他人把任务做不好而造成不良后果，害怕自己没有任务历练不会成长，害怕自己没有控制权，害怕下属抱怨太麻烦或害怕下属不愿意接受较难的工作任务，害怕自己太闲等。不同层级的管理者应该根据管理岗位或自己对组织任务安排的理解找到属于自己主要的注意力分配方向，而对于其他次要任务或突发任务都应该优先考虑授权。管理者要善于借助团队的力量和除自己以外的其他力量来完成任务；

第四，管理者要警惕“责任上移”现象，要正确识别下级管理者的习惯性地向上转移责任的行为，要有较强的敏感性，并明确拒绝接受这种责任转移。出现这种情况有多种原因，包括管理者自身的原因，比如前面提到的管理者愿意什么任务都亲自完成，没有实现责任与岗位的匹配，这种管理者通常被称为“保姆型”管理者，把属于下属的任务都纳入自己的工作范围，并习惯于去解决下属遇到的任何困难，这样让下级管理者习惯性地将工作责任向上转移。也有下级管理者的原因，比如下级管理者主观上不愿意承担责任，因此会找到各种理由向上转移责任，比如资源权限不足，难度太大，时间或精力不足等，然后将寻求解决方案的任务向上推送，甚至最后完全由他人为其代劳工作任务。当然还有一部分下级管理者确实是因为能力有限的客观原因而导致任务要依赖上级管理者去完成，这些都会导致“责任向上转移”的结果。管理者要避免“责任上移”，就需要控制好上下级任务分工的界限，同时需要注意以下几点：其一是在任务分配时要充分授权，而不是自己“大包大揽”，要充分发挥整个团队的作用；其二是在任务分配时要权责匹配，即相应的任务要让具有相应资源权限的人员去落实完成，避免出现被授权人员的权限不够而出现客观的“责任上移”的结果；其三是在任务执行过程中，一旦出现“责任上移”的势头，管理者要准确识别，并采用一定的方法制止，比如可以进行引导和指导，可以赋予更多的资源权限，但不能包办和代劳，应确保任务(包括对应的责任)留在原来分配任务的岗位；其四是对于主观型的“责任上移”，管理者应该深入地与其进行沟通，找到真实存在的原因，如果是下级管理者责任心不够，则应要求其改正，如果多次沟通无效则应该更换该岗位的管理者。

除此之外，管理者还需要在组织架构上明确好各岗位的主要管理内容和需要协助管理的内容，并明确对应的权责利，使各项管理任务都有明确对应的管理人员负责，从而使组织运转有序、流畅。每一个管理者都应该根据自己的岗位职责明确工作界限和范畴，安排好正确的、有效的管理任务或工作任务，并对管理任务进行重要性排序，将次要的任务剥离出自己的注意力范围。以下是一些不需要管理者完成的工作内容汇总，管理者在安排工作时可作参考。

管理者不能做大量的特别详细具体的工作。管理者需要关注一部分细节的内容，尤其是一些关系到组织核心利益的细节，但关注不代表亲自完成，亲自去做会耗费管理者大量的时间和精力，势必会使管理者忽略一些更重要的管理任务，比如大局把控，内外联系管理，战略管理等。而通常这些高级别管理任务在被特定的管理者忽略后，并不会被其他管理人员去替代完成，最后导致的是组织整体成果的损失。

管理者不能频繁地参与核心任务以外的工作内容的指导。管理者需要经常进行工作指导，但仅限于管理范围(横向和纵向)内的核心任务，而大量的非直接管理的任务和虽然是管理范围内但不重要或难度较低的基本任务都不需要管理者亲自参与指导。管理者一方面要让下级管理者或非管理者增加向上寻求指导的主动性，以降低自身精力的消耗(通常主动地寻求指导更有针对性，更有效果，也更有效率)；另一方面，管理者要安排技术能力更强或经验更丰富的人员去指导其他人员的具体工作，形成“传帮带”的工作氛围，这样可以减少对管理者亲自指导的依赖，从而形成更有序更有效的工作指导体系。

管理者不用经常参加各种具体任务的讨论会。对于很多具体任务的技术讨论，管理者应该让技术负责人或项目负责人去组织讨论，并不需要亲自组织或亲自参与，对于重要的任务讨论，可以选择性地参与，或者掌握其中的讨论结果即可。

管理者不用大量地学习组织需要的各项技术技能。通常一个技术型的组织对于技术技能或技术人才会呈现出一定的依赖性，管理者容易在管理过程中遇到技术困难或技术人才的挑战，此时容易促使自己去学习各项技术技能，但这并不是最合理的处理方法。管理者应该在自己的管理工作中找原因，而不是将原因转嫁到技术困难或技术人才，比如应该检查组织是否对技术有足够的重视，是否对绩效分配不合理，或者是否沟通不到位等。管理者应该采用管理手段去解决这些技术困难，而不是自己亲自去研究和掌握，如果管理者去研究技术，从组织整体的角度来说，是一种发展的后退。

除此之外，管理者还应该注意以下一些事项：

管理者不用探究对组织目标没有影响的各种小问题；

管理者不能越级指导(即对下属的下属进行指导)；

管理者不应该完成下属任务执行过程中“责任上移”的任务；

管理者不应该针对问题和观点去判断对错或与他人争论对错；

管理者不能去完成低价值的、与管理者价值不匹配的工作任务；

管理者不能在公众场合与下级管理者或其他人员发生严重的冲突。

值得注意的是，有一些看似是细节但很重要的工作不能被误判为低效的任务，比如对核心任务中的关键环节的深入指导，定期的一线沟通，需要体现对某些关键人员重视的一些细节(比如沟通和谈话)，一些微小的但会影响整个工作环境的事项的处理，涉及组织文化和价值观的一些细节等，都是属于重要的工作。对于这些重要的工作组织的管理者应该为其分配一定的精力和注意力，而不是选择委派或授权。最后，关于是否需要分配精力和分配多少精力，要看其对组织整体目标的影响大小，要依据其对组织整体的影响大小来确定。

第三章

Chapter 3

管理者的管理实践

管理者要获得理想的管理绩效，首先需要明确岗位职责，明确主要的管理范围和工作内容。根据不同的管理分项，管理者合理地分配自己的注意力和精力，确保自己的时间和精力能被高效地使用，从而为组织创造符合预期的价值。在明确分配方向，管理者还要进一步细化自己的时间和精力分配，面临的问题是管理者应该如何去具体地实现自己的管理目的，即管理者应该采用哪些管理方法，其日常工作应该做什么，才能确保最终创造管理成果。管理者具体应该做什么，日常的工作应该如何安排，是实现优秀管理成果的着力基础。所有的管理预期和管理价值都需要通过具体的工作去实现，具体的工作是管理绩效的载体，这一部分就重点探讨管理者的具体工作内容和具体的管理方法。

相比上一部分的管理内容，这一部分的论述更侧重阐述管理者具体做什么，如何去做，是属于实操的内容，对管理者的进阶具有现实的指导意义，即管理者的日常工作应该是哪些，这些工作如何才能做得更好。同时，针对管理成果目标，会探讨各种管理手段和方法，合理恰当地运用这些工具，才能达成提升管理成果和实现管理进阶的目的。

一、管理的主要内容

管理者具体做什么是管理者需要直接面对的问题，它包括几个大的部分，其一是要把与业绩相关的沟通协调管理工作做好，创造出直接的管理成果；其二是管理者要不断地提升团队的整体业务能力，从而提升潜在的管理成果；其三是要不断地提升自己的管理水平(其实提升自己的管理水平并不是管理者必须要完成的日常任务，但却是管理者要实现管理进阶的途径之一)，让自己更胜任目前的管理工作，从而间接地创造出更大价值的管理成果；其四是管理者需要不断地加强自身修养，不断地自我反思与总结，不断地提升自己的个人影响力，这部分内容是通过做好“管理者自我”的这个“平台”而实现的，并使得与“平台”相关的每一个元素（包括团队成员、项目任务等）都获益；

1. 积极认真地完成任务的发起、督察、指导、总结是管理者的基本工作

与管理业绩相关的管理工作包括工作任务（包括生产、经营、项目、制度等相关的具体任务）的发起、监督、检查、指导、协助、总结等。这一部分与任务相关的内容在管理者的日常管理工作中占 40%～70%（不同层级的管理者比例略有不同），可以说，大部分管理者几乎每天都在做这些工作，它们是属于管理者最日常的工作。

所谓的“发起”是指发起一些特定的任务，并确定相关的责任人、实现期限和可用资源等。“发起”是区分管理者与非管理者的重要标志，前面提到，管理者的重要特质是积极主动，管理者会主动地发起一项任务或发起一项计划。相比之下，非管理者通常是去执行指令，去响应相关的要求，每一个非管理者都会有具体的工作职责和任务指令，通常他们不具备发起任务的意识和资源权限。“发起”任务或指令是管理者最重要的基本工作之一，发起的任务和计划的数量和质量也会直接决定管理成果的优劣，也会影响管理者自身的成长质量和成长速度。管理者发起的任务必须是符合组织大目标的，是系统性的、有意义的、有价值的，并且是通过团队努力可实现的。发起任务要积极主动，且必须要讲求时效性，在恰当的时刻发起，在合理的日期内完成，不可拖延或放弃。这种高质量的任务“发起”对管理者的要求是比较高的，既需要管理者具备目标分解能力、项目关系的逻辑思维能力，也需要其具备较好的组织计划能力，同时还要有分配资源的能力和一定的决策力。管理者要针对目前的工作目标及其流程（生产目标或经营目标或其他目标）发起各项工作任务，还需要寻找工作过程中的问题，针对问题发起改进计划，还需要针对管理的其他内容比如人才培养、团队建设等发起一系列的任务，确保能够实现预定的管理目标。

监督和检查是指管理者在发起任务后，定期核实任务的进展情况，其中监督是对人，检查是对事，可以通过单人谈话、小组沟通、扩大会议等手段，核查实际进度与行动计划的时间偏差和任务完成的质量，特别要检查关键任务的进展细节。如果出现较大的偏差，需要分析产生偏差的原因，找出对应的责任人，并采取措施改进，如改进方法、改进制度或激励团队（如果是团队中人的原因）等，特殊情况下甚至可能要修正计划，以避免对后续计划的进一步影响。对于非关键任务，也可以授权下一级管理者进行督察和检查，但仍然需要掌握其督察结果。更高层级的管理者亦可以委派自己的助手或其他执行力强的管理者对正在进展的

任务进行监督和把控，但即便如此，也需要对任务产生的结果负责任。过程的监督和检查是非常重要的，将会占用管理者很大一部分时间和精力，它也是所有任务和计划能够如期实现的关键步骤。管理上切忌将任务发起后就不再过问，这样管理者将会失去对结果的控制，同时还需要承担最后可能的各种结果，这是初级管理者常犯的错误，是没经验的表现。

指导是指管理者深入到下一级管理者团队中或关键任务的第一线对工作方式、技术问题、沟通技巧等进行示范和指导。对于非业务部门出身的管理者来说，可以贡献业务以外的其他的技能为团队服务，比如指导下一级管理者的团队管理技巧、沟通协调技巧等。管理者在以身作则的同时也要在组织内倡导和营造资源、共享的氛围，让大家能相互指导、相互协作，从而产生协同效应，为组织创造额外的附加价值。

所谓协助是指所有的管理者都应该是生产团队的资源，即为生产团队提供服务，为组织创造价值提供尽可能多的协助，比如协助外部资源的沟通，协调内部各团队之间的关系等。生产团队在遇到问题或困难时，在自身无法解决的情况下则会向上级管理者求助，此时管理者需要协助或协调相关的资源来解决生产中遇到的问题，这种情况在管理过程中是非常常见的。如果一个团队没有类似的协助过程，说明可能存在问题掩饰或低效工作(所有人员都能解决所有问题，说明任务简单、不具有挑战性)的情况，此时应该引起管理者的警惕，需要提升目标要求和改变任务安排方式(将任务安排难度适当调整)，以进一步激活团队的潜力，获得更优秀的成果。

总结并非是在任务完成后才进行，而应该贯穿在整个流程之中，比如上述提到的监督和检查工作就应该同时进行总结。总结是对过去已发生事情的得失分析，可以为未来将要实施的工作提供必要的经验和借鉴；总结非常重要，如果没有总结，整体效率将会明显下降，相当于浪费了已经存在的资源(已经发生的经验和教训)。也就是说，总结是一项效率很高的工作，有已有的资源作为基础，只需要进行整理加工而已，但收获却是巨大的。如果没有总结，已经存在的资源并不会完整地转化为实际的价值，过去发生的错误和产生的问题也许会反复地出现，总结出来的经验教训有很强的针对性，对后续工作有巨大的指导价值。对于管理工作来说，只有不断地反复对各项正在执行的任务和计划进行总结和修订，才能确保工作方向不会偏离轨道，才能确保任务一直在可控范围之内。

2. 团队整体业务能力的提升是管理者创造的优质管理成果

提升团队的整体业务能力是管理者的第二项具体工作内容，主要包括改善业务流程、团队管理和激励、团队成员业务能力提升等。这一部分工作任务是相对高级的管理工作，如果说第一项日常管理工作能够确保既定任务的完成、目标的实现，那么这一部分的管理工作能够提升组织成果的数量和质量，或者可以让组织的发展更持续和更稳定。这一部分的管理工作除了需要管理者具有“积极主动”的品质以外，还需要管理者对自己的工作和成果有更高的要求，需要有更深层次的主动性，也需要管理者有更多的优秀品质，比如工作韧性(团队提升会遇到更多的阻力)、更大的格局和更长远的目光等。

改善业务流程是对现有的团队成员的工作方式、合作方式、任务流程、资源分配机制、责权划分等进行改进完善的过程，需要管理者具有创造性思维。通常人们会习惯于已经存在的各项常规性流程，并且都有维持现状的本能需求。但是管理者有积极主动的优势，尤其是深层次的主动意识会让管理者不断审视既有的各种流程和机制等，管理者不会允许发现的问题一直存在，或总是想要让工作流程变得更流畅和更高效。此时，管理者就会提出新的合作方式、新的责权机制、新的团队管理方式、甚至提出设置新的岗位等，这些新的改革措施可能会降低资源消耗、提升团队整体效率，甚至会形成更优秀的团队文化等，这些改进将会为组织带来新的价值。当然，这些改进措施并不是依靠某一岗位的管理者提出，而是整个管理者团队，或者由组织的高层级管理者召集核心管理团队或核心岗位成员甚至是全体成员共同去发现问题、分析问题和解决问题。这样做既可以让团队的其他成员感受到被重视，又可以发挥集思广益的优势，更容易达到预期的改善结果。当然，任何的流程改善都需要被实践、被论证、被改进、被总结，被再次实践和改进，最后固化成新的流程。值得注意的是，即使是基层的管理者也可以主动去改善各项流程，因为流程有大有小，涵盖的内容也非常广泛，任何小团队或子团队都有对应的很多流程和机制，且这些流程和机制始终都贯穿在团队的日常工作中。这部分与流程改善相关的内容通常占到管理者日常管理工作的10%~20%(对于初创组织或处于变革阶段的组织该比例通常会更高)。

团队管理和激励主要是以人为对象进行的管理工作，包含了人力资源岗位匹配优化、薪酬绩效体系的完善优化、团队成员的定期激励和事件驱动激励等。具体的工作包括核心岗位的招聘、各岗位人事的调整(换岗或提拔)、绩效体系改进及执行、团队成员的指导和激励等。对于较大规模的组织来说，与人力资源相关的内容会有人力专员或人力资源部门具体去负责管理，但管理者(尤其是高层级管理者)必须参与核心岗位的人力资源管理，且应该参与组织整体绩效体系的制定(通常还需要懂业务和具有较深行业背景的管理者共同参与)。相应地，不同层级的管理者应该参与其对应的核心岗位的人力资源管理。管理者还应该随时关注整个团队和团队成员的动态和表现，及时发现低效和异动的团队表现，及时帮助团队成员走出低谷(可能的原因包括遇到较为困难的任务、与周边同事之间的摩擦或工作以外的其他原因)，及时提振团队整体的士气等。对于关键岗位人员，出现情绪异动时，需要及时与其沟通或指导，改善或消除引起其情绪低落的因素。有时候个人情绪低落可能是由于团队内部本身的问题，此时管理者更应该重视与员工沟通其真实的想法，或进一步找其他员工了解情况，避免不能及时发现团队或工作环境中存在的问题，针对发现的问题要及时采取措施去解决。通常团队整体都出现类似的异常，可能是由市场周期的波动引起的(比如生产任务突然随着市场需求而激增，致使团队成员工作强度更大等)，也有可能是部分关键岗位不匹配导致的连锁反应，还有可能是工作流程的适应性变差而需要改善等。此时，管理者需要与相关的人员进行沟通和讨论，及时采取相应的措施来扭转局面。如果是市场波动引起的，则需要调整生产资源的数量去匹配和适应市场，或者通过调整短期或长期薪酬(比如增加加班薪酬等)来激励团队。如果是关键岗位人员不匹配则需要通过引进人才、调整岗位等手段去改善团队表现。如果是工作流程问题则应该进行流程优化，直至团队生产障碍完全消除。这部分与团队和人相关的管理工作应该占到管理者日常工作的20%~30%，具体的工作方式包括招聘面试、调岗谈话、激励谈话、薪酬改革讨论、人力专员沟通、岗位巡查反馈等。

促进团队成员业务水平的提升对于管理者来说可能是更难的一项日常工作，因为团队成员成长的主因在于其个人本身，而非管理者能够直接控制，同时成长也存在很多的不确定性，且通常个人专业技能的成长对团队的贡献属于间接贡献，容易被只重视组织成果的管理者忽视，即使个人成长缓慢也并不会对团队成果造成显性的负面影响(因为管理者通常会以团队成员现有的水平和能力特点去安排相应的工作和对其进行考核)。因此，基于以上原因，管理者通常不会重视这项工作，即使发现了这项工作的必要性，也有可能因其有较大的难度(部分难度来自团队成员本身的不思进取)和效果不好(一方面成长具有发散性，另一方面团队成员并非组织的固定资源，人力资源具有流动性)而放弃投入时间和精力。因为促进团队成员业务能力提升有较大的难度，所以它是优秀管理者区别于普通管理者的一个重要因素。换句话说，如果管理者想要获得优秀的管理成果，做一些促进团队成员业务能力提升的工作是非常必要的也是非常有效的。管理者可以从两个方面去考虑，一是倡导学习成长的组织文化，并通过形成培训制度、奖励学习成果、提供学习场所等方式形成成长型团队的文化氛围；二是管理者需要通过请专家培训、外派培训、组织研讨活动、形成技术手册、提供实践历练机会(更强调针对性)等方式让团队成员获得确实可衡量的专业能力成长。这项管理工作的工作量应该占到管理者日常工作的10%~20%，过低的注意力分配效果不明显，而过高的注意力分配又会影响其他重要管理内容的投入。如果组织处在特殊时期，比如团队的业务能力成为组织发展的瓶颈因素时，则整个组织都应该提高该项工作的时间投入，如果管理者为了维持自己注意力分配的平衡，也可以选定专人即专门的管理者来负责这项工作，让这项工作系统化，并确保被稳定地执行。

3. 管理者需要定期对下属的工作进行反馈

对下属的工作状态和成果进行即时反馈是管理者一项重要的工作，当下属一项任务完成、工作状态出现异常、绩效分配完成，或一个年度的末期等重要的事项节点时都需要与下属进行反馈沟通。反馈沟通与普通的沟通略有区别，反馈重在管理者对下属的客观评价，普通的沟通则重在相互的交流(对于交流，聆听与表达一样重要)。

在恰当的时候对下属进行反馈非常重要，不可或缺，相当于一项管理任务完成后需要进行总结，如果没有这个环节，将会浪费已有的资源，总结会带来新的成果，这些成果既是重要的也是易得的，具有很高的性价比。

反馈对于组织、管理者和下属团队都有着重要的作用。对于组织来说，反馈机制可以让任务的执行越来越流畅，可以让团队成员的表现越来越优秀，可以让岗位职责更加有效地被执行，可以传递组织的价值导向，可以让整个团队的沟通更加流畅，可以产生正向的环境氛围。对于管理者来说，通过单一反馈可以降低团队整体管理的难度，可以实现对团队的有效管理(反馈作为一种管理手段和方法)，也可以增加自己的影响力，还可以给自己带来更好的管理成果。而对于被反馈的员工来说，正向反馈可以增强其信心，可以带给其被信任、被重视的感受，而负向反馈可以帮助其清晰组织的评价标准，可以为其找到自身的不足、避免重复犯同样的错误，还可以为其找到努力的方向。

管理者的反馈需要注意以下几点：一是对下属工作的表现需进行全面、客观和具体的反馈，最好是能够根据实际发生的一些事实或具体的问题进行评价，越细致越好，越客观越好，切忌“假大空粗”，切忌以感情标准或“戴着有色眼镜”进行评价，也不要碍于情面而省略负面的评价；二是不能进行人身评价，最好不带个人感情去评价，即只说客观的事实，而不说主观的感受，同时也不要评价工作以外的内容；三是要将其功与过分别进行反馈，并说明评价的标准和理由，不可模糊地功过相抵，不能因为顾及颜面而只反馈功劳而忽视过错；四是需要站在组织的角度对其未来进行期待和建议，通过对过去的不足进行反馈的同时，也要引导对方进行自我总结和自我批评，在对方接受自我不足的前提下可以给予提升和努力的建议，同时给予其合理的成长预期，并给予其充分的信心；五是应该对员工的优秀表现表达欣赏和鼓励，这一点可以加入个人感情去表达，不仅可以站在组织角度表达客观的感谢(就其对组织所作的贡献)，还应该表达个人主观的信任和尊重，在可能的情况下，还应该给予各种形式的奖励。对于一些具体任务执行后的反馈，管理者更要讲究主动性和及时性，因为这种反馈更常见和更有效，如果管理者对组织和下属有负责任的心态，就一定会重视和珍惜每一次反馈的机会。

4. 管理者需要不断地提升自己的管理水平

管理者要想有出色的管理成果或实现管理层级的晋升，就必须要不断地提升自己的管理水平。自我管理水平的提升至少有以下好处：一是能使管理者更有效更高效地进行组织计划和协调等，如果能提升控制力和决策力，各项任务还能更好地被完成，直接获得更好的管理成果；二是通过管理水平的提高，管理者能获得更大的影响力(不断进步的人总是让人尊重)，从而使团队有更强的执行力，间接提升团队的整体业务能力；三是通过管理能力的不断提升，能够让自己有更合理的注意力分配，从而让管理工作更高效、更轻松，也能让自己更有信心、更有韧性，从而能产生更多深层次的主动性，能为组织发起更多高级的管理活动，进而提升组织的整体发展效率；四是通过榜样作用能带动下级管理者和非管理者共同进步，管理者的榜样示范作用是非常明显的，尤其是正向的示范效应，同时管理者追求进步的状态还会给整个组织环境注入积极的因素，可以促进组织形成学习成长的氛围；五是通过管理能力的提升，为自己获得管理进阶的机会，在不断地实现自我价值提升的同时，也能够不断提升自我对组织的贡献，通过管理进阶的方式能进一步增加组织的成果。

如果管理者能在多方面不断进步，带来的多重效益将会是非常可观的。比如，管理者通过提升自我情绪管理能力，使得情绪能为目标所用，则可以减少很多沟通障碍或者轻松跨越沟通障碍。比如面对团队成员对新政策的抵抗时，管理者可以更耐心地、更有技巧地与之沟通并最终达成目的，而不是采用强制措施或带情绪沟通，甚至针锋相对沟通，这对达成目标是不利的。同样，管理者品质的改善也是如此，比如如果管理者能够让自己变得更主动更积极，推进任务将会更加坚决和高效，管理者会有意识并积极地去对重要的正在执行的任务进行督察、反馈、总结和改进，或者会更有意识并投入精力去与下一级管理者进行沟通和激励，以激发其管理潜能，从而保障团队整体的士气。

管理者提升自我管理水平会给组织带来重要的正向效应，相反，管理者如果满足于现状，管理能力停滞不前，则可能会拖累组织的发展，如果组织本身处于快速发展阶段，而管理者跟不上组织进步的节奏，则可能面临着被组织淘汰的危险。

对于高层级管理者来说，管理水平的高低及其进步的情况对组织的发展影响重大，甚至会起到决定性作用。由于需要参与各项对组织有重大影响的高级决策，同时需要制定方向性的战略计划，其管理水平的高低会左右整个组织的成果和发展走向，管理水平的提升显得更为重要。而高层级管理者管理水平的提升也会带来更大的正面影响，由于其较高的资源权限和其处于组织结构的高位，高层级管理者的水平能力对组织的作用会有放大效应，如果其能力、视野、格局停滞不前，有可能会使得整个组织的发展逐渐落后，甚至面临被市场淘汰的风险。

管理水平的提升需要管理者保持开放的心态，有针对性地不断学习、反思和总结，通过这个反复的学习过程，实现管理能力的加强和管理品质的改善。开放的心态是管理者进步的第一要素，所谓开放的心态是指谦虚的心态、自我批评和自我反思的心态、愿意接纳新观点的心态、渴求进步的心态等心态的集合。开放的心态是进步的起点和源泉，只有心态开放才能找到自身的不足，从而找到学习进步的方向。心态开放才能激发学习和提升的潜力，心态开放才能让自己保持危机感，从而获得进步的外部动力。心态开放也让管理者的进步保持稳定性和持续性。相反，如果管理者没有进步的意识、没有进步的心态或者固步自封，不愿意接纳新的有用的观点和建议，进步将无从谈起。所以管理者要保持一定的危机感，要经常对自己的管理行为和管理方法等进行总结和反思，要勤于向更高层级的管理者和能力水平更高的人员请教和学习，要保持终生学习、学无止境的心态。有良好的心态支撑，管理者就能够克服干扰，从而确保学习和进步获得有效的成果。

管理水平提升需要跳出舒适区，去探索和征服恐慌区和挑战区，因为管理能力的提升和管理品质的完善涉及深层次的思维方式、行为模式的改变，只有改变才能提升，或者说改变才能加快进步的速度和扩大能力提升的幅度。但是改变是困难的，因为人的行为习惯具有惯性，人们都习惯于适应自我和适应环境，而不是去改变它们；因此，管理者要有开放的心态，要有自我进步的要求，要有较强的自我管理能力，较为稳定的自律与坚持，这样改变才会更容易。管理者在每一项管理工作中都要有“改变”的意识，即看是否还有更好的方法，是否还有待解决的问题，是否还有改进的空间等，不要一直停留在自我满足的适应区。

自我要求的提高是管理水平提升的源动力，如果管理者没有变得更优秀的欲望和愿望，实现进步是很难的。自我要求的标准是非常重要的，如果想实现某一程度的进步，必须要有高于这一程度的预期和要求，可以说有什么样的要求，就会有什么样的结果。从这点来说，管理者自我提升必须要有高的标准和要求。管理者的自我要求和标准会随着见识和境界的提升而提高，这需要管理者对自我潜力进行较为准确的动态评估，使得进步的目标既不能轻易实现，但又是可以通过努力实现的。

自律与坚持是管理者能力水平提升的重要保障。比如管理者意识到需要改变拖延的习惯，则需要有意识地在每次决策和执行任务时加强行动力，这会是一个很艰难的过程，需要自我潜意识逐渐地适应，这个改变的过程需要管理者有超强的自我管理能力，并保持坚定的目标和清醒的意识，这就是管理者自律和坚持的能力。在确定提升计划之后，如果没有自律和坚持，很容易半途而废，较为自律的管理者通常更能实现预定的自我提升的目标。

管理者提升自我管理水平的具体手段有看书学习、参加管理培训、向他人请教和学习、总结管理经验、拓展思维广度(实现管理创新)、组织管理者论坛、参与更高级别的管理实践等。

看书学习是最常见的但也是最难的能力提升的方式，在知识信息时代任何人都可以很轻易地获取想要的学习资料，但获得学习资料并不等于真正地能收获知识和方法，还需要经历一个较长的艰难的学习过程，一是因为看书学习需要有较强的主动性，通常没有别人会给予指导或监督，所以很容易中途放弃；二是这是一个自学的过程，需要人们对知识进行选择，选择适合自我提升的内容，同时需要对所学到的知识进行整理，使之系统化，并能对实践形成一定的指导；三是看书学习并不会对提升自我管理水平达到立竿见影的效果，需要长期坚持，并将所学进行总结，转化为实际有效的建议或策略，对管理工作形成指导和帮助。所以，看书学习的提升方式要求管理者有较强的主动性，并进行系统化(碎片化知识对提升管理水平的作用有限)地学习才能产生效用。在信息时代，知识鱼龙混杂，甚至存在各种矛盾的理论或知识，需要我们作出判断，去伪存真，选择适用的管理知识或方法。比如，很多管理理论是由发达国家的管理专家总结撰写的，但在发展中国家的企业管理中也许并不一定适用，因为组织的人员整体综合素质和大的管理环境都不一样，需要进行取舍或改进。同样，不同的组织也有不同的特点，组织结构不同，业务模式不同，管理方法(包括薪酬体系)也就有很大的差别，需要管理者有元判断能力(所谓元判断能力就是判断管理者的判断是否正确的能力)。在看书学习方面，自律与坚持也非常重要，管理者看书学习也很容易半途而废，因为学习的效果并不会快速显现(追求速成的成果是人的天性，所以管理者需要具备长远的眼光)，而且所有关于管理的书籍都比较枯燥乏味——对于管理知识，既没有固定的问题，也没有标准的答案。

相比之下，参加管理培训相对更容易，缴纳培训费用后，只需要被动地按照培训机构的指导进行学习就可以了，无须再选择、也无须再进行艰难的主动自我激励，甚至无须去总结和思考，只需要按部就班地接受就行了，这自然会让管理者的学习提升变得更容易。然而，参加管理培训也有缺点，就是学习者的进步过于依赖培训主讲老师，一旦培训老师本身水平有限，将会限制学习者进步的效果，同时也难以获得既定培训内容之外的进步，相对而言，对各种主题培训的课程类别和机构的选择就显得更重要了。另外，还有许多管理者总会以自己没有时间为由而拒绝参加各种培训课程，这部分管理者需要权衡好自己的眼前利益和长远进步之间的关系，通常优秀的管理者会拿出20%~30%左右的精力放在日常事务之外的事项上，对知识和能力的储备不仅对于管理者是必须的，对于任何其他岗位的工作人员也是非常重要的。

向他人请教是一种更高效的提升自我管理能力的方法，通常管理者可以向职位比自己高的管理者、成就比自己高的人员、影响力比自己大的人员、格局比自己高的人员学习和请教，通过向他们提问或听取口授经验等方式，获得有效的管理经验、管理思路、知识和技能，甚至是进步的动力。这种方法是有效的和高效的有几个原因，一是层级更高的人员通常有更丰富的管理经验，而且通常是更实用的经验，因为他们也是从低层级管理岗位进阶上来的，有过类似的经验，向他们学习更有针对性；二是层级更高的管理者通常也有较好的总结能力和较好的表达能力，由他们传授经验从技术上更能够保证效果；三是相比看书学习等自学方式，由他人口授学习效率更高，学习难度更小，接受起来也更容易，而且知识、技能、经验等经过他人总结之后相对更精炼，也更简单和更系统，同时这种沟通学习的方式也没有看书学习枯燥，所以这是提升学习效果综合效果较好的方法。另外，通过向他人请教和沟通，除了直接学到的管理经验，还可以从这些综合能力较强的人身上学习到其他的一些优秀品质，还可以拉近沟通双方的距离，建立更深入的联系，从而创造综合的价值。在管理实践中，管理者的向上管理就包含请教和学习的内容。

管理者在应用这种学习方法时，需要注意几点，一是要克服向他人请教的心理障碍，包括担心高层级管理者太忙而不敢打扰的心态，害怕能力更强的人员嘲笑或看不起自己的心态，与更高层级管理者沟通存在的压力等；二是要更主动地向上请教和学习，主动能获得更好的学习效果(主动代表意愿度高)，主动才会有更多请教的机会(成就更高的管理者通常时间安排更为紧凑，可能不会关注到每一个下级管理者)；三是要有虚心的态度和开放的心态，对于他人的意见要积极地响应和采纳，并结合自身的实际情况加以应用，而不是对于与自己想法不一致的建议都不接受。

当然，管理者向他人请教和学习的范围不仅仅局限于组织内的更高层级的管理者，也可以是同级别的甚至是更低级别的管理者，还可以是组织外部的其他人员，只要对方有值得学习的品质、表现和成就，就可以积极地虚心地与之沟通和请教。与向他人请教对应的，是积极地将自己的特长、知识、技能和经验分享给其他人，分享的过程既是一种知识的输出和传授，同时也是一种深化学习的过程，是学习的一种更特殊的形式，是一种隐性的学习形式。因为分享需要将相关的内容进行理解、总结、整理和输出，这个过程本身就是一个知识和技能强化的过程，是一个自我成长的过程，管理者应该多采用这种相互传授的方式去提升自我的综合能力。

总结管理经验则是另一个提升管理者水平的途径，不同于书本学习和培训的理论学习，总结管理经验主要是总结自己在日常管理工作中的得失和经验教训，然后通过在后续工作中刻意改变来提升管理能力，主要以在实践中学习为主，这种提升途径是从过去实际发生的管理案例中学习，比较具有针对性，也比较实用。如果管理者总结能力较强，这条学习途径是非常有效的，进步将会立竿见影。管理者应该好好利用这一条进步途径，既可以针对出现的问题或某一个场景自己单独总结，也可以组织管理团队一起讨论总结。管理者应该针对以下三种情况进行总结：一是在解决完出现的问题之后，应该总结问题发生的原因，解决问题的方式方法，以及管理者在解决问题过程中应该改善和提升哪些方面，比如情绪管理，沟通的及时性和有效性等；二是当一个目标或任务达成后，管理者应该总结个人对任务进度控制、质量控制、资源管理等方面的心得，以及自我的管理能力如何体现在这些方面；三是日常管理工作中的定期总结，总结自己在管理活动中遇到的困难，总结自己在管理活动中的表现，包括工作的完整性、主动性和有效性，自我精力的利用，注意力的分配合理性等。通过这些总结，能够看到管理者自身的不足，能够看到管理者的能力水平和管理表现与管理结果对应的关系，从而能够有针对性地去改善思维方式和处理问题的方式，能够更加注重问题的本质，让解决问题更加高效，进而提升对问题和资源的控制和管理能力，提升管理成果的获得能力。除此之外，总结的内容还包括出现问题的原因和本质，下次如何避免问题的出现，所有发起的任务和人力资源是否匹配，资源分布是否合理，流程是否可以优化，管理方法是否有创新，管理内容是否有缺位，沟通是否流畅，团队合作情况等。所有这些总结本身就是一个管理能力提升的过程。

还需要注意的是，管理水平的提升，并不仅仅是指个体管理水平的提升，还包括整个管理团队的管理水平的提升，因此，管理者还应该设法让下一级管理者的管理水平也能不断提升，同时也应将管理能力水平提升的要求传递给整个管理团队，并将提升的方法和途径传授给整个管理团队。还可以加入监督检查的环节，将管理团队水平提升作为一个独立存在的特殊流程，通过计划、控制、督查、改善、总结等步骤，实现组织管理团队水平整体的提升。

对于管理者水平的提升，还需要再强调管理者的一项重要品质，那就是积极思考，主动思考，深度思考，以及反思和自我批评等，它是管理者进步的最重要的手段。管理者需要在日常工作中留出固定的无干扰时间进行深度总结和思考，与前面的总结略有不同的是，这里主要指自我总结与自我批评，尤其是从自我的管理能力、管理行为和管理品质方面，思考在沟通时的言行是否恰当，在工作中是否产生了拖延和懈怠等。如果存在不足，则应该找出原因，并制定改进计划并严格执行。

更高级别的管理实践指的是，在现有管理岗位上，却能按照上一级管理者的标准和要求去解决和处理管理任务，比如思维高度、资源权限、处理任务的要求和深度、承担责任的范围和级别等。当管理者的能力能够掌控与上一级管理者匹配的任务规模和难度时，管理者就能够顺理成章地进阶为更高级别的管理者，这种自我提升的方法需要有更强的自信心，有更强的面对困难的能力，有更强的自我激励的能力，也需要管理者将主观能动性和积极性调整到最佳状态。这种进步途径对管理者的综合能力有更大的挑战，因此也更有难度，但这种接受高难度任务磨炼的自我提升方法也更直接，更快速，更有效果，能够在短期内获得更大的提升，是管理者自我潜力挖掘的一种非常有效的方法。

5. 管理者需要不断地完善提升自我综合能力

需要管理者提升的综合能力包括公众演讲能力、情绪管理能力、看目标能力、正向思维能力等。这些能力是管理者要成为优秀管理者所必须具备的能力，公众演讲能力有助于管理者的沟通效率和效果，能激励整个团队的状态；情绪管理能力有助于管理者更顺利地处理各种问题，看目标能力让管理者时刻意识到团队的长远目标，确保所有的努力不会偏离方向；而正向思维能力有助于管理者快速扭转困难的局面；无论是对于管理绩效，还是管理进阶，这些辅助的能力都有着重要的作用；

公众演讲能力其实并不是管理者最核心的能力，因为管理者完全可以避免公众演讲，更常见的是团队会议时对公众讲话的能力，此时管理者完全可以提前做好充分的准备，梳理好会议的目的，从而有针对性地发表讲话；与会议讲话能力相比，公众演讲能力更多的是强调即兴演说，或者面对突发问题时处理的能力，要求更高，难度更大，需要的是管理者能引起听众的共鸣，甚至需要投入一定的情感，演讲时不能虚情假意，而应该真诚客观。公众演讲能力在团队管理中有很大的作用，可以有效地激励整个团队，让大家对工作充满激情，对目标充满信念，同时也让管理者充满正向的影响力，这些正向价值对提升整个团队的绩效是大有裨益的；要想不断提升公众演讲的能力，唯一的方法是管理者需要通过实践去反复练习，需要制造或珍惜机会尽力去做，然后不断地总结和调整，直至游刃有余。

情绪管理能力对于管理者来说非常重要，情绪管理与情绪控制是不一样的，情绪控制是一味地打压或压抑自己的感受，比如遇到不满的情况会生气，情绪控制是压制住自己的不满不向外显示出来，实际不满情绪并未获得释放，仅仅只是将其隐藏而已，如果下次再遇到类似的情况，则有可能会因多次积累而导致更大规模地爆发，情绪控制对于管理工作来说并不会带来正面影响。管理情绪则完全不同，管理者会随时觉察自己的内心感受，并会对照目标，一旦发现情绪偏离目标，则会主动做出调整，直至情绪回归至正常状态，而随着目标的达成，过去不良的情绪会转化为喜悦或满足，这种情绪管理对于实现管理目标有较大的帮助，有利于管理者处理各项管理活动。

情绪管理能力中，最重要的辅助能力是看目标能力和自我情绪觉察能力，比如在债务追偿时，当遇到对方不讲理时，经常会因为愤怒而引起心态失衡。如果管理者无法觉察自己的情绪，一味地采用对抗的方式沟通，只会进一步恶化沟通效果，最后的结果通常是债务追偿不成功。另一种方法是控制情绪，强压怒火耐心沟通，最后可能会成功，但如果不成功，下次可能会再次陷入对抗的模式。不管是否追偿成功，通常都会留下不愉快的情绪，而且还可能会因为情绪的积压而将怒气转移到事件无关人员(同事之间或家庭)从而引起次生问题，这种方式也不是最好的处理方式。第三种方法是采用前面提到的情绪管理，效果则不一样，当遇到对方不讲理时，也会产生情绪，但马上就会觉察到自己的情绪，并会提醒自己“沟通的目的是什么”，然后会根据目标作出判断。如果确认适当地生气能够对追偿债务有好处(有些欠债人倾向于欺负害怕冲突的人)，则可以利用适度的负面情绪给对方施压(这也表明并非所有负面情绪都有害)，但始终都要觉察自己的状态，之后一定要扭转负面情绪，在达成目标或任务结束之前完成情绪转换，最终避免产生压抑、委屈、愤怒等感受，这就是真正的情绪管理能力。情绪管理能力包含了看目标能力、情绪觉察能力、情绪容纳能力、情绪迁善能力等，需要反复下意识地练习才能逐渐提升，也可能反复练习也未必有明显的提升，因为管理者在面对复杂纷繁的管理工作时，自如地管理自己的情绪实在是太难了。

看目标能力主要体现在排除干扰上，即看目标能力强的管理者总是能很好地屏蔽或化解外界对于实现目标不利的干扰因素。从实现目标的角度来说，不只是管理者需要这种能力，所有的个人提升和成长都需要有较强的看目标能力，只不过管理者的提升对看目标能力要求更高且更依赖其罢了(个人提升成长可以中途放弃，但管理者在面对管理目标时别无选择)。尤其是对于要实现更有挑战性的目标，要求管理者更强的看目标能力，管理者要面对的干扰包括来自市场的不良反应、内部管理团队的质疑、内部生产团队的懈怠、自我动力的疲惫(即反复努力看不到效果容易失去动力和信心等)、竞争对手的排挤等，这些都是管理者在实现管理目标过程中经常要面对的内外干扰因素，它们会蚕食管理者的信心、决心和激情，让很多任务难以完成或滞后完成，进而影响目标的如期实现。看目标能力强的管理者会通过自我的身体力行、士气提振、直接要求、例行督促等手段确保整个团队一直在正确的方向上努力。而对于自我动力疲惫的干扰，管理者应该找到一个团队成员(这个成员可以是自己的助理或副手不能是层级低太多的人员)，来阶段性地提醒或监督自己，确保在管理者处于动力低谷时有存续的动力触发点。这样的方法是行之有效的，因为两个人恰好同时处于动力低谷的可能性较低，也可以让不止一个人甚至是整个核心管理团队均参与进来，以确保整个团队的核心始终处于能量充足的状态。管理者还应该将看目标能力进行强化，让其成为整个管理团队的属性，这样确保整个组织都能低抗干扰因素而不会迷失方向。

正向思维能力指的是在面对困难或不利的局面时，管理者能够客观正确地面对，不会过多地抱怨或产生对其他人员负面的看法等扭曲的心态，会理性地分析造成困局的原因，积极地去寻找克服困难的方法，同时会对相关人员进行积极引导，并能够总结经验，避免错误和问题重复出现。如果管理者正向思维能力较差，可能会深陷困局难以理清思路，可能会抱怨和担忧，甚至可能会恶化处理，影响团队的整体氛围，从而引发次生问题，进一步加剧困局。可见，不同的思维方式和问题处理方式将会导致完全不同的结果，因此管理者的正向思维能力对于管理成果非常重要。正向思维能力也包含了情绪管理能力和看目标能力，任何事情都有两面性，正向思维能力强的管理者更积极乐观，更容易看到事情正向的一面而不会让负向的一面干扰其对目标的追求，具备正向思维能力的管理者会把挫折看成是一次机会，一次锻炼团队的机会，会看到任何的挫折都会带来成长(前提是通过努力跨越了挫折)。具有正向思维能力的管理者会把纪律和约束看成是实现自由的工具，而不是束缚自由的枷锁，会有更平和的心态，会有更高的效率，从而会有更出色的成果。管理者要拥有较强的正向思维能力需要加强刻意练习，可以通过自我提醒(比如张贴提示纸条)或与他人共同练习互相提醒等方式来进行练习，当然，前提条件是管理者已经意识到了正向思维能力的重要性，并愿意提升自己的正向思维能力。

6. 不同层级管理者有不同的管理职能

对于不同层级和岗位的管理者，其主要日常工作和注意力分配是有一定区别的，每一个管理者都应该根据组织的岗位职责准确地界定自己的管理工作重心和范围，并挖掘管理岗位的潜在要求(获得更好的管理成果的要求)，同时需要权衡好本职工作与额外工作之间的关系，权衡好短期任务和长期发展的关系。管理者还需要了解上一层级的管理者的职能要求，以便能更有针对性地将管理工作任务与上层匹配对接，也为管理进阶打下一定的基础。各层级管理者的主要工作和注意力分配详见表3所述。

表3　各层级管理者的主要工作和注意力分配表(针对中型规模的组织)

管理级别	岗位描述和岗位	管理者一般职能	管理者的进阶职能
董事会	组织的所有者，不参与具体的业务经营； 比如董事长、董事会成员、组织的主要股东	①确定组织的发展方向，确定组织的战略； ②确定组织年度的各项经济指标； ③为组织物色合适的经营者； ④定期听取组织经营者的经营汇报； ⑤进行资本运作	①关注行业发展动态，积极参与行业资源整合； ②确定组织发展的长期目标，如五年目标； ③为组织提供外部资源支持； ④为组织经营者确定考核指标，并定期检视，但不干涉经营者的经营决策与活动； ⑤为组织的经营者提供有用的建议和智力支持； ⑥协助组织的经营者培养其接班人
组织最高管理者	负责经营的组织管理者； 比如CEO、总经理、副总经理	①为组织的年度经济指标确定行动计划； ②负责设计整个组织的组织架构和资源分配模式； ③定期向董事会汇报公司经营情况；为董事会的战略决策提供财务数据和其他资料支持； ④分配和部署组织经营计划和发展计划； ⑤定期组织公司高层管理者会议，督查各项计划的执行情况； ⑥针对行业发展情况和市场情况，适时或定期调整组织的各项计划，确保实现组织的年度经济指标	①积极寻求外部资源支持； ②确定组织愿景，积极培育组织文化； ③积极打造组织的核心竞争力； ④积极建立并落实组织的人才培养体系； ⑤积极建立组织的创新体系； ⑥积极提高管理团队的管理水平和综合能力水平

续表

管理级别	岗位描述和岗位	管理者一般职能	管理者的进阶职能
组织的高层级管理者	组织各要素团队的最高管理者； 比如财务总监、市场总监、运营总监、人力总监、技术总监	①将组织的战略计划进行分解至各团队，为相应团队的工作确定目标和计划； ②提供组织的某一方面的实时数据和定期数据，协助组织的最高级管理者进行战略决策； ③定期对相应团队的组织计划执行情况进行检查，并不断地改进和优化各项计划和相应的执行措施； ④负责设计各团队的组织架构和绩效模式； ⑤负责某些关键项目或计划的执行； ⑥负责协助各要素团队之间的横向联系	①以组织的利益为出发点积极发起或配合组织内的各项合作； ②积极地优化各岗位的人员使用情况 ③以市场为导向，为客户提供更好的产品和服务，制定相应的改善计划； ④积极地建立外部联系，为组织获取更优质的资源，把握组织的外部接口(包括资源流动的许可和对外形象的管理等)； ⑤提升组织的内部资源使用效率，并为此制定专项计划； ⑥管理内部的整体软性环境
组织的中级管理者	直接负责各要素团队的管理者； 比如各部门的部门经理	①负责制定自己管理团队的工作计划； ②对团队计划的执行情况进行检查、指导； ③执行组织的激励机制； ④定期地向组织的高层级管理者汇报团队工作的执行情况和进展情况； ⑤负责或参与团队内重要项目和关键工作的实施； ⑥对各项任务的执行进行评价和反馈	①积极与上级管理者沟通和学习； ②建立可靠的横向联系，积极关注外部联系； ③关注团队资源分配的合理性和适应性，关注团队整体效率； ④改善相关的流程，改善团队管理模式； ⑤积极地培养各核心专业人才和团队管理人才； ⑥执行组织的创新计划
组织的基层管理者	直接管理各个任务的管理者； 比如各部门内部各小组的负责人	①执行子团队指派的各项任务和流程； ②解决现场出现的问题； ③向上一级管理者汇报任务执行情况，并寻求问题解决的方案和资源； ④对一线的事件和人员表现进行反馈； ⑤协助进行资源分配和绩效评价	①改善管理范围内的各项流程； ②建立各岗位的标准化操作规程； ③组织团队对事件、任务、流程进行总结； ④积极地培养专业人才

续表

管理级别	岗位描述和岗位	管理者一般职能	管理者的进阶职能
组织的潜在管理者	具有管理意愿的非管理岗位的工作人员	①培养优秀的执行力，高效优质地完成本职工作任务； ②关注身边管理者的行为和管理职能； ③学习管理知识	①培养和锻炼自己的管理思维； ②尝试用管理思维处理问题； ③主动承担一些职能范围外的工作； ④对团队或组织的发展进行深入思考，积极献言献策

二、管理手段

管理者要达成既定的管理目标，需要进行团队构建、资源分配、监督检查、团队激励、管理创新等一系列活动，这一系列活动的实施都需要通过合适的载体去完成，这些载体就是管理者的管理手段。对管理手段的灵活应用，可以让管理活动更高效和有效，让管理活动更有针对性，合适的管理手段是获得预期的管理成果的重要保障。对于管理者来说，一方面要熟悉和了解常用的管理手段，另一方面则要不断地寻求提升使用这些管理手段的技巧，让其发挥真正的作用。

管理者的管理手段包括制度手段、人事手段、沟通手段和其他手段等。

1. 制度手段

制度手段是指通过制定相关的制度对事物或人员进行管理的方式，包括建立制度、优化调整制度和执行制度等。制度必须具有目的性、具体可执行性、奖罚措施分明、有执行负责人等要素，缺一不可。目的性很容易被理解，任何制度的推出都是为了实现特定的管理目的，比如考勤制度的目的是为了规范人员的工作时间，培训制度是为了提升团队的业务能力和水平等。具有可执行性的含义是制度的内容必须具体和清晰，而不是宏观空洞的，相关人员可以遵照执行，执行的情况可以进行检查评价，结果可以定量衡量。比如考勤制度，必须详细规定何为迟到，从几点开始算，超过几分钟为迟到，这样可以非常直观地检查某一个人是否迟到。同时具有可执行性还有一层含义，就是制度的执行要简单明了，不能太复杂，不会为了执行制度而增加很多附加的工作量，否则制度可能会因为执行困难而失去效力。奖罚分明是指制度一旦被违反应该有相应的处理方法，如果没有相应的后果约束，制度的执行效果将会大打折扣甚至无效，很难达到其设定的目的。最后要为制度指定责任人，制度的责任人主要是负责执行，有责任人的制度被执行的效果更好，被坚持执行的可能性更大，管理者只需要定期与责任人沟通即可，更有利于达到管理目的。

常见的制度有人事制度（入职、离职、档案等）、考勤制度（休假制度）、财务制度、行政制度（公车使用、公章管理制度会议室使用制度）、培训制度、绩效考核制度、质量体系等。

制度应该由制度执行的团队来制定，应该让整个团队或者选取一些代表参与进来，经过多次反复讨论，修正完善能形成定稿。制度的制定应该考虑简单易行，避免脱离实际目的，避免教条和过于理论化。

任何一项制度都是为特定的目的服务的，随着制度的执行，管理者应该组织检查制度执行的情况，确认其有效性和适用性。有些制度在制定后可能一开始就难以执行，有些制度则是随着时间的推移不断地产生新的问题，或者适用条件发生变化等，这时候需要对制度进行优化或调整，确保其不偏离管理目的。

制度的执行是达到管理目的的关键，没有被执行的制度是没有意义的，因此在制定制度之初就需要围绕执行要素考虑，包括其执行的便利性和执行责任人的确定等。之后应该定期关注制度的执行情况（与责任人定期沟通），如果出现问题，应该及时组织制度制定的人员或其他相关人进行分析，采取相应的措施优化调整。如果发现问题，要实事求是地进行评估，切忌为了形式而不考虑本质（有时候，制度制定的人员会固执地认为制度完善而有效），在调整过程中，如果发现制度的执行偏离了管理目的，则要及时停止或将其废止。

通常一项制度的执行不力主要有以下原因：第一，制度本身存在问题，比如目标性不明确、制度不合理，或者缺少构成制度的要素如缺少奖罚措施或缺乏责任人等；这时候因为制度本身的问题会引起大家产生抵抗心理，从而造成制度执行不力。第二，制度的制定没有征求执行团队成员的建议，或者没有让他们参与进来，这种情况也可能会造成部分人员对制度的不理解而影响执行。第三，在制度执行之前管理者或制度制定者没有跟团队解释和沟通制度制定的目的、制度执行的重要性和制度被违反的严重性等，致使团队成员没有给予足够的重视，从而影响了制度的执行。第四，管理者没有跟踪制度的执行情况，这是制度未被执行的最重要的原因，一旦组织的中高层管理者未对制度的执行给予足够的重视，有可能就会被基层管理者或普通员工曲解为制度不重要，然后制度的执行就有可能会被慢慢淡化，这种情况尤其是在小型组织或者执行力较差的组织中很常见，因为在这些类型的组织中，组织的执行力更依赖于中高层管理者本身的要求，中低层管理者和普通岗位员工执行制度是为了完成任务或获得更好的评价，而不是为了组织本身的发展服务。

针对制度执行不到位的情况，管理者应该仔细分析原因，如果是上述这些原因中的某一条原因，管理者应该有针对性地进行改进。如果是制度本身的问题，则应该优化改善制度，让其尽量合理化。如果是没有事前沟通或执行过程中缺乏沟通的原因，则应该及时与团队进行有针对性的沟通和讨论，以确保团队所有成员都对制度的各个要素尤其是制度对组织的作用进行深入了解。如果是管理者没有跟踪制度的执行情况，则应该进行自我反思和改善，重新确认制度的重要性。如果制度并非预期的重要，则应该重新考虑其被执行的必要性，如果制度确实重要，则应该更加积极地推进制度的执行工作，包括选定执行力强的责任人甚至是管理者亲自负责推行制度，在定期举行的例会上公布制度执行情况，定期兑现制度执行的奖罚措施。一旦制度执行超过半年，则制度的执行就被固化了，因为团队的所有成员都有执行制度的习惯了。

另外，对于一个组织来说，一次不要推出太多的制度(初创组织除外)，否则整个组织容易分散注意力，制度反而可能执行不到位。可以根据制度的重要性逐一推行，在一项制度执行稳定后再推出另一项制度。对于小型组织来说，如果某一项制度不是特别重要，一定要谨慎推出，如果达不到目的，反而会给组织带来更多的负担。

2. 人事手段

人事手段是管理手段中最重要也是最常用的，包括招聘、调岗、解聘、调薪、休假等。

对于直接下属或核心的岗位的人员招聘，管理者应该亲自参与，目的是为特定的岗位招聘到匹配的人才，同时还应该遵循谁使用谁参与招聘的原则，目的在工作中形成更好的合作和沟通。比如招聘市场部门负责人，需要市场总监或负责市场的副总经理亲自参与，目的是对该岗位重要的综合素质进行把关，只有该岗位的直属上级或具有市场背景的高层级管理者才能胜任这种把关任务。招聘合适的人才是管理者获得业绩的首要任务，管理者既要将它纳入自己的工作范围，又要充分利用好这个人事管理手段。

调岗与招聘本质上是类似的，也是一个人才与岗位匹配的过程，只不过一个是从外部引入人才，一个是从内部选拔人才；相比招聘，调岗更具隐蔽性，部分管理者可能会直接忽视它，但调岗是很常见的也是很有必要的，调岗包括横向调岗即不同业务工种之间的调岗和向上调岗即提拔。如果要培养一个高层管理者，需要将潜在培养者(通常是各团队的负责人或其副职)进行多次调岗，以让其在各个不同的业务岗位上进行锻炼，直至其熟练地掌握多种业务技能，然后再提拔成组织的高层管理者。选拔部门负责人也应该优先考虑内部提拔的方式，可以是该部门的低层级管理者甚至可以是普通岗位的工作人员，只要其熟悉该部门的业务流程且具备管理者的基本素质即可。还有一种情况需要调岗，那就是人才与岗位不匹配时，也需要优化人岗配对。通常调岗的起因是岗位出现真空或发现存在岗位匹配问题，通过分析人才与岗位的匹配情况，提出初步的调岗意向，再进行调岗沟通。沟通包括征求相关人员的意见，并说明调岗的理由和调岗之后的好处，完成沟通后进行调岗。值得注意的是，至此并非调岗完成，后续还需要连续跟踪和评估调岗的效果，如果与预期的不一致，需要进一步分析判断，看是否应该作出进一步的调整。另外，需要特别强调的是，组织的管理者需要鼓励内部人员主动提出调岗需求，这样既能体现组织的灵活性和人文关怀，也能让团队成员积极进步并获得所需的成长空间。

调岗中的向上提拔通常是一个更为重要的人事手段，对于组织来说向上提拔人才是组织发展的需要，对于被提拔者来说，是职业发展和价值提升的需求，向上提拔也是组织人才培训体系发挥作用的重要标志，通过组织对人才的培养，使其能够胜任更高层级的管理工作，最终体现为人才的向上提拔。向上调岗应该被管理者重视，如果一个人才长期不能被赏识和重用，可能会导致其工作效率下降，产生负面情绪，严重时可能会引起人才的离职。因此，管理者应该及时对表现优秀的员工进行反馈，并不定期地采取向上提拔的人事手段。对于一个成熟的组织来说，岗位的晋升有一定的标准，甚至有一套晋升体系，这样可以使得组织中的人员具有更大的工作动力，能够主动向晋升条件靠拢，间接地从客观上提高了团队整体的工作效率，同时当存在晋升体系时，可以提醒组织的管理者在适当的时候采取向上提拔这种人事手段。通常，晋升的标准应综合采用工作成果的评价和能力品质的评价相结合，即通常在现有工作岗位上有较好工作成果的人员，同时又具有积极的上进意识，有实现更大的自我价值的意愿，又具有一项或多项优秀的品质（比如韧性、决策力、激情、正向思维等）的人员，更应该被向上提拔为组织所用。

解聘包括员工提出离职和辞退员工两种情况。辞退员工需要有充足的理由（除非是遇到组织不景气需要裁员），比如一个员工既不满足岗位需求又拒绝改变或进步，员工出现了有损团队整体利益的行为，员工严重违反了组织的相关规章制度等，这些都可以是辞退员工的理由。至于说员工冒犯了上级管理者，则需要根据具体情况具体分析，这并非是将其辞退的充足理由，因为不能以个人感受去辞退一个可以为团队做出贡献的员工，合理的理由应该是其对团队整体利益造成了损害或拖累。如果是较为优秀的员工提出离职，管理者需要与之进行详细沟通，找出其离职的本质因素（通常提出离职者并不会如实告知原因，尤其是当组织内部氛围本身就不够真诚时），并尝试解决其困难，如果仍然达不成一致，则应该感谢其为组织的贡献，对其在组织的表现进行客观评价，并对其以后的职业发展提出一些有用的建议，当然对于过去的不愉快(如果存在)应该采取相互谅解的方式一并解决。对于辞退员工的情况，应该提前与其耐心沟通，肯定他的贡献和能力，并将解聘归咎于组织的变革或岗位与人才的不匹配等原因，而不是被解聘人员的能力和其他单方面的问题，其他的内容与辞职沟通基本类似。

调薪也是人事管理的一个重要手段，本质上该手段属于前面提到的资源分配范畴，通过薪酬的调整达到资源分配更合理的目的，保证所有在岗人员的积极性和资源分配的公平合理性。管理者应该定期核查各岗位人员的薪酬情况，通过对比其贡献值确定是否应该调整薪酬。调整薪酬包括涨薪和降薪两种情况，对于涨薪，主要适用以下情况：工龄达到一定标准、职位提升、换岗、个人能力明显提升、某一方面起到了示范作用、重点培养对象、工作业绩突出等，在涨薪时要与涨薪者进行沟通，明确其涨薪原因，肯定其表现和贡献，进一步提出更高的要求，并鼓励其不断进步。对于降薪，常见的原因之一是行业或公司整体的不景气，需要对部分非核心岗位进行薪酬调整以确保组织能渡过难关。这时候对降薪人员的选择和细致的沟通非常重要，一定要争取他们的理解，明确降薪的缘由不是其本身的问题，而是组织的问题，要感谢他能为组织的生存而牺牲自己的利益，管理者要考虑这些人员的额外贡献，可能的话将来要进行弥补。降薪的另外一种情况是作为惩罚性措施，比如某些人员贡献较低(相比薪酬)、表现较差、违反纪律、工作成果不达标，或者出现了有损公司利益的行为，如果还达不到将其解聘的程度，则可以采用降薪的方式对其进行警告。这种情况下，管理者也需要与其进行细致的沟通，告知降薪的原因和补救挽回的方法和途径，并应该对其进行鼓励，给予其信心，期许其未来的工作能够改变现状，重新获得薪酬的提升，确保降薪措施能达到激励的目的但不会带来过度的负面效果。

休假也是管理者在人事管理方面的一个重要手段，对于一些为组织作出了贡献的人员，在市场不够景气时，可以考虑让这部分人员多一些带薪休假的机会，作为一种奖励措施。另外，对于一些经常需要加班的岗位，也要考虑给予一些额外的假期，以使其能够劳逸结合，避免人员的过度劳累和工作效率的下降。准予带薪休假作为一种辅助奖励手段，有很多好处，一方面可以调节人力资源密度，让员工能适应整个市场的节奏(尤其是以人力资源为主要生产要素的组织)；另一方面可以给予工作强度(体力或脑力)较大的岗位人员一些调整和恢复的时间，以助其保持长期的工作效率。另外，休假作为一种奖励手段，可以不需要直接给员工提供额外的资金支出，对于资金较紧张的组织来说无疑是一种员工激励的好方法。当然取消休假不能作为惩罚性措施存在，因为国家法律规定的假期(比如年假和法定节假日的假期）必须允许员工休假，不能以任何理由剥脱法定假期。

管理者应该参与自己管辖范围内岗位的人事管理，确保权责利相匹配，也就是说管理者应该具有使用人事手段进行团队管理的权限。如果管理者不能做到亲自参与下辖岗位的人事管理，则有可能会为自己的管理成果推卸责任，且这些岗位的人事情况只有直接管理者最为熟悉，让其他部门或人员去负责相应的人事管理，势必会引起人岗不匹配的现象。而一旦出现不匹配的问题时，管理者如果没有权限进行调整（通常只有直接管理者能够发现问题），将会对组织成果产生不利的影响，更重要的是，管理者会因此没有积极性去处理这些问题，从而进一步对组织的成果造成负面影响。

有些组织可能因为特定的制度问题（如人事管理权由人事部门全权代理）而使得子团队的管理者没有相应的人事管理权，此时，组织的高层级管理者，应该进行人事改革将人事权重新分配给每一个子团队的管理者。组织的中级管理者，则应该与上一级管理者沟通，以获得本部门相关的核心岗位的人事参与权（包括招聘、薪酬和绩效评价等）。理论上，人事部门不应该对人事管理负主要责任，人事部门更多的是根据各团队提供的用人需求负责安排招聘工作，负责劳动合同的签订（合同主要条款依然需要与用人的团队管理者协商），负责人事档案的管理，负责人才库的维护等，至于真正的人事管理工作都应该交由各子团队具体负责。除此之外，组织的人事部门还应该负责整个组织的各层级管理者的聘用，协助执行组织的人才培养计划，负责协调各个部门之间的人员调整和人事使用等。

3. 沟通是最重要最常见的管理手段

管理者需要经常就任务或项目进行沟通，包括任务安排时的沟通、任务执行过程中的沟通、听取汇报和反馈、过程改进沟通等。管理者还需要就人事的使用进行沟通，包括团队成员的上岗沟通、执行任务时的表现沟通、阶段性的反馈沟通和绩效沟通等。管理者需要对下属的表现进行评价和激励，需要了解下属的真实想法和实际诉求，需要通过有效的沟通实现人员和岗位的匹配，实现对人员的培养和历练，实现整个团队的精进和高效。

沟通手段是管理者最重要、最常用的管理手段之一。大部分的管理任务都需要依靠沟通来实现，甚至可以说只要有人力资源要素的存在，就不能缺少沟通。沟通的方式方法和沟通的有效性直接决定了沟通的成果，各项管理任务中沟通的综合成果又决定了最终的管理成果，因此管理者应该重视对自我沟通能力的提升。

沟通包括向下、向上、横向沟通和对外沟通等。管理者最重视或最常执行的是向下沟通，因为向下沟通最常见，也最容易，大部分的中低层级管理者主要进行的都是向下沟通，向下沟通的形式包括谈话、激励、指导、检查等。其次是向上沟通，通常也比较容易，但管理者容易缺乏主动性而做得不够到位，大部分的中低层管理者都容易陷入纷繁复杂的任务管理工作中，即带领团队完成上级管理者安排的任务，而忽视了主动去向上沟通，认为只要完成上级管理者交给的任务就行了，并主观地认为应该由上级管理者主动发起沟通。向上沟通其实更重要，因为所有的成果都需要向上反馈形成更综合的组织成果，上一级管理者也需要通过掌握所辖团队的分项成果来做出决策，而且主动向上沟通还可以获得更多的有效信息和可用资源，使得任务的执行更符合组织目标。向上沟通还充分体现了管理者的主动性，对于提升管理成果和提升管理者自身的综合能力来说都非常重要。向上沟通的形式包括汇报、反馈、要求、请示、求助等。相比对上和对下沟通，横向沟通的难度更大，因为沟通双方是平等的，这意味着互相之间没有直接的指令关系，更多的关系只有合作、共享、互助等，此时的沟通是否有效需要靠个人的影响力和一定的沟通技巧。横向沟通的方式主要有谈话、协商、询问、答复等。最难的沟通是外部沟通，因为外部沟通最大的问题是沟通双方的利益是不一致的(即使是上下游组织之间的战略合作关系也没有一致的利益关系)，所以沟通更需要巧妙地选取恰当的立场和较高的沟通水平，通常中高层级管理者要面对更多的外部沟通，而低层级管理者如果存在外部沟通也是固定内容的沟通，对组织的整体成果不会有太大的影响。外部沟通的方式主要包括商讨、谈判、征询、确认、函件往来等。

对于外部沟通，管理者需要注意几条基本原则，其一是外部沟通通常应采用更正式的形式进行，更正式的形式一方面可体现组织的形象，另一方面可以达到更好的沟通效果，同时还可以起到保留沟通证据的作用；其二是对外沟通应该做好充分的准备，包括沟通的目标，对沟通对方的了解，沟通需要的细节材料等都应该提前熟悉和掌握，确保沟通效果；其三是在沟通过程中要把握一条原则，那就是代表的是组织的利益，应该按照明确的沟通目标进行，整个沟通过程都应该为达到沟通目标而努力；其四是对外沟通除了应该关注组织的自身利益以外，也应该考虑对组织未来的影响，根据不同关系的沟通对象，采取不同的态度和方法等。比如与组织的主要客户沟通时，需要体现出尊重、重视和信任等，而对于上游合作伙伴，则更应该体现出组织的原则和主张，以达到特定的沟通目的。

主要的沟通手段包括一对一沟通、管理团队会议、小组会议和全体会议等。各种沟通形式都有不同的适用场合，也有不同的沟通要点，管理者要灵活地根据实际情况选择使用。

一对一沟通是所有沟通方式中最常见的方式之一，优点是更有针对性，且相对较为私密，可以进行更深入更具体的沟通，也能让被沟通者感受到被重视，效果也是最好的。相对地，它的缺点就是沟通的覆盖面较小，属于点式沟通，因此管理的效率也就偏低。基于这种特点，一对一沟通通常是管理者用来与自己的直接下属或关键岗位人员(有些小型组织也可以覆盖到大部分岗位人员)进行沟通的手段，尤其是针对团队人员自身的职业发展和绩效反馈等内容通常都须采用一对一沟通，还有调岗前和调薪的沟通也应该采用一对一的形式。一对一沟通需要注意的是，除了表达相关的情绪态度和沟通内容之外，还应该聆听对方的意见和反馈，一方面需要从态度上尊重对方的意见，另一方面需要通过信息的双向流动达成沟通的目的，只有获取对方的信息才能知道对方的真实想法，也只有获取对方的反馈才能评估沟通效果。沟通时需要引导整个对话，但不能只说不听，如果对方不善言辞，或对方表达有所顾忌，则需要管理者创造坦诚的谈话环境，并通过提问的形式引导对方尽可能表达真实想法。沟通的最好效果是通过聆听对方的内心真实想法去满足对方的真实诉求来达到双方共赢的目的。总之切忌将一对一的谈话沟通变成了一次单方向的说教，这样的沟通效果会低于预期。对于一对一的沟通来说，在沟通之前需要先确定好主题，以提升沟通效率。如果是基于工作任务或工作方法的主题，比如就安排某一特定任务进行沟通，管理者可以主导沟通过程，主要是提出要求，协商进度等。如果是激励性质或培养性质的沟通，则应该以对方的利益为出发点进行沟通，比如协助对方的职业规划等。沟通的目的一方面是解决问题，另一方面也是为管理者创建影响力，管理者获得影响力的关键是要将焦点放在对方身上，通过这种激励性质的沟通，可以了解对方的深层次想法，从而可以为对方的职业发展提供一定的帮助，也可以借此判断对方现在的岗位和之后的岗位进阶规划是否与其本身的设想相符，最终的目的是确保组织与个人之间信息的匹配。

管理团队会议顾名思义就是召集所有管理者一起进行沟通的会议。管理团队的会议很重要，是组织所有任务和项目的起点，也是各种管理目标达成的阶段性检视点，同时也是最终结果的呈现点。

管理者通过会议需要达成以下管理目的：第一是掌握整个组织的状态和所有任务的进展情况；第二是了解管理团队的工作状态，为管理团队注入继续前进的动力；第三是落实组织目标的达成情况，部署关键流程和关键任务的改进要求；第四是了解组织内各重要岗位在外部市场、内部任务执行和团队管理等过程中遇到的问题等，并协助解决这些问题。

管理会议需要定期召开(比如每周一次，定期召开可以避免被其他因素干扰而取消)，在会议中，既需要总结过去一阶段的执行情况，也需要部署下一阶段的任务，还需要研究制度的制定和执行，以及讨论各相关人员的表现。这几项内容应该成为会议的固定议程，偶尔也需要讨论一些组织内部出现的问题，管理者应该判断问题的级别和重要性，从而做出相应的处置。比如将低级别的问题分配给某一对应层级的管理者放在部门会议中去讨论解决，切忌不做判断和选择而直接解决所有问题，这样会议的效率会降低。通常管理团队会议仅解决涉及全局，或涉及关键流程的问题。会议需要有互动性，需要调动每一位管理者的积极性，积极地发表有用的观点，也需要管理者控制好讨论的主题而不偏离方向，即既需要集思广益，又需要确保沟通的效率和效果。与所有的会议一样，管理团队会议也必须重视成果，必须是互动的，高效的和有效的。通常组织的管理者基本都有较强的执行力、积极性和思考能力等，相对而言比较容易达成有效的意见。但是会议切忌大而空洞(高层管理者的战略性会议除外)，只谈战略不谈实际内容将会使会议变成毫无成果的一种形式。组织的最高层级管理者也可以将管理团队会议进行轮值管理，比如每一次的会议均设置一名轮值会议召集人和主持人，确保将所有的与会者的积极性都调动起来，同时可以避免会议无故被取消。

小组会议也是管理者实现管理目的的一种手段。通常的小组会议有项目小组会议、部门会议，或者为特定目的临时召集的几人小组会议。会议的发起人可以是管理者也可以是项目负责人或部门负责人等，通常会议的目的是讨论特定的问题或交换特定的信息等。小组会议的沟通形式灵活，可大可小，可长可短，可以是不同层级的沟通，也可以是并行部门之间的沟通，可以是正式会议也可以是非正式沟通；当然灵活性带来的弊端就是有效性的问题，对此，会议组织者应该明确好会议主题，明确好会议参与人员，确保参与人员都是必要的和有助于解决问题的，切忌将会议变成了无主题的讨论会。如果是管理者组织的小组会议，也可以是资源协调会议，当某一项任务涉及多个部门时，主责部门可能会向管理者申请小组会议，需要管理者对参与的各个部门分配权责界限和资源权限。此时，管理者应该让主责部门在会前先提出多种方案，并提前进行沟通，确保小组会议的沟通能达到目的且更高效。

全体会议通常在小型组织中经常采用，如果涉及组织的整体文化、全员的活动，或大型项目的组织等，管理者可以召开全体会议。全体会议的优势是沟通效率高，传达面广，且有利于统一思想；劣势是沟通和信息流动单向，不适用于问题讨论，因为全体会议参与人员较多，如果展开讨论，难以达成一致，势必导致会议时间过长；所以，全体会议之前一定要提前将会议内容做好计划，并将内容告知与会人员，如果需要特定人员发言也应该提前告之让其先进行准备，确保会议紧凑顺畅。如果会议过程中有大家不理解的或不一致的情况，应该记录下来，在会后进行解决或小范围沟通，会上提出的一些建议也可以会后解决。管理者应该利用全体会议传播高效的优势，进行一些重要内容的宣讲和传达，比如组织整体的价值观导向，组织的文化理念，组织的战略方向，以及组织的人才培养体系和绩效体系等，都是属于比较重要的内容，应该在全体会议上进行沟通。总之，凡是在全体会议上进行公告的内容都是属于组织最重要的内容，否则没必要在全体会议上对每一位成员进行演讲。

三、管理方法

管理方法是指在管理工作中，为了达成某些管理目的需要执行管理任务，针对这些管理任务采取的某些特定的手段或方法。这些方法涉及管理工作的方方面面，如果管理者能够掌握，可以提升其管理效果和提高其管理效率，甚至会成为取得管理成果的决定性因素。这些管理方法也是普通管理者进阶为优秀管理者必须要掌握的，掌握这些方法能够提升管理者的管理水平和能力，能够让其更有效地把控好管理过程，从而取得更优秀的管理成果。

管理方法包括管理者经常面对的管理任务的管理方法：执行任务的计划和动态改进方法、战略制定方法、战略执行方法、问题分析的本质辩证方法、解决问题的方法、团队管理的即时反馈方法等。也包括一些通用的管理方法，比如事物管理方法，注意力分配方法，价值匹配法等。管理者除了需要掌握这些基本的管理方法之外，还需要将这些方法应用于管理实践，并不断地进行自我提升，一方面改进和优化这些方法，另一方面提升这些方法使用的熟悉程度，达到自如的应用。另外，管理者还应该将这些方法传授给更低层级的管理者，低层级的管理者对这些方法的使用可能相对较小，管理者需要将这些方法的原理和使用的技巧传授给低层级的管理者，从而帮助他们提升管理效果。

1. 执行任务的计划和动态改进方法

对于任何工作任务，都有基本的执行方法和流程，没有好的固定的方法将会带来很多问题：最大的问题就是任务的执行没有达到预期的效果，其次就是效率低下和引起资源的浪费，再次是会体现出管理者执行力较差，对其影响力造成负面影响，最后是会对周边的环境造成不利的影响。所有这些问题对于管理成果来说都是有害的问题，会导致管理效率的低下。执行任务的基本方法是计划和动态改进方法，对于较为复杂和周期较长的任务尤其适用。

第一步是确定任务的目标和计划，没有目标就是失败的开始，没有合理的目标也会致使失败或效率低下。目标确定合理是指目标既不能太低，也要切合实际。目标太低，最后达成的结果可能会比预期的目标还低(而实际结果高于确定的目标相对少见)，也就是说可能实现不了既定的目标，目标太低也无法充分挖掘任务执行主体的主观能动性，因为不需要太多努力就可以轻易地达成目标。而如果目标确定的太高甚至大幅超出执行团队的能力，则有可能在任务执行过程中因过于困难或因无法达到目标而选择放弃。目标确定之后，需要根据目标确定具体的行动计划。制定行动计划包括分析任务的难度、特点和所需要的资源，并将任务的目标进行分解，找到实现目标对应的有前后递进关系的一系列措施。行动计划的制定的要求是，行动计划一定要具体可执行，可检查，甚至有量化的指标，如果一个行动计划描述不清楚或无法衡量，执行的过程和结果将无法保障，即所谓“说不出来做不到，说不清楚做不好”。

第二步是任务的执行和过程检查。执行应该是分阶段递进的，检查和执行是相互穿插的，在执行的过程中，通过对任务的进度和质量进行检查，并与计划进行对比核查，从而确定下一步任务执行的方向和是否需要加入其他控制措施。检查是至关重要的，直接决定了任务是否能按期完成，是否能达成预期目标。如果检查过程中发现任务的执行进度和质量偏离了既定的计划，应该及时地分析具体原因，找到能够改进的措施，并相应地调整行动计划，以确保下一阶段能够进行弥补。过程检查之所以必要，是因为任务的执行会受到很多因素的影响，最初的计划可能并没有考虑周全，加上一些人为的因素，过程中出现一些偏离是很正常的，考虑到过程通常没有自动纠偏机制，通过设置检查节点人为地进行纠偏将会是达成目标的有效的方法。

第三步是根据检查结果进行行动计划的调整。如果检查结果不如预期，则需要立刻分析原因，找到真正的原因，并找到其对应的空间部分、时间部分和相关的人员等信息，逐一分析各个因素。如果是多因素复合产生的结果，则需要确定各因素的权重排序，按照权重排序依次采取措施，改变资源状态或改变资源配置，包括物质资源、人力资源和管理资源等。通常情况下，过程偏离预期的原因是执行不到位、资源配置不合理或由一些意外因素引起的，此时除了改变资源配置和改进流程外，还可以考虑增加管理要素(比如增加管理人员或上一级管理人员增加注意力的投入)、更换相关责任人等。

在调整计划和采取纠偏措施后，继续执行任务，直到下一个检查阶段节点，再一次核查任务执行的情况，再一次做出优化和调整，不断重复这个过程，直到最后确保任务能按照既定的时间和既定的质量标准达成目标。除了定期的阶段节点检查，根据管理者的注意力情况还可以增大过程检查的频次，不定期的检查可以进一步加大控制力度，进一步保障任务执行的成果。

在任务执行计划和动态改进的过程中，管理者起到的作用包括：发起任务、制定任务目标、指导制定任务执行计划、过程检查、指导调整计划和采取纠偏措施等。管理者应该主导这个流程，并着重关注过程检查，一个组织之所以能够高效地运转，最后能够实现既定的目标，是因为加入了管理者的主动管理，如果缺少各级管理者的主动管理，最后的组织目标将会大打折扣或者至少在实现预期目标方面存在一定的风险。

比如，团队有一个小目标是在两个月内完成一份关于某一种产品的市场调查报告，那么任务的主责管理者会组织团队成员进行分工，并制定具体的行动计划，基本的行动计划如下：①一周内完成本市的产品数据调查；②两周内完成一半的周边城市的产品数据调查；③三周内完成另外一半周边城市的产品数据调查；④一个月完成数据整理；⑤第二个月前半个月完成调查报告初稿；⑥最后两周完成调查报告的修改和完善，形成终稿。在制定完计划后，管理者会安排团队按照这个计划开始执行，如果没有加入过程检查和纠偏调整的主动控制环节，这个计划的执行可能是这样的：第一周由于天气原因，有一天没有完成数据调查，由于某一个成员因突发事件请假一天又缺失一天的数据。这样第一周下来，本市的产品调查数据并不完整，接下来可能在第二周继续完成第一周未完成的任务。这样三周下来，可能有三分之一的数据调查没有完成，然后就会占用后面的调查报告的撰写时间，最终可能导致调查报告的终稿没有如期完成。另一种可能性是最终完成了报告，但是由于各项数据不完整和部分数据有纰漏，导致整份调查报告达不到预期的质量，这就是没有过程检查和纠偏过程得到的结果。

而如果加入管理者的过程检查和纠偏等主动控制环节，则会有完全不同的结果。比如同样第一周下来，出现了一些数据缺失，通过节点检查发现数据调查进度滞后，管理者会组织团队分析其原因，是人手不足的原因，还是数据调查难度大的原因，这时管理者会要求团队根据这些原因做出弥补或采取改进措施，比如增加人手，或安排员工周末加班完成数据调查，或第二周增加调查强度等，以确保第二周结束后数据能够按照既定计划完成。如果第二周又出现了别的原因导致数据调查出现新的问题，第二周的过程检查又会有分析原因、调整计划和采取措施这一过程，确保进度和质量不会偏离太远。总之，过程检查会使得整个计划能够得到控制，从长期看行动一定是与计划相吻合的，这样最终出来的调查报告就会在时间上和质量上符合预期，实现既定的目标。

所以，管理者的过程控制对提升组织的成果是至关重要的。不同层级的管理者承担着不同级别任务的过程控制工作，不同层级的管理者对同一任务的控制深度并不相同。比如直接负责任务的管理者需要在每一个任务执行步骤都进行控制，包括计划、部署、检查、指导、分析原因、提出方案等，而上一级的管理者只需在关键节点进行控制，包括检查和指导，更高一级别的管理者则只需对最终的结果给予关注即可。

2. 问题分析的本质辩证分析方法

对待任何问题，都需要用本质辩证的方法去分析，以保证分析问题的理性客观，同时能够让问题分析更加深入和全面。看问题看到其本质是深入的体现，看问题能够辩证地看待是客观全面的体现。

任何已有的问题，都需要采用正确的方法去处理，在处理之前，必须要对问题进行客观深入的分析，看到问题的本质问题的影响大小，这是恰当解决问题的前提。看到问题的本质需要将问题相关的各项要素整理清楚，舍弃次要方面的干扰项，去除表面现象，找出问题主要的联系，问题产生的本质原因和问题本身代表的内涵等。问题的联系中最重要的逻辑关系是因果关系，即明确某一结果所产生的原因，然后区分各个原因的权重大小，最后找到主因，通过不断地重复因果过程，最终确定表面现象的核心本质。看到问题的本质能够保证解决问题的方向不会偏离，解决问题的方法不会错位，同时能够节约解决问题的时间和资源等。

看待问题的辩证方法是指任何问题的产生和存在都有两面性需要从辩证的两面去看待问题。比如，问题产生的原因既有客观的原因，也有主观的因素，问题的产生既是偶然的，也有必然的成分。问题的存在也有两面性，一方面，会给组织带来负面的影响，或者对组织的成果产生影响；另一方面，问题也会给组织带来反思总结的机会，带来进步的机会，问题的暴露反而会促使组织改进行为。问题的解决也具有两面性既需要考虑问题的本质，也需要考虑其他弱相关联系可能带来的影响，使得问题的解决尽量全面完整，不出现任何遗漏。辩证的问题分析方法能够让管理者保持足够的理性，保持更宽泛的视野，不会陷入死胡同，这样能够确保管理者的问题分析能力处于较高水准。

管理者在处理问题时，必须采用本质辩证方法，即在分析问题本质、解决主要矛盾的基础上同时考虑辩证思维分析，这样可以在正确处理问题的同时兼具效率和全面性，是处理问题最有效的分析方法，管理者应该通过反复地实践不断地提升运用的熟练程度。

3. 战略制定方法

组织的战略是指组织的发展方向、一系列中远期目标和对应的实施计划等。战略的特征是：在整个组织高度的目标和计划，在尺度上是宏观的和整体的，在时间上是长远的，涉及整个组织未来的决策和事项。战略的制定是组织最重要的事项之一，通常根据战略的不同类型和级别由不同层级的管理者制定。制定的方法依据不同的制定主体可分为董事会制定、高层管理者制定、高层管理者与其参谋团队制定、管理团队制定、各子部门意见汇总制定等。具体由谁制定通常跟战略所涉及的资源权限和信息权限有一定的关系，比如涉及与其他组织的合作问题，就会涉及组织所有权的问题，此时只有董事会才具有权限进行决策。

各种组织战略中，最重要的是组织的整体发展方向，包括两个方面，一是经济目标，包括组织的市场占有率目标、行业地位目标、组织营收目标和盈利目标；二是发展目标，包括产品优化方向、核心竞争力的方向和组织的发展规模等。这些整体的战略目标应该由组织的所有者和最高层级的管理者共同制定。制定这些目标时，一是基于组织现有的资源和特点，二是看组织所处行业的发展情况，三是看组织所有者和经营者的信心和要求，这与他们的胸怀和境界有一定的关系。如果组织处于一个高速发展的行业，且组织有较为完整的核心竞争力，组织的所有者有较大野心，此时组织的战略目标将会偏于乐观和激进。相反的情况下，组织的战略将会偏保守和谨慎。

除了定性的判断，组织的战略还应该依据大量的事实分析作出更客观的判断，主要包括以下几个方面，一是要搜集详细而客观的市场资料和组织自身的详细评估资料(包括人力资源资料、财务信息等)，然后根据这些资料对组织及其商业环境进行客观地分析和评价。这里的客观性非常重要，因为人们总是倾向于将对自己有利的因素放大，而对不利因素则因存在侥幸心理而被忽略，如果分析不够客观将难以获得准确的战略目标。二是要对市场(包括政府经济政策、行业发展趋势、行业发展的限制因素和利好因素等)和组织的未来做出客观的预判，并在组织和外部环境之间找到强逻辑联系，以此作为制定组织战略目标的依据。组织的决策方向要与市场情况和组织自身情况匹配，避免错失机会或盲目冒进。比如在市场行情向好和组织核心竞争力较强的情况下，组织决策者却偏于保守，这样将错失发展的机会。三是组织的整体决策过程应该要让组织的中高层管理者参与进来，比如市场总监、财务总监、人力总监、技术总监等，因为他们处于市场或生产的一线，既能够感知市场又能够感知组织自身，他们掌握的信息具有较大的价值，应该被重视。四是战略发展目标的制定需要在前述三条对客观事实分析的基础上，加入一些勇气和果断，要相信决策者在市场上多年摸爬滚打所习得的市场敏感性，而不是瞻前顾后，犹豫不决，贻误战略机会。总之，组织的整体战略目标代表了或者说决定了组织未来的发展方向，一定要相对准确和成熟。另外，一般组织的战略目标可能会是三五年目标或者更久远的目标，所以也应该及时关注决策因素的变化，及时地对战略目标进行调整和优化，避免出现固化思维而影响组织的发展。

对于一些相对稳定的基础性行业，比如医药、食品行业等，具有核心竞争力的组织（比如具有某些配方的祖传秘方等）的最高战略目标也可能是稳定而持久的，很多百年老店，其一开始就将“做百年老店”确定为最高战略目标，这种情况下，稳定的目标会让组织发展更加有序，更加理性，更加持久，是战略制定的最佳选择。

在确定了组织的战略目标之后，需要制定战略执行计划，即对组织的战略进行细化和深化。执行计划是对整体目标的分解，是将目标落实到行动的载体。通常执行计划可以分成两种，一种是对目标按时间维度进行阶段性分解，另一种是对目标按空间维度进行部门之间的分解。一般的组织倾向于对目标进行时间维度的分解，即以时间节点为主线，确定每一个时间节点需要达成的分步目标，比如说经济目标，总共要实现多少营收，分解为每一个时间段需要实现多少营收，设定时间节点的分目标。目标分解是最终目标实现的关键要素，需要在中间设置检查节点，在发现有偏差后分析找原因，然后改进其中的不利因素，或者增加相应的措施，以确保按计划执行并与最终的目标一致。在进行目标分解之后，就是制定目标实现的保障措施和行动计划。所谓保障措施就是如何才能实现设置的目标。比如要实现营收的翻番，需要有业务增长的措施，有团队生产能力增长的措施，如果没有任何的主动改进措施，还是照搬已有的思路和做法，则很难实现营收的大幅增长。要实现营收的翻番，必须找到快速扩张市场的方法，比如引进高效的生产线，增加新的产品品类，扩大销售或业务的区域，开办分公司等，只有明确了有效的措施，才能制定切实可行的行动计划。与保障措施不同的是，行动计划更加详细，更加具有可操作性。比如，采取的保障措施是引入新的另一条更高效的生产线，则需要制定相关的行动计划，包括引入生产线的可行性和对营收的定量影响的分析报告，引入的时间节点，引入生产线的资金怎么解决，生产线引入之后的技术问题，各行动步骤的时间节点和具体的负责人等。通常行动计划包含若干个相关的行动步骤，每一个行动步骤都应该包含时间节点、负责的部门或负责人、资源的配合，以及最后衡量结果的标准等。

组织的战略执行计划通常由组织的首席执行官、组织高层管理者共同制定，必要时应该让组织的所有者参加，尤其是制定目标实现的保障措施环节。有时候保障措施的方向和概要也会在战略目标制定时就考虑清楚，因为只有可靠的保障措施才能支撑战略目标的实现，或者说由某一个保障措施会引出相关的定量的战略目标。执行计划中的行动计划则是组织的经营者们细化保障措施的过程，同时还可能会添加一些具体的二级保障措施，目的是确保战略计划能在既定的时间内实现，这些更细节的计划制定则应该让更多的更低层级的管理者参与进来。

总之，组织的战略制定是一项系统的工作，需要组织的所有者和最高层经营者共同主导，逐级逐项完成。作为组织发展的一个纲领性计划，战略制定的好坏直接决定了组织未来的走向和组织的发展前景。战略制定方法的应用能够让组织的战略制定更容易、更有效、更准确，需要组织的最高层管理者重视并不断地完善，最终确定最适合组织特征的方法。

4. 战略计划执行方法

战略计划的执行通常包括执行前的部署和宣传、指派执行负责人、执行节点核查、定期总结改进和优化、最后成果的检查和总结等。

一个战略执行计划通常会包括很多的子计划，完整的执行计划应该包含以下几个要素：具体的行动、执行负责人、执行期限、检查标准和督察负责人等，因为是执行计划，所以通常都比较细致具体，具有可操作性和可检验性。组织的战略计划制定完成后，执行才是成果落地的关键，是整个计划的重中之重，因此还应该有具体的计划执行措施，确保执行计划被顺利地实施。

首先，管理者应该召集所有的部门负责人对执行计划进行详细的解释，包括计划的重要性和计划的依据，以及如果执行不利会产生的后果等，并让各个子计划的负责人熟悉整个计划，让其了解自己负责的部分在整个计划中的位置，如果有相关的疑问可以讨论沟通，以确保所有的执行者获取完整的执行计划的信息。

其次，是对整个执行计划指定相关的负责人，不仅是计划的执行负责人，还包括计划执行的督查责任人。他们通常会由对应的管理者来担任，比如由市场部执行的子计划的具体执行负责人是市场部经理，而被委派的督察负责人则应该是市场总监，市场总监应该对这个子计划的执行情况进行一系列的检查工作，并定期组织执行团队围绕执行目标对执行计划进行优化和改善。

最后，便是计划执行的节点检查。根据计划制定时设置的阶段性节点，进行节点检查，同时在过程中也可以进行不定期的检查，将实际执行情况与执行计划进行比对核查，及时发现问题，并对出现的问题及时采取补救措施，避免其影响最终计划的实现。比如执行进度计划的检查，一旦发现实际执行进度落后，应该分析其具体的原因，然后针对原因做出调整和改变。比如若是采购材料不及时，则应该重点解决材料采购的问题，确保不会再出现类似的原因再次影响进度计划。同时对于已经落后的进度还应该采取一些补救措施使得进度能及时地赶上来。总之，过程检查是非常重要的，是计划按时执行的保障，是计划执行的关键步骤。

除了定期检查及时发现问题外，管理者还需要定期地对各项任务的执行进行总结和控制，沟通进度和问题，并提供优化建议，对资源配置进行改进，或提供必要的技术和管理要素支持。只有从上到下都在关注整个执行计划，才能够确保其始终被有效地执行，尤其是对于执行层面的较低层级的管理者或普通员工来说更重要，因为他们很难觉察是否已经偏离了执行计划。

最后，就是对执行计划完成后的成果进行检查和总结，计划的完成并不代表着团队任务的终了，而只是组织发展的一个阶段性节点，此时应该重视对计划执行情况进行总结。有时候团队成员在完成计划后转变为轻松的状态，不愿意去总结，而且还有随之而来的新计划，所以容易忽略对计划的执行进行总结，因此，管理者必须要有总结的意识或者为执行计划建立总结的制度。总结对于后续任务的执行有很多的借鉴作用，比如人员的使用、资源的配置、进度和质量的控制等方面都需要总结经验，对于一些任务执行不力的情况或成果不如预期的部分也是需要总结的关键部分，通过总结能加深印象，避免再次犯类似的错误。相比任务的执行来说，最后的总结不需要太多的投入，只需对已经发生的事件进行回顾和梳理，以较小的投入即可获得较大的价值，管理者应该把握这种高效的提升组织效率的方法。

5. 管理者的问题解决方法

管理者的问题解决方法是一种综合的方法，不止包括具体的解决方法，还包括问题的分类、问题解决的方式、态度和解决问题的能力等。

管理者解决问题的第一个步骤就是在解决问题之前先明确解决问题的目的，将问题放在一个大的环境中去判断，判断其重要性和难度，甚至考虑该问题是否应该解决，在管理中有些问题让它继续存在也可能是更好的选择，比如一些竞争对手的因素，它本身也是促进组织发展的动力之一，在不影响大局的情况下可以不用急于解决；如果管理者确认该问题需要解决，则需根据问题的重要性和影响大小进行分级，确定应该在哪一个层面去解决，如果是属于战略性的问题，则应该由高层管理者解决如果是细节问题则应该由低层级的管理者解决。如果管理者遇到的问题由于资源权限等原因解决不了，则应该向上反馈，将问题解决的责任归属到更高层级的管理者。对问题进行级别归属是非常必要的，既可以让产生的问题得到合理的解决，又可以在一定程度上节约资源(避免高层级的管理者解决低级别的问题)和提高组织的整体效率。

在确定好解决问题的层级后，则应该对问题进行分类，一方面是让最合适的人员去解决，另一方面则是判断问题的轻重缓急，在最佳的时间节点解决问题。通常对于很多突发问题，如果涉及外部客户，都需要快速地去解决；而对于很多内部的细节问题，则可以适当地在考虑成熟后选择更佳的解决方法。此外，解决问题需要确定相应的负责人，由其负责分配解决问题的资源和对解决问题的结果负责，有明确的责任人是合理解决问题的保障。

如果问题需要由管理者自己解决，则应该对问题进行分析，判断问题产生的原因和本质，找到问题的本质后，通过改变产生问题的一些要素来达到解决问题的目的。对于一些已经产生影响或损失的问题，需要迅速采取措施进行补救和止损。如果待解决的问题是属于技术为主的问题，则应该协调技术资源进行解决。如果是属于外部问题或与人相关的问题，则应采取沟通、人事手段、谈判等方式解决。在解决问题时，注意不要将解决方法局限在组织内部，必要时还应该寻求外部资源的帮助。

对于重要的问题，还需要在解决问题之后向上反馈，反馈解决问题的结果，并且需要判断是否还有遗留问题，以及问题带来了哪些影响，是否还要采取后续措施等。总之，对于管理者来说，解决问题不同于技术问题的解决，是一个更系统、更综合、更理性的过程。

6. 团队管理的即时反馈法

管理者经常要做的一项重要工作就是为即时发生的事和所涉及的人员提供即时客观的反馈，即时反馈法用于人员表现、绩效沟通、项目总结评价和人才培养等多个方面，是管理者必须需要掌握的一种团队管理方法。即时反馈法能提升人力资源使用的效率，能加快人才成长的过程，如果管理者不懂得使用即时反馈法进行团队管理，则会给团队和个人带来很多问题，包括已存在的问题得不到纠正，人员成长受限，人员效率低下，人员缺乏积极性等一系列问题。

通常管理者在遇到有问题的流程或状态时，有几种处理方式，一种是继续容忍，一种是在事后找出原因提出改进建议，还有一种是当时提出问题和建议，即时改进，即时反馈法属于第三种处理方法。如果采用第一种方法，管理者属于不作为，最后得到的结果肯定会不理想，因为存在的问题会继续影响组织的成果获取；采用第二种方法说明管理者具有一定的主动性，但因为问题的解决并不及时，除了仍然会部分损害组织成果以外，还会影响解决问题的效果，比如对于表现不佳的人员，如果没有即时得到应有的负向激励，事后再对其进行处理效果会受影响；采用第三种方法表明了管理者强烈的主动性和果断性，问题即时能够被解决，也有效地遏制了其他类似问题的发生，能获得较理想的成果。

即时反馈法的使用有以下一些原则，第一个原则是即时性，即在发现问题或在人员表现异常之后的第一时间就进行评价和反馈，以增加反馈的时效性，只有即时反馈才能达到反馈的目的，达到彻底改正的效果。另外，如果不即时反馈，很多时候也容易忘记反馈，忘记反馈就失去了一次增进管理绩效的机会，因此，反馈的即时性对于保障反馈的效果非常关键。第二个原则是真实性，即时反馈法需要客观真实，反馈的目的是通过给予被反馈者客观的评价，使其能够在下一次的表现中更加优秀，从而提升绩效和成果。反馈客观，才能让被反馈者正确地找到自己努力的方向或正确地认识自己的不足，如果反馈不真实，则可能会造成不必要的负面影响，比如让被反馈者感受到不真诚等。第三个原则是技巧性，即反馈必须要使用一定的沟通技巧，根据被反馈问题的性质和严重程度、对方的心态、对未来的期许、反馈的目的等因素采用不同的反馈方式，如果问题性质比较严重，对整个组织都存在不利的影响，或被反馈者存在违反组织核心价值观的情况，则需要即时当众对问题进行反馈，起到震慑或引导其他团队成员的效果。而如果问题只是对于个人来说比较严重，且本身态度没有问题，则应该私下与其进行沟通反馈，以使其能够意识到自己的问题并加以改正，同时又不会让其因为失误而感到失去尊严或信心。对于不同的情况管理者一定要判断其对大局的影响和对当事人的影响进行综合考虑，以确保达到最佳的管理目的和效果。

7. 事务管理的四象限法

四象限法是事务管理的通用方法，是一种宏观的管理方法，任何事物或项目都可以找到与处理方式相关的两个重要属性，将这两个属性作为两个坐标轴的参数，从而形成不同属性组合的四个象限，然后将事物或项目根据属性特征纳入四个象限中。根据不同的属性类别区分四个象限中的事物不同的处理方式，以达到提高资源利用效率和提升事物处理合理性的目的。下面举例说明四象限管理方法在事物管理工作中的应用。

对于需要处理的待办事项来说，其属性有重要性和紧急性两项，以此为坐标轴可以建立二维矩阵，形成四个象限。任何层级的管理者都要对待处理的事物进行四象限管理，即不同象限的事物按照不同的方式来处置，这样既能提升处理待办事项的效率，同时又确保不会遗漏任何重要的事情，四象限方法是提升个人管理绩效和管理成果的重要方法，这种管理方法有两个注意事项。

其一是需要准确地判断哪些待办事项是重要的，对紧急性判断相对比较容易，而重要性则要理性进行综合判断，所谓的重要性主要包括以下方面：对组织的成果影响重大，对组织的发展影响重大，对组织的品牌和形象塑造影响重大等。通常重要的内容一般是整体性的、长期性的。管理者要区分事项重要性和紧急性，很多事情非常紧急，比如加急的生产订单，必须快速安排生产，但这并不一定是重要的，因为也许这个客户只是组织所有客户中最小的客户，并不会对组织造成大的影响。管理者最常见的问题是把紧急当成重要，然后就会限于无穷尽的眼前事物之中，而忘了真正重要的事情，这样组织的长期成果会受影响。管理者还需要区分重要性针对不同层级的含义，很多事项对于管理者领导的小团队来说很重要，但对于整个组织来说则并不重要，相反，有些事项对于组织整体很重要，但对于管理者领导的小团队来说却不重要，管理者通常会选择优先去做好对团队重要的事项，因为作为小团队的负责人，他的焦点更多的是放在了自己所带领的团队利益之上，而对于组织大的利益则容易忽视，此时管理者要提醒自己站在更高的角度和更大的范围看问题。要保证个人利益服从团队利益，小团队利益服从大团队利益，即使从表面上看，小团队利益的满足会让管理者在小团队中增加影响力，但相比之下，只有整个组织向上发展了，大家的利益才能真正得到保障，小团队的管理者才能有更广阔的向上发展空间。

其二是要按照四象限法去执行自己的计划，知道哪些更重要并不代表一定会从行动上做到，如果仅仅在理论做了分类而实际并没有按照分类去做，是没有任何意义的。比如，管理者都知道重要但不紧急的事项比紧急但不重要的事项更应该优先执行，但在实际行动时容易倾向于优先处理后者，因为大部分人都倾向于优先处理被别人催促的事情，此时需要管理者保持理性，做出正确的判断，并严格按照判断去执行。

对于出现的问题来说，其属性有重要性和难易程度两项，依据这两项建立二维矩阵形成四个象限，将所有问题都纳入四个象限中按照不同的方式来管理。对于既重要又有难度的问题来说，管理者应该亲自处理，投入更多一些的注意力，因为有难度的问题需要更多的资源投入，需要更强的决策能力，所以需要更高层级的管理者去解决，以确保解决问题的效果。而对于重要但难度不大的问题，管理者则应该授权给相对低层级的管理者去处理，同时对过程和结果都应该给予一定的关注，以防止问题的解决出现偏差和延误。对于不重要但难度大的问题则可以考虑采用一些特殊途径去解决，比如借助外力解决，或者重新定义问题，将问题转移或转化之后解决。当然，还有一种方法就是放弃解决，采用其他措施弥补其损失。对于既不重要难度也不大的问题则可以直接将问题委派给相对较低层级的人员去处理即可。采用四象限法对问题进行宏观定位后处理有利于提升管理者问题处理的效率，有利于管理者注意力的合理分配。

对组织的资源来说，其属性有重要性和易得性两项，依据这两项建立二维矩阵形成四个象限，资源的采购或管理部门的管理者可以按照四象限法来管理相应的资源，具体的管理方式详见“降低资源使用成本”章节的论述。

有一种特殊的资源就是组织的人才，也可以采用四象限法来管理，其属性有与岗位相匹配的人才的重要性和稀缺性两项，组织的高层级管理者应该据此建立人才管理的二维矩阵，对各个象限的人才采用不同的管理方法。重要性指的是对于组织来说该岗位对组织的产出成果是关键的重要的岗位，即该岗位人员的表现优劣直接决定了组织成果的质量。比如创业阶段市场部门管理者的岗位，就是重要的岗位，因为对于初创组织，市场决定了其是否能够生存。稀缺性指的是某些岗位的人才是否是人才市场上比较稀缺的种类，或者说该类型人才在市场上是否供不应求，各种具有技术属性的管理人员基本上都属于稀缺人才。

对于第一象限的不重要但稀缺的岗位，组织只需通过正常的人员招聘渠道外部引进即可，无须为此建立培养体系。如果因为人才稀缺加剧而导致招聘结果不理想，则可以考虑将岗位功能并入其他岗位或者将该岗位进行重新定义，也可以用其他类型的人才去执行组织的任务。

对于第二象限的重要的且稀缺的岗位，组织应该建立完整的人才培养体系。比如对于组织中关键的岗位，同时岗位的匹配要求又是技术属性的管理人才，这类人才可能成为组织第二象限的人才。通常组织的高层管理岗位都属于这一类型，因为任何一个高管岗位都要求人才具有较高的稀缺能力，同时又对组织的成果具有极其重要的作用。对于这一类岗位的人才，组织应该由最高层级管理者亲自建立人才培养体系，从人才的招聘、筛选、历练、培养到人才的使用建立一套较为完善的制度和流程。对于较大型的组织来说，这个过程应该是一个多环节的完整的过程，即在任何一个级别的人才环节上都有对应的连续的人才培养行为，使得整个培养环节保持合理的人才梯队，即有现在可用的、有预备可用的、有正在成长后备的、也有刚进入人才培养环节的各种人才，这样可以确保在一定的时间段内都有可用的人才，因为第二象限的岗位不允许出现人才使用的真空期。当然所谓特定的人才培养体系，并不是脱离组织的经营生产过程独立存在的，而是与之相结合的，即人才培养分布在组织的各个生产经营岗位上，这样既能够提升人力资源的使用效率，也能使得人才培养更加实际和有效。

对于第三象限重要但不稀缺的岗位，组织应该重点考虑岗位与人才的匹配，应该用最合适的人才去匹配这些岗位，并不断地动态优化岗位的匹配度。同时也应该将这些岗位的人才培养纳入组织的人才培养体系，为这些岗位不断地培养更为优秀的人才。比如营销岗位，这些岗位对于组织的业务拓展很关键，但市场营销人才因其门槛较低而显得并不稀缺(实际上优秀的营销人才也是较为稀缺的)，此时，可能各营销岗位并不缺人才，但并非能够与组织的产品或服务完全契合，需要不断地对这些人才进行锻炼和培养，提升其岗位匹配程度。对于第三象限的岗位，管理者应该投入足够的注意力，并应该纳入组织的人才培养体系。

对于第四象限既不重要又不稀缺的岗位，组织可以将这些岗位的人员招聘和人才使用工作全权委托给人力资源部门即可，不需要有特殊的关注和培养，以避免浪费组织资源。

8. 注意力分配方法

注意力分配方法指的是管理者如何将自己的注意力合理地分配给某些任务或

某些团队或人员，是一种注意力分配的方向和比例。大部分的管理者都不会太在意自己的注意力分配的合理性，或者没有意识到自己的注意力对于团队来说是很重要的资源。事实上，管理者的注意力分配的合理性会对团队的成果产生直接影响，优秀的管理者总是重视优化注意力的分配，也会有一些合理的注意力分配方法，它们能够较好地保持管理效率。管理者的注意力分配方法，主要包括以下几个方面。

一是管理者的注意力分配应该根据目标进行，这里的目标主要指的是管理者所带领的团队的共同目标或者是更高一层级的目标。如果是组织的高层级管理者，则应该根据组织的整体目标进行分配。根据目标分配注意力，指的是将主要的注意力放在实现目标的关键事项上，对于与目标弱相关或无关的事项应该摈弃或者交由他人去关注，管理者依据影响目标的强弱程度对各事项进行排序，按照排序分配对应数量的注意力。当然，对于一些特殊情况需要特殊对待，比如可以根据自己团队成员的特点来调整自己的注意力分配，如果自己的助手在管理某些任务方面比较擅长，则应该大胆地让其去负责或管理，而自己则可以只担当监督者或检查者的角色即可，从而可以将更多的注意力投入到其他值得关注的事项中去。

二是注意力的分配也需要参照事项的四象限管理方法进行调整，即按事项的重要性和难易程度进行调整，越是重要的且更难(难是一个相对的概念，如果资源权限与任务不匹配，就会显得更难，即对于低层级管理者来说较难的事项对于更高层级的管理者就不会那么难，所以任务的执行主体一定要提前界定清楚)的任务，越是需要管理者投入更多的注意力，而其他的事项则应该投入较少的注意力。其实事项的重要性也是根据其对管理目的的影响大小来界定的，因此这条原则与上一条的标准是一致的。注意力分配还应该与权限范围内的任务难度相匹配，即不宜将过难或过易的任务纳入自己的注意力分配范围，过难的任务应该向上寻求更大的资源权限，或干脆交由上层管理者去处理，而过于简单的任务则应该考虑按照第三条原则进行充分授权处理，合理难度的任务匹配既能够让组织的资源使用效率最大化，也能让团队成员以最快的速度成长，从而使得团队的整体能力能够快速提升。

三是注意力分配需要与充分授权相结合，也要与人才培养相结合，即将有锻炼价值的任务留给需要培养的人才，也就是将可以交由他人完成的事情都尽量选择授权，让自己专注于更有难度和更有价值的事情。如前所述，任务的难度应该与执行任务的岗位的资源权限和岗位人员的能力相匹配，对于管理者来说简单的任务，而对于下级管理者来说则会变得更有难度，更有锻炼价值。

四是管理者必须将自己的注意力均衡地分配，包括以下几个方面：正常的工作业务、提升组织未来的竞争力、自我管理水平的提升等几个方面。管理者不能只关注组织当期的目标成果，还应该看得更长远，将提升组织未来竞争力的任务穿插地安排在日常工作业务之间，通常来说，这些积累组织未来优势的任务虽然重要但并不会很紧急，这些不够紧急的任务通常会被管理者遗忘或忽视。正因为如此，管理者必须要将部分注意力分配给除完成组织正常业务之外的其他事项，这些事项可以提高组织的效率，或者可以提升组织的竞争力，这些事项可能对组织现有经济周期内的产出没有很大的帮助，但会给未来的各个经济周期都带来有利的影响，甚至会促进组织越来越强大，促进组织扩大市场份额。相反如果管理者只关注眼下的生产任务，组织短期内可能不会受到太大影响，但长期可能会逐渐落后，因此管理者必须要关注提升组织的竞争力，越是高层级的管理者越应该为组织的未来投入更多的注意力。关注具有长远价值的任务也是管理者与普通岗位人员的区别之一。很多管理者对工作任务很上心，因为有上层管理者的监督，也有相应的惩罚制度进行约束，所以会认真对待，然而对于时间紧迫性较低的任务则容易疏忽，比如自己的学习成长和管理水平的提升等，因为这些事情的处理不会有即时的成果，也不会有人监督，然而，管理者必须在管理水平能力的提升方面分配注意力，因为管理者的水平会影响甚至会决定整个团队的成果产出，如果管理者的水平提升，管理者所带领的整个团队的成果也会更突出。管理者能力提升能够让自己胜任更难的任务，让自己能够承担更大的责任，也能够为组织作出更大的贡献，还会给组织的其他人员带来榜样作用，带动大家一起成长进步，这种影响是长远而积极的，无论是对于组织的未来竞争力还是对于管理者本身的职场进阶都有重要的意义。因此管理者还必须重视自己管理水平和能力的提升，并为此分配一定数量的注意力。管理者需要通过持续的学习、思考、总结和实践，来不断地提升自身的管理水平和能力。

五是管理者应该将注意力分配与组织的实际情况和未来的导向性相匹配，所谓与实际情况一致，指的是组织的某方面较弱，管理者就应该在该方面适当地多投入一些精力，以弥补影响组织产出的短板，并能逐渐消除组织的短板。即管理者应该为组织较弱的方面提供更多的支持和指导，同时应该为对应的部门培养人才或调配人才，以实现组织实力的均衡。所谓与组织未来的导向性一致，是指组织主要战略目标是什么，管理者就应该将注意力更多地分配在该方面，匹配组织的短期或中期的目标，确保目标能够更加稳妥地实现。从这一点来说，管理者注意力的分配并不是完全固定的，而是动态的，在组织的不同时期应该有不同的侧重点，有不同的分配比例，且始终应该是为组织的目标服务的。

9. 价值匹配法

所谓价值匹配法，指的是一个人或一件事在一个特定的时期内都有一定的价值，对于人才的使用和对于事件的处理，都应该与其价值进行相应的匹配，这样才能提高组织的效率。价值匹配法在管理工作中经常会用到，最常见的是在岗位匹配，任务安排、注意力分配时使用该方法。

岗位匹配的价值匹配法，即将一定价值的人员安排在价值匹配的工作岗位上，即人员价值与岗位价值相匹配。一个岗位的价值与岗位性质、岗位的资源权限、承担的责任和岗位为组织创造的价值存在相关关系，岗位的价值并不是绝对的，但对于一个组织来说，具有特定岗位职责的岗位价值是相对稳定的。人才的使用价值可直接体现在其薪酬水平上，比如，组织聘用某位人员的年薪为三十万元，假如他被聘用的岗位是市场部经理的职位，则他应该在该岗位上每年为组织创造出大于三十万元的组织营业收入，具体应该创造的营业收入应该根据市场销售成本占比来确定，或者说该名人员应该在创造组织价值的同时给组织带来一定的利润，否则就是不匹配其岗位价值，或者叫能力与薪酬不匹配，即具有过高的薪酬而缺少匹配的创造合理价值的能力。相反，如果一个人在特定的岗位上能够创造高于其匹配的价值，管理者则应该考虑为其调整薪酬或将其向上调岗，重新进行价值匹配，否则将会出现不平衡的结果，比如人才的离职(创造的价值远高于其匹配的薪酬待遇)或组织的低效(人才创造价值低于其匹配的薪酬待遇)。人员价值的发挥程度也与人岗匹配程度相关联，也就是说管理者在岗位安排时，除了进行价值匹配，还要考虑人才的特点与岗位匹配，做到真正的人岗匹配。

任务安排的价值匹配法，指的是在任务安排时应该根据任务的价值去寻求具有匹配价值的人员来执行任务。比如组织的管理者需要给客户寄送一份资料，这个任务应该安排办公室的普通岗位人员去完成，而不应该亲自或安排一个管理者完成，因为该项任务的价值较低，不应该由创造高价值的人员去完成，否则就会造成组织的效率低下。价值不匹配也会带来其他的一些问题，比如人员使用的错位效应会造成人员的满意度较低，因为被错位使用的人员会认为自己的价值得不到体现，或者认为组织对自己不够重视等。管理者在安排任务时，可以进行三项评估：一是任务的难度，解决任务需要的技能和资源权限等；二是单位时间内创造的价值的衡量——价值密度，即任务的价值总量与完成该任务的时间的比值；三是任务的重要性，或者说是任务完成质量和效率对组织成果或未来发展的影响大小。通过这几项评估去选择完成任务的最合适人选。如果一项任务的难度很低，不需要任何特殊的技能，则应该委派最低层级的普通人员去完成，而不是具有特殊技能的专业人员；如果一项任务的价值较高，则应该委派更高层级的人员去执行任务，因为任务价值高意味着该任务更具有挑战性或更具有完成价值，能够给组织带来成果，可以作为一项有锻炼价值的任务分派给具有潜力的管理者或其他人员去执行；如果一项任务对于组织的发展是关键的，则应该派可能的更高层级的管理者去执行，比如组织拓展业务时需要与大客户达成合作意向，这是市场开拓重要的一个关键任务，应该由市场总监级别的管理者亲自主导或参与，这样才能确保任务完成的质量，从而实现价值匹配。总之，任务价值匹配能让组织更高效，能让任务完成质量更好，能让更多的团队成员实现自己的价值。

注意力分配的价值匹配法，主要是针对管理者自主选择任务时按价值匹配的原则考虑。每一个管理者的价值在短期内都是稳定的，理论上应该用管理者为组织创造的单位时间的价值来衡量，但通常都近似地用其获得的薪酬来衡量，因为其薪酬代表着组织为其支付的人力成本。可以将薪酬按年薪折算成日薪或时薪(每小时的薪酬)，然后按照日薪或时薪来进行注意力分配。值得注意的是，注意力分配是一个广义的概念，注意力的分配对象包括了管理者亲自执行的任务、深入督察的任务和例行检查的任务。管理者在进行每一项管理活动(通过注意力分配方法筛选后确认需要关注的)时，都应该考虑其价值从而确定投入的时间多少，即任务或活动的价值除以管理者的时薪，即为管理者应该投入的时间，根据投入时间的长短确定参与任务的方式和程度。管理者在注意力分配时短期内可能很难熟练地按价值匹配进行，需要在实际任务执行过程中有意识地进行练习和锻炼，逐渐地形成价值匹配的习惯，因为价值匹配比注意力本身的扩容更重要，它代表了注意力分配的效率。

价值匹配法并不是指完全等价的匹配，完全等价的匹配在现实情况中是基本不存在的，价值匹配指的是在一定浮动的范围内相匹配。在匹配的同时还应该尽量去优化，尤其是应该提倡任务的价值应略高于任务执行者本身的价值，这样一方面能够提升人力资源的使用效率，为组织节约成本，另一方面也能够起到锻炼人才的作用。通过执行具有难度的任务能够获得更快速的成长。

价值匹配法是管理方法中较为重要的方法，该方法考虑了组织中最核心的经济恒等式，识别了组织成果和资源之间的因果逻辑关系，是非常有效的合理分配资源和提升资源使用价值的方法。尽管如此，管理者常常容易忽视该方法的使用，更多地以主观判断、或采用其他的一些片面的方法进行决策，从而导致了资源的低效和浪费。管理者应该在管理活动中加强价值匹配的意识，识别资源和价值的逻辑因果关系，尽量做到资源使用的平衡和合理；从长期看，只有追求价值匹配的组织才能够取得稳定的发展，管理者应该重视把价值匹配法作为一个重要的工作方法贯穿于管理工作中。

第四章

Chapter 4

提高管理效率和绩效

管理者要完成的管理任务和日常管理工作，从某个角度来说是相对固定的，这些工作属于基本的工作内容，从工作总量上来说也是较为稳定的(针对同一岗位的管理者)。除此之外，还有一些相对动态的管理工作需要管理者去做，这些工作的主要作用是提升组织的管理效率和绩效。这些相对动态的管理工作使得管理工作总量不再是固定的，而是动态可变的。

这些动态可变的工作也是区别管理者能力水平的关键部分，优秀的管理者会围绕管理目的、挖掘出更多的额外的有意义的管理工作，从而提升管理绩效，扩大管理成果，并努力提升管理水平。

对于一个组织来说，经济指标是组织最重要的指标，所有的组织或企业都是以盈利为目的的，对于管理者来说，最重要的管理目的就是帮助组织实现持续的更多的盈利。组织的高层级管理者或经营者围绕经济指标，应该明确两点：一是为了扩大组织盈利，需要提高组织的收入或降低成本，且不能破坏组织未来的盈利能力；二是为了获得持续稳定的盈利，还需要不断地提升组织的核心竞争力。为了实现这两个目标，组织应该制定具体的计划和执行措施，然后进行分工，并相互合作，组织各层级的管理者负责带领自己的团队去落实该计划的某一部分，最终通过各部分子目标的实现来达成组织的整体目标。

提升组织管理效率也可以用经济指标来表征，管理者可以以提升组织经济指标为着力点寻求提升组织管理绩效的途径。组织的经济指标包括了组织的收入、组织的利润，以及收入和利润的动态变化率。提升组织经济指标的方法包括扩大市场增加产品销售总量、在不损失市场份额的前提下提升产品价格，扩展组织可用的资源，提高资源的使用效率等。其中提高资源的使用效率，是指通过管理者的各种管理手段，降低资源成本，优化资源使用结构等。

还有一项与组织的短期经济指标不直接相关的内容，是提高组织长期管理绩效的重要措施，即提升组织的核心竞争力。核心竞争力是组织获取长期发展的根源，要想保持长期稳定的发展，必须要发展并稳定组织的核心竞争力，否则在激烈的市场竞争环境中，良好的经济指标只能获得短期效果而难以持续。不重视组织核心竞争力的管理者很难给组织带来稳定的成果，也难以实现组织的质变的发展，也就不能称之为优秀的管理者。

本章将围绕提升组织管理绩效的方法进行探讨。

一、提升组织的经济指标

提高收入主要包括两个方面，一方面是提高产品同期生产的数量，或提升产品的质量或提升产品的价值(通过产品创新)；另一方面则是市场的拓展，即将更多的产品以更高的价格销售出去。从组织结构来说，第一个主要由生产部门、产品设计部门负责，第二个主要是由市场营销部门负责，但两者都离不开组织管理者制定的战略方向和组织计划，也就是需要管理者(也可能是组织的所有者)有组织发展的原始要求，并制定出相应的战略计划，然后分配责任和相应的任务。各子团队的管理者根据任务制定更细致的子计划，并组织相关的资源进行计划的落实，最终实现提高收入的目标。如果组织所在的行业处于特殊时期，也会出现市场拉动型的组织发展，比如，市场的需求不断扩大从而促进组织相应地不断扩大规模去适应市场，但这种情况并不常见，也难以持续，因为如果市场要求扩大，很快就会有更多的竞争对手加入，反而可能会让组织的市场份额越来越小。

提高产品收入还有一种方法就是产品的多元化，即开发更多种类的产品。对于掌握某一类核心技术的组织来说，这是一个应该优先考虑的方法，产品多元化应注意，开发的产品应该能满足市场不同的功能或有不同的细分市场需求，如果是同质化的产品则没有意义。产品的设计也可以多元化，比如汽车生产厂商生产不同细分市场的不同产品，而且可以将不同的产品设计成不同的风格(比如奔驰汽车的运动风格和商务风格)，而不是将同级别产品多次重复开发。更多的产品必然会带来细分市场的拓展，从而扩大组织的整体收入。这种产品的多元化是基于相同的核心技术而生产的不同种类的产品，一旦新增的产品需要其他的核心技术，则属于主营业务的变化，其投入将会很大，不属于这里所说的产品多元化，而属于主营业务的拓展或转型，属于另一个不同性质的问题，这里不做深入讨论。

增加组织营业收入的第一个措施是在不损失市场份额的前提下提升产品的价

格。通常来说，如果提升产品的价格，产品在市场上的竞争力就会下降，可能就会损失一定的市场份额，因此，市场定价通常都有一个最优值，即当产品的价值处于最优值区间时(在销售数量和单个产品的利润之间取得平衡时)，能够获取最大的利润总和。要在不损失市场份额的前提下提升产品的价格，组织需要采取一定的措施。

从本质上来说，产品的价格是由产品的价值决定的，而产品的价值则是由生产成本确定的，即产品的价值等于生产成本加上利润。另一方面，产品的价值来源于满足客户的需求情况，即产品的价值是由其功能性(满足客户的美学欣赏需求也被视作满足客户的一项功能，此处的功能并非等同于使用)决定的。理论上，一旦产品的成本确定，或者产品的功能确定，其价值就基本确定，而相应地产品的价格就基本确定，从而对于销售(注意是销售不是生产)一定数量的产品的组织来说，其营业收入也就基本确定，也就是说组织的营业收入最本质的决定因素还是产品的价值。但在市场经济环境下，产品的价格往往不是由产品价值一个因素确定的，还存在很多其他的影响因素，比如品牌效应、市场供需关系、产品的附加值等。

管理者除了将主要注意力放在提升产品的价值和提升资源的利用效率方面，还需要分配一定的注意力来关注除产品价值以外的影响价格的因素，通过优化这些因素来进一步提升组织的效益。组织中负责这些要素的最直接的部门是营销部门，营销部门不仅要负责产品的销售，还需要进行产品策划，包括产品销售的渠道和方法、产品的包装、产品的定价、产品销售的空间布局等。对于主要的客户还需要有针对性地提供附加服务，以增加客户黏性。组织的高层级管理者应该要求营销部门针对这些要素制定详细的工作计划，而营销部门的管理者则要具体地部署工作任务，让每一项任务都有具体的责任人，使得最终能够通过改善这些影响产品价格的因素，来提升产品的价格，同时还能不断地拓展市场空间。

首先是品牌效应。一个有着良好口碑的广为人知的品牌，将会大大地提升其产品的附加值，也会间接地提升产品的市场份额，在相同价格或略高的价格的前提下，人们倾向于接受更有知名度的或熟悉的品牌的产品，好的品牌本身就会给消费者或客户带来一定的信任感。从另一个角度来说，在同等价值的前提下，好的品牌的产品价格可以定价更高还能保持合理的市场份额。品牌效应最典型的细分市场就是奢侈品市场，通常奢侈品的价值会远远低于其表现的市场价格，这些附加的价值就来源于品牌效应，比如，奥迪汽车和大众汽车，在同等价值的情况下，前者的市场价格会比后者高出很多，这就是品牌效应的附加价值的体现。关于如何提升品牌的价值详见本书管理市场章节。

其次是市场供求关系对产品价格的影响。在价值一定的情况下，市场供不应求会推高产品的价格，相反则会致使价格下跌。之所以会有这样的结果，是因为市场的价格形成实际上是买卖双方的强弱关系的一种体现，手握稀有产品则会有更强的定价权，将产品进行差异化生产，或者提升组织自身的核心竞争力，让产品实现更稀缺的功能和属性，才能在市场上通过影响买卖关系获得更高的市场价格。

第三是提升产品的附加值，比如在不增加太多成本的前提下给产品赋予更多的功能，或者以较小的成本实现产品更高品质的包装等，这些都可以看作是增加产品的附加值，通过提供更高的产品附加值可以提升产品的价格。值得注意的是，产品的附加值始终只是一个附属性的价值增加，跟其主要的功能相比是不重要的或可有可无的，因此一定要满足附属功能具有较低的成本，否则将会得不偿失。产品的附加值增值可以从特定的需求群体入手，比如作为礼品存在的产品需要更精美的包装，日常生活中使用频率较高的产品需要便于携带，可以将其设计的体积更小，或增加其携带的便利性等，从满足特定的需求入手设计的产品附加值往往能带来更好的市场反应，从而可以有更高的产品价格。

第四是产品销售的策划，包括产品的宣传、产品的定价、产品的销售渠道、产品的销售方式、产品的空间布局等，组织的营销部门应该根据产品的特性对其销售进行具体的策划，以获取最优的销售效果。营销管理者需要考虑以下目标：产品宣传得力，定价合理，销售渠道稳定而畅通，销售方式合理而具有竞争性，产品空间布局既有针对性又具有灵活性，方便收缩和扩张，空间布局与竞争对手形成一定的平衡关系，或者说符合组织既定的竞争策略。如果营销部门在销售策划上做得很成功，不仅可以提高产品的定价，还可以提升产品的销售数量，组织的管理者应该对产品营销给予足够的重视和分配较多的注意力。

最后，需要指出的是，对于产品价格的制定、价格提升策划、产品的附加值、品牌管理等内容，除了可以由市场营销部门去实施以外，还可以有针对性地成立专门的部门进行专项处理，甚至还可以将销售工作进行外包，由更专业的营销组织进行销售。不管采用何种方式进行销售，组织的管理者都应该对此进行监督和检查，控制其中的过程和把握最终的结果，管理者应该意识到，产品的销售对于组织来说是最重要的，对于提升组织的管理绩效有重大的影响，需要投入尽可能多的注意力。

二、提升资源使用效率

降低成本的另一个更准确的说法是提升资源的使用效率，因为降低成本不能降低产品的质量和数量，在提高产出的同时不增加成本也是一种降低成本，因此提升资源使用效率的说法更准确。从组织结构上来说，提升资源使用效率是采购、人力、生产、研发等多部门共同的责任，对于管理者来说，需要根据组织产品的特点确定流程上的哪些环节是“资源黑洞”，即哪些环节资源的使用量最大(使用量大便有更大的节约空间)，哪些环节的资源使用更低效，然后在这些环节投入更多的注意力，从而达到提升整体资源使用效率的目的。提升资源使用效率主要包括以下几个部分：提升人力资源的性价比，优化资源使用结构，减少资源的内部无效消耗，降低其他资源的使用成本等。

1. 获取高性价比的人力资源

获取高性价比的人力资源是提升资源使用效率的重要组成部分，人力资源的性价比几乎是所有组织的效率中枢，尤其是对以人力资源为主要生产要素的技术型组织来说。要通过高性价比的人力资源来提升组织的管理绩效，可以从以下几方面考虑：合理的薪酬绩效体系，降低核心岗位的离职率，增加内部培养人才的比例，采用除资金和资产之外的人力资源激励方式。

合理的薪酬绩效体系包括两个方面，一是员工的贡献与其报酬应尽量相匹配，二是绩效体系能够有效地激励团队成员的工作积极性。从长期来看，只有匹配公平合理的薪酬体系，人力资源的使用才会是最高效的。理论上，对组织的成果产出作出多少贡献，就应该获得多少报酬，但是，受到人力资源属性的复杂性、人才市场的供求关系、人力资源作用的发挥程度、人力资源部分贡献难以衡量等因素的影响，对人力资源定价并不是一件很容易的事。总体来说，以下几点都是绩效体系需要考虑的因素：一是长期为组织服务的人才更有价值，因为他们通常更认可组织的价值观，具有更好的适应性，与组织的合作更默契；其次是综合素质高的人才更有价值，具有技术特长(该技术特长符合组织的技术需求，甚至是组织的核心竞争力需求)的人才更有价值，具有市场属性的人才更有价值。当然，除正常的薪酬体系之外，还应该存在一些薪酬调剂选项，比如突出贡献奖或类似的调剂方法，目的在是提升人力资源使用效率的同时发挥薪酬作为管理手段的作用。

降低的核心岗位离职率是另一个需要管理者重点关注的提升人力资源效率的手段。核心岗位意味着组织的核心竞争力，意味着组织成果的关键资源，意味着其不可或缺性。因此核心岗位的人才匹配度和人才保障至关重要，核心岗位的人员更换频繁或者某一阶段的缺位都会给组织带来一定的损失和风险。因此管理者应该采取综合措施确保核心岗位人才的稳定性。组织内部也需要为核心岗位培养后备人才，提升核心岗位人才使用的保障性。当然，除了核心岗位，其他岗位也需要降低人员流动的比例，因为每一次人员的流动都会相应地增加组织的人力资源成本。

内部培养人才也是提高人力资源性价比的方法之一，因为内部培养的人才有更高的匹配度，能创造更多的价值，同时内部人才的使用成本也会更低一些(因为存在使用超前和薪酬滞后的现象)，而且内部培养的人才忠诚度更高，为组织服务的年限更长(前面提到人员频繁流动会增加人力成本)，从而进一步降低人力资源的成本。

除资金和资产之外的人力资源激励也是降低人力资源成本的方法之一，目的是在不增加薪酬支出的情况下提升人力资源的效率和挖掘其潜力。通过提高人员薪酬的方式无疑是最直接的激励方式，但人的需求不仅仅只限于物质需求，还有价值实现、社交、成就、社会地位等其他需求，管理者应该着力于满足团队成员的更多需求。其他的人力资源激励方式包括信任、重视、欣赏、表扬、支持、帮助、培养等，如果管理者能够对团队成员采用这些激励手段，通常能够让其有更多的动力去努力工作，从而能提高其工作效率。在使用这些激励手段时，可以参考以下的一些方法和原则;

首先，作为管理者应该让团队成员明白他们所从事的工作的意义，包括对社会、对组织、对自己的意义，如果他们能认同工作的意义，通常会更努力地去工作。

其次，安排工作任务的管理人员应该将任务的重要性、任务完成的时间期限、任务完成的可用资源、任务结果的评价标准、任务完成之后的激励措施和任务不达标的后果等完整地与任务接受者做清晰的沟通，这样，任务接受者能够明确任务的目的和计划，同时找到任务的重点，按照约束条件去完成任务。相比对任务属性不明确的任务执行者，他们的效率会更高，任务完成的效果会更好。

再次，在工作任务面前，表达对下属的信任，赋予下属一定的责任，给予其足够的空间，能够让下属得到更多的锻炼机会，能够让其发挥更多的主观能动性。因为在面对责任时，下属会更主动想办法去解决问题和困难，会为按时完成任务而努力，也就能够提升其工作成果的数量和质量。

第四，无论对于何种任务，如果管理者或者受其委派的高水平人员能对任务的执行者进行指导，通常能改进任务执行者的执行水平(同时指导还能给其信心和被重视的感受)，从而获得更好的执行成果。

第五，应该给下属布置一些有挑战的任务，让其能够不断地挑战自己，不断地提升自己的能力水平，从而获得成就感，这种高要求能够不断地挖掘其潜力，从而为组织获得额外的使用价值。

第六，公开表达对下属的认可和鼓励，表达对下属的重视等都可以让其更加积极地为组织服务，但这条只能是短期效果，管理者应该运用多条措施进行综合激励。

另外，针对不同类型的人才需要采用不同的激励方式，管理者需要了解他们最主要的需求，从而选择更好的激励措施。比如一部分积极向上的年轻成员，其对成长的渴望是最主要的需求，此时，管理者需要对其进行培养，给予其更多锻炼的机会；对于相对高级和成熟的人才，则需要赋予其更多的资源权限、地位和空间；而对于一些追求稳定的或需要照顾家庭的成员，则需要给予其一定的时间灵活性；还有一部分人员，更需要从薪酬来体现其价值。对于这些人员，管理者需要考虑其岗位是否属于重要的岗位，如果其身处组织最重要的岗位，则应该对其进行薪酬的超额激励。即使如此，管理者仍然应该注意这些人员的能力和薪酬的匹配情况，一方面，正常的薪酬与贡献比可能无法衡量这些人员的需求，另一方面，通常这类人员忠诚度更低，只要有更高的薪酬待遇，他们愿意去为任何其他组织效力。因此在一个组织内这一类人员不能过多，否则会影响组织的稳定性或者会损害组织其他人员的利益，同时组织的经济指标等也会受到一定的影响。

还有一种特例就是资源的多重使用，即一种资源可以多次使用，比如很多创业型组织，往往都是一个人身兼数职，这样相当于提升了人力资源的使用效率，从经济上说，投入较少的资金，而获取了更多的资源价值，实际上相当于提升了组织的整体效率。

2. 优化资源使用结构

优化资源的使用结构，即让流程上的资源严格匹配生产流程的需求，比如对生产线上各种原料的采购和消耗严格按照设计比例执行，按照资源使用的时间先后顺序进行原料的采购，这样可以减少原料的库存成本和降低原料损失的风险。另外，对所有的生产资源需求进行优化，减少不必要的资源消耗，为高价值资源寻找可替代品种等，使得在保证正常生产的情况下可以减少资源消耗的总价值。人力资源的使用结构也需要管理者或其授权的其他人员（比如人力资源管理者）定期进行优化，比如岗位的合并，岗位人员的配置比例，尤其是人力资源成本较高的岗位，更需要合理化配置，以匹配组织的生产。同时资源结构的配置合理性需要定期地进行检查，利用相关财务数据确认其状态，比如分项资源的成本数据，各人力团队的产值数据等，根据这些数据的相对关系挖掘资源使用的问题，从而有针对性地作出调整，并采取一些方法进行优化，从而始终保持资源使用结构的动态均衡。

长期按照固定流程运营的组织，资源使用会形成“停滞效应”，即资源的结构会过于固化而失去改变的活力。此时，需要管理者及时地组织相应的专项优化行动，清理冗余的资源使用死角，优化资源的流动平衡，并结合各项创新成果进行资源重组或资源优化，使得资源结构重新适应新的环境、新的流程、新的发展方式等。这种专项行动也可以结合组织制度的建立、经营创新、利润提升专题等活动一起实施，以提升专项行动的效果，实现相互促进的综合效果。

3. 减少资源的内部消耗

提升资源使用效率的另一条重要途径是减少资源的无效内部消耗。内部无效消耗是最不值得也最不应该存在的，是获取高效管理成果的绊脚石，同时也会影响内部整体的环境氛围，会成为团队效率和团队发展的桎梏，管理者必须要采取一定的管理手段消除内部无效消耗。资源内部的无效消耗主要来源于流程的不合理、团队成员之间的合作摩擦、管理者对资源消耗的控制失效等，因此减少资源无效消耗的措施就包括了管理者的重点控制、流程的优化，优化团队管理等。

管理者的重点控制指的是管理者应该在资源的内部损耗方面投入一定的注意力，形成相关的控制机制，责成相关的部门做好减损的控制，并定期评估效果，管理者的注意力投入是获得管理成果的起点。

优化流程指的是因为流程的不合理所带来的内部无效消耗，比如各个环节之间的消耗，前后配合不力的无效消耗等，这种消耗好比接力赛跑交接接力棒的配合不顺利，会影响整体的成绩，管理者可以通过减少流程接口、设置共同责任人等方法来减少这些消耗。

优化团队管理指的是减少团队内部的人力资源之间的无效消耗，这是最需要管理者重视的一个方面，因为团队内部成员之间出现内部消耗是很常见的，而且很多时候这种消耗比较隐蔽，不易被发现和识别。出现内部无效消耗的主要原因有：团队成员之间的性格不同、团队成员之间的任务执行目的不同、团队的资源分配或绩效体系不公平、小团体主义、管理者不作为、合作团队之间的机制问题等。大部分都是由于“人”的原因引起的，管理者需要通过对“人”的管理来减少内部无效消耗从而实现一加一大于二的管理效果。

首先让所有的团队成员或所有的子团队之间目标一致，并明确他们之间的权责界限，必要时还需要确定共同责任；其次是要培育团队文化，提高团队的凝聚力和向心力，让几乎所有的团队成员都有一致的文化认同，对于个别特立独行的成员应该采取合理的处置方法，确保团队利益高于个人利益；第三，要有相应的合作导向的资源分配机制和绩效体系，这些机制是团队内部高效合作的自动推动器，比如给予在合作中付出更多的团队成员一定的绩效奖励等；第四，管理者要及时发现团队内部的问题特别是隐性问题，对出现的摩擦或矛盾作出及时处理，详细的处理方法见“管理者需要协调和管理特殊的关系”章节；最后，管理者需要加强信息的保密管理，避免团队成员之间的横向薪酬比较，因为无论组织的绩效体系多么合理，都不可能做到绝对公平，而人们又倾向于高估自己的贡献，而低估他人的作用，所以比较总会引起不必要的心态失衡，管理者要严格做好信息保密管理。

4. 降低其他资源的使用成本

最后就是要通过降低其他资源(除人力资源外)的使用成本来提升资源的使用效率。通常，生产资料或原材料需要从外部采购，以更低的成本获得生产资源也是提升组织利润的重要方法。根据采购量的大小，有些组织会专门成立采购部门，但大部分的采购部门功能都比较单一，即根据生产部门提供的生产需求完成采购任务。实际上这只是采购部门最基础的功能，管理者还应该赋予采购部门更多的任务和目标，采购部门的管理者也应该为组织的经济目标做更多的工作。

首先，就是要与生产部门更细致的合作，与生产部门一起对资源进行分类管理。分类需要依据组织生产的需求，也需要依据外部的供求关系，区分资源的重要性和易得性，对于不同的资源类型进行四象限管理，如果是重要的资源(价值高的、使用量大的、对组织生产成果影响大的)，又是不易得的资源，则需要管理者重点关注，且派专人进行重点管理，既需要考虑其质量的把控，又需要采取一些保障措施确保其能满足生产的需求。对于重要的易得的资源也需要有专人管理，重点是关注其质量和价格，因为易得，所以可以寻求质量更好价格更优的资源供应商，因为资源的重要性，这种优化工作是很有必要的也是很有价值的(比如使用量大的生产资源如果价格能更低一些，则能显著降低整体生产成本)。而对于不重要不易得的资源则需要考虑资源的替代或通过一定的库存来满足生产需求。对于不重要的易得的资源则可以不予关注，随用随买即可。按照四象限管理方法分类对资源进行管理，一是可以确保关键的生产资源能被及时足量的获取；二是可以提升采购部门整体的工作效率，提高部门人力资源的使用效率；三是可以获取更优质的生产资源或者降低采购成本。采购部门的管理者应该重视对生产资源进行分类管理。

其次，是对资源的供应商进行分类管理，目的是获得更可靠的合作关系(提高资源的易得性和优先使用权)和获取更低的资源采购价格。管理者通常更加重视与下游的市场关系，而忽视与上游的资源供应商的关系，以合作强弱关系角度来说这是合理的，但管理者不能完全忽视上游的供应商，因为资源跟产品市场一样是决定组织成果的关键要素，资源获取的疏漏完全可能降低组织成果的质量和数量。处理资源供应商的关系与业务客户的关系基本一致，对于重要的且不易得的生产资源供应商，应该与其达成战略合作伙伴关系，确保能优先获取组织需要的生产资源；对于重要的易得的生产资源的供应商也应该稳定合作关系，确保生产资源获取的稳定性和价格的合理性；而对于不重要的资源供应商则无须特殊对待。

再次，就是对资源市场需要进行动态调查和监管，获得资源价格的变化规律，尤其是周期性资源，更需要根据资源市场的调查结果进行价格的预测和判断，以结合资源需求曲线进行调节，比如通过调节库存获得更低的资源总体成本等。

第四，需要采取各种措施降低资源在使用前的损耗，需要对原料库房进行管理，降低库存费用。有些组织存在特殊的资源品种，比如危险品、易燃品或易损品等，则需要对它们进行分类管理和特殊管理，以确保资源的安全性，减少意外带来的风险和损失。

第五，采购部门的管理者需要优化人力资源配置，采购团队的人才需要多元化，既需要有沟通能力较强的人员，又需要有对数字敏感的专业人员，还需要有对市场敏感的业务人员。同时管理者要有较强的决策能力，以便在各种采购中做出既高效又合理的决策。对于采购任务较重的组织，还需要根据采购资源目录和分类设定相应的控制价格，并列出质量控制要点，以便采购部门管理者进行授权和放权，在提高采购决策效率的同时避免出现采购失误，降低风险发生概率，而对于组织最重要的生产资源和所占比重较大的资源，仍应该提高其决策权限等级。

第六，采购部门需要优化采购流程和不断采用更先进的采购工具，比如对于很多易耗品，可以利用网络采购，从而获得更优的采购成果；而对于技术服务，则需要在采购流程中加入专业人员的把关，以确保采购的有效性；对于某些特殊的采购，必要时还可能要引入第三方参与评价，这时采购工作可能会更复杂，需要管理者在把控好采购成本的同时处理好各方关系。

总之，组织内主管采购或资源分配的管理者，或采购部门的管理者要对资源采购的质量和成本负责，采取切实的措施降低资源的整体使用成本。

三、扩展组织的可用资源

组织的管理者往往会忽视对可用资源的扩展，习惯于使用传统资源，有管理者自身视野(过于将注意力放在组织内部和组织的现状)的原因，也有使用外部资源能力不足(对外部资源控制不利，外部资源使用低效)的原因，除此之外，还存在一些常见的心理障碍，比如害怕失去对组织的控制权，害怕外部组织分摊利益从而造成组织利益损失等。实际上，组织外部资源的使用是一种常见的管理行为，是组织获得更大效益的一种途径，如果外部资源的使用能够带来更大的效益，则不存在利益损失问题；组织的外部资源使用得当，会给组织的近期成果带来很大的提升，也会给组织的发展带来更快的速度，值得管理者投入注意力进行关注。

1. 使用组织的未来资源

如果能够将组织未来的资源转换成现阶段可用的资源，将会有效地提升组织现阶段的成果和加快组织的发展速度。因为组织的发展受到可用资源的制约，有多少可用资源(比如实施项目的本金)，就能实施对应规模的提升组织价值的活动，如果能提前使用未来的资源，将会大大地提升组织现阶段的实施增值活动的能力，等待组织获得更大的发展之后，再对提前预支的未来的资源进行偿还即可。彼时因为组织的发展，资源容量的扩大，需要偿还的资源相对来说将不再是关键的问题，从本质上来说，提前使用未来的资源相当于借鸡生蛋，属于巧妙的资源处理方式，预支组织未来的资源是拓展组织可用资源的一条重要途径。

管理者需要考虑的是如何使用组织未来的资源。对于一个发展比较良好的组织，对未来发展可能性的预期就可以转换成现实可用的资源，这样能够增加组织现阶段的发展空间，能够提升现阶段的可用资源数量。将对未来发展的预期转换成可用资源的例子就是股市融资，通常一个企业上市之后，如果符合经济发展方向，就会出现融资溢价，即投资者会考虑组织未来的发展预期，不断地推高组织整体的市值，从而让组织获取更多可用的资本。值得注意的是，并非一定要让组织上市才可以将未来发展预期预支兑现使用，还可以通过其他途径获取融资，比如天使投资、公司融资等，如果实在无法获取各种融资资源，还可以使用银行的低息(相对组织的利润)贷款，这也是典型的提前使用组织未来资源的方式，以获得资金的使用权，以后逐年进行偿还，相当于把组织未来获得的利润提前用来再投资，是拓展组织资源的有效途径。当然，管理者需要注意一个问题，就是对所谓的“低息”的界定，低息并不是绝对的低息，如果是正常的商业贷款，利息通常不会太低，所以管理者需要将利息与组织预期的经营利润进行比较，确保利息比利润要低，或者低得多，否则将会取得适得其反的效果。

另一个使用未来资源的方法就是股权的灵活配置，比如采用若干年后兑现的股权作为条件来获得组织的使用资金，尤其是内部员工的配股计划，可以通过配置“虚拟”的股份而减少现金的发放，减少当期的现金流出相当于降低了当期的成本，从而为组织赢得更多的发展空间，同时配股计划还可以将员工与组织进行“绑定”，降低人才流失的风险，进一步间接地降低人力成本。当然股权的配置是一个比较专业的课题，并非本书探讨的重点，管理者（组织的所有者或经营者）如果需要设置这些激励计划，需要进一步参考相关专业的书籍，以获得理想的资源使用效果。

2. 拓展联系

在管理者的工作章节中提到了如何管理外部资源，其中包括了管理组织的所有者股东和管理其他的外部资源，管理这些外部资源的目的一方面是减少外部的干扰因素，减少组织经营和发展的阻力，更重要的是要通过对这些外部资源的管理来拓展组织可用的资源，这样能够在不增加或少量增加成本的前提下获取更多可用的资源，组织的绩效和成果相应地也就会提高。比如对股东的管理，一般的管理者对股东的管理主要指的是定期地向董事会汇报组织的经营情况，执行董事会的建议和意见，而管理者却很难意识到股东也是组织可用的资源，但这正是优秀的管理者要做的工作。一方面，优秀的管理者不仅要听从于董事会对组织的约束，更重要的是，要从股东们身上获取可用的智力资源、市场资源和其他附加外部资源，而这些资源的获取是相对廉价的，也是理所当然的；另一方面，组织的股东们也会很乐于为自己的组织贡献除了经济资源以外的其他可用资源。除了股东以外，还有其他的一些外部资源也可以通过拓展联系来为组织所用，比如组织的顾问、合作伙伴等管理者也需要投入一定的注意力进行有效资源的挖掘。

3. 利用供求关系获取附加可用资源

通常情况下，处于业务链下游的组织在合作关系上会处于劣势的地位，如果组织加强对下游组织的管理，也可以获取一些额外可用的资源，一方面需要稳定与下游组织合作的战略关系，另一方面，可通过一些策略获取资源的无偿使用权限。比如，组织的采购部门通过提前获取下游供应商的生产资料，后支付款项的方法可获取一定时间的资源无偿使用的权限，也就是通过应付账款的方式来拓展组织的总体可用资源。对于这种情况，管理者需要注意的是，要避免过度使用以免损坏双方友好的合作关系，同时对于稀有资源的获取则应该谨慎处理。

4. 组织之间合作、资源互换

管理者可以通过使用组织的“廉价”资源换取外部的“珍贵”资源的方式来拓展组织的可用资源。所谓的“廉价”和“珍贵”都是相对的，主要是两层含义，一是该项资源是否稀缺，另一个是该项资源是否为组织获取核心成果的资源，如果是稀缺的或是为组织核心成果服务的资源则是珍贵的，反之则是廉价的。管理者通过将组织的廉价资源换来外部的珍贵资源可以明显地提升组织整体可用资源的质量，从而相当于获取了额外的可用资源，是一种很好的拓展组织资源的方式。而且一般来说，在组织获利的同时并不会损害对方的利益，甚至还可以实现双赢，因为对于组织来说珍贵的资源在对方的角度并不一定就是珍贵的，组织廉价的资源在对方的资源体系中也可能是很珍贵的。

但是这种合作也会受到一些因素的限制，最明显的因素就是组织与外部第三方组织的联系的数量和质量，这与管理者对外部联系管理的水平有较大的相关关系，只有更加开放的组织管理者才更容易获得这样的合作，更有格局的更开放的管理者更愿意与他人合作，甚至是与竞争对手合作，也就能带来更多的附加价值。其次这种合作也跟机遇有一定的关系，需要管理者在合作的同时去主动挖掘其他组织的能为自己所用的珍贵资源，同时也要积极地对外推销自己组织闲置的或廉价的资源，也就是管理者需要的创新精神，创造这样的资源互换机会，一旦时机成熟，就应该努力去实现为组织增值或双赢的合作。

还有一种资源拓展方式是组织通过与上下游组织进行股权互持等措施进行深度的合作，这种方式是通过利益绑定，形成更好的相互支持的"盟友"关系。对于联系紧密的组织来说，这无疑会使得组织可用的资源更丰富，多方的合作会产生超叠加的合作效果，对于上下游依赖性较强的组织，管理者应该考虑该种资源的拓展方式，尤其是当宏观经济形势和整体市场形势不佳时，这种上下游联盟合作的方式更会帮助组织度过周期性的寒冬。

5. 使用组织的无形资源

组织的无形资源包括组织的商标品牌、公司资质、核心竞争力、专利技术、商誉等，这些无形资源虽然本身是没有明确价值的，如果不加以充分利用就属于相对闲置的资源，管理者应该将这些无形资源转化为组织可用的资源，最终将其转化为组织的经济价值。对这些无形资源的使用包括以下一些方式，首先可以将无形资源的价值作为产品的附加值，比如商标品牌，如果品牌比其他竞争对手更有价值，则可以在同等条件下将产品定价定的更高一些，从而体现品牌的附加价值，对于某些高价值的品牌，甚至可以将产品定价大幅提高，打造一个优质的品牌是也形成组织核心竞争力的一个途径。其次，可以将无形资源折价成股本与合作伙伴进行合作，比如公司的资质，专利技术，都可以作为有价的资源与其他组织进行合作，从而形成新的价值，同时，可以将无形资源作为筹码去寻找合作伙伴以获取更广阔的合作空间。最后，可以直接将无形资源直接变卖变现，以获取等价的资产或现金，从而获得帮助组织发展的有价资源。当然，通常不应该变卖组织的无形资源，因为无形资源的存在通常代表着组织长远的发展，如果不是面临破产或其他的困境，也不是要进行业务转型，就不应该采用这种杀鸡取卵的短期获利方法，但管理者也不能忘了组织的无形资源也可以被利用为组织的经济增值活动服务。

四、提升组织的核心竞争力

提升管理绩效的另一个有效的方法是提升组织的核心竞争力，通过组织核心竞争力的提升，获得管理绩效提升的坚实基础，能够让管理者获得更好的管理环境，从而提升当期管理绩效。同时打造组织的核心竞争力也是组织获得长期稳定的组织成果的有效途径，管理者要为此投入合理的注意力资源。

提升组织核心竞争力的方法主要体现在团队、品牌、产品、文化等方面，包括改善流程、优化制度、提升管理者水平、提升团队成员水平、打造组织文化、打造核心产品、技术创新、品牌培养等手段。

1. *改善流程*

改善流程指的是优化管理和生产的流程，比如改善流程中各阶段任务的衔接关系，通过分析流程中各环节之间的关系，以及它们的资源之间的关系，对任务流程进行优化，包括环节的增减优化、环节的顺序优化、环节的接口优化、环节资源使用的优化、环节中各要素(比如管理岗位)的优化等。优化的目的是提升资源的使用效率，比如产出不变的情况下减少资源(包括生产资源、人力资源等)的消耗，或者是资源不变(或减少)的情况下增加产出数量或提升产品质量，或者是资源适当增加的前提下大幅提升产品数量和质量。优化的另一个目的是改善流程的适用性和流畅度，即让所有的流程参与者都能更加适应、更加有积极性，同时降低流程出错的概率或风险。改善流程的方式有：删减或增加环节、重组或整合环节、优化环节次序(比如串联改并联)、优化外部管理、改善资源分配、平顺流程中各环节的联系等。

删减或增加环节，比如产品的质检环节，如果对产品进行分类，发现产品质量稳定(比如自动化流水线生产的产品)则可以放弃质检或进行抽检即可，而对于由代工厂加工的产品则应该考虑双方共检。流程环节的增减应该用投入产出比去衡量它的必要性。

重组或整合环节，比如对同质环节的合并，减少了流程的长度，减少了衔接的接口，效率便能得到提高。而有些环节则可能需要分解成两个并行的子环节，以增加流程的灵活性，比如对于使用负荷不稳定的空调机组，一台大机组比两台小机组的效率更低，因为负荷较小时可以只运行一台小机组，负荷大时可以同时开两台机组，甚至可以使用两台不同负荷的机组，进一步增加负荷组合的灵活性，而单台大机组则难以适应负荷的变化，会明显增加能耗。

优化环节次序指的是调整各环节的起始时间或改变环节的关系等，比如质检环节，可以在生产的过程中就介入，而不是一定要在产品生产完成之后再进行，甚至可以增加预检环节，或者增加自动控制环节，从而降低后期质检的劳动强度，同时提升产品的整体质量。

优化外部接口管理也是改善流程的一种方式，比如减少外部接口数量对稳定产品质量是非常有利的，优化外部接口输入的资源质量也可以提升组织的整体产出效率。

改善资源分配，指的是根据流程上各环节的重要性进行资源的匹配，包括资源的数量和质量匹配，避免资源问题成为流程的瓶颈而制约流程的效率，比如研发团队，应该为其分配质量较高的人力资源如果人才水平不够将会影响研发成果。资源的需求也是动态的，随着某些环节的成熟和完善，其资源需求也会减少，而对于某些新增的环节则可能会需要超出常规的资源需求，管理者要在资源调配方面给予一定的关注，确保资源的分配始终处于最合理最优化的状态。

平顺流程中各环节的接口，包括优化接口上下游之间的协作机制，对接口的风险进行管控，接口数量的优化等；平顺各环节的接口主要目的是要降低不必要的内部损耗，包括物料损耗和人力资源损耗(指环节前后交接不畅带来的相关人员的负面情绪)等。平顺接口是有必要的，因为每一个环节的责任主体都不一样，有时候其立场和目的也有一些差别，部分接口的前后团队属于不同性质的团队，比如采购和生产，生产和销售等，这时要保证接口通畅就需要管理者制定相应的措施进行管控，比如前后责任主体的共同责任机制等。

流程管理出色，可以为组织带来超叠加效应，超叠加效应一方面来自内部资源的增值，另一方面则来自流程上人员之间的无缝对接。比如让某中间岗位的人员同时熟悉上下游的岗位技能，这样可以更好地配合上下游之间的流程运转，从而使得接缝损耗降至最低，甚至可以前后相互迁就而改善流程效率，从而实现组织整体效率的提升，这里同时需要团队成员有超强的责任心，并以组织的利益为重，且相互之间达成一种伙伴的关系，能够进行默契合作。

流程的改善不仅要考虑内部因素，也需要考虑外部因素，比如引进更高级的生产线，引入更高层次的管控人才等，都是流程改善的具体措施。

需要指出的是，严格地说流程的改善，是属于问题导向的一项管理措施，但问题可以是显性的，也可以是隐性的，可以是严重的，也可以是轻微的，可以是绝对的，也可以是相对的(比如产品的合格率为99%可能本身并不是问题，但相对于其他的产品合格率为99.9%的组织，可能就是一个问题)。所以，定义问题就成了一个关键，管理者需要及时地发现问题，更需要去挖掘和管理问题，可以说问题定义的质量是流程改善的关键因素。

2. 改善制度

改善制度主要指的是与人相关的激励制度(包括薪酬绩效制度)。激励制度主要包括对贡献突出的人员的正向激励和对业绩不佳的人员的负向激励。如果缺乏正向或负向激励，会使得表现突出的人员缺乏持续付出的动力，甚至会导致绩效优异的人员离职；表现不佳的人员因不需要付出代价，也就缺乏改进的动力，最终导致整个组织的效率低下。因此管理者需要制定合理的激励制度，能够区分团队人员的表现，维护组织公平的环境(相对公平比绝对的多寡更重要，即所谓不患寡而患不均)，提升整个团队的动力和效率，也为组织提供合理的优胜劣汰机制，使得组织的人员结构(包括人员的品质和能力，人员与岗位的匹配度)不断优化。合理的激励制度产生的结果是组织业绩越来越突出，团队的整体实力越来越强。

激励制度包括绩效管理、晋升制度、人才培养体系、资源支配体系等。

在众多的激励手段中，绩效管理是最基础的也是最有效的团队激励手段，绩效体系的合理与否直接决定了激励制度是否有效，管理者应该重点关注现状绩效体系(如果没有绩效体系则应该建立绩效体系)优化的可能性，高层级的管理者应亲自参与和审核绩效体系的改进工作，绩效管理是管理者重要的一种管理手段(属于人事手段，亦属于资源手段)。绩效管理首先应根据不同类型的岗位(比如管理岗位和生产岗位)区分不同的绩效计算方法，并对各类型岗位在组织整体中的绩效分配比例进行协调，然后对于同一种类型的岗位找到通用的绩效计算方法。对于具体的绩效计算方法，首先应找出评价岗位贡献的指标并对指标进行量化，然后根据不同指标的权重与绩效值进行线性或非线性关联，得出绩效计算方法，最后还需要评价绩效体系，看绩效指标是否合理，即指标的选取是否能真实反映团队人员的贡献度，并具有足够的区分度，各指标的相对权重是否能合理反映组织的价值导向，是否能起到选拔人才和优胜劣汰的作用等。

绩效体系中除了以现金收入衡量的绩效值外，还应该包括股权激励等其他形式的激励。股权激励主要适用于掌握组织核心技术的人员和代表组织核心竞争力的人员，也适用于拥有主要业务市场的高层级管理者；股权激励需要由组织的所有者来进行决策，决策的依据是组织的管理者和经营者提供的人员建议，以及这些人员对组织的作用的定性和定量评估数据。用于激励的股权有很多种类，比如只有所有权而没有经营权和处置权的股权，只有分红权的股权，带有附加条件的股权等，每一种形式的股权都有不同的适用范围，具体的股权激励方法详见相关的专业著作。

合理的绩效体系既需要反映团队成员的工作量大小，也要反映团队成员的效率，还要反映团队成员的综合表现，确实做到绩效与贡献相匹配，确保绩效体系在横向和纵向两个维度上均能保持相对公平。

晋升制度代表对贡献突出人员提供的职业向上发展的机会，主要针对团队内忠诚度较高和能力较强的成员、管理者和有积极上进要求的团队成员，对于他们来说，只给予高绩效是不够的，必须具有上升通道，因此晋升制度应该作为绩效体系的重要补充。与绩效体系关注团队成员的当下贡献不同，晋升制度重点关注的是团队成员的进步和未来的预期。在快速发展的组织内，需要有相应的人才培养体系，如果人才培养速度慢于组织的发展速度，则需要从外部引入人才，即便如此，也必须建立内部的晋升通道，一种可能的情况是牺牲短期的岗位匹配度，对具有潜力的人员一边培养一边提拔，此时，可能会消耗管理者更多的注意力，但这并不会是长期的，在机会面前，具有潜力的人员会表现出更多的主动性和适应性。合理的晋升制度是各层级人员努力和进步的动力，是整个组织向上发展的保障性制度，同时对晋升制度的执行也伴随着组织发展的需求，如果组织总是一成不变，晋升制度将会失去效力，因此组织管理者在制定合理的晋升制度的同时，要不断地推动组织的进步和发展，让晋升制度为组织的发展服务，让组织的发展为晋升制度提供可能的载体。

人才培养代表组织对人才的信任和重视，表现优异并且潜力较大的人员通常是组织培养的对象，组织会通过指派优秀的导师、外派培训、多岗位历练、特殊资源支配等方式对其进行培养。优秀的管理者会特别重视人才培养体系，因为完整的人才梯队是组织一项重要的核心资源，组织的一切发展都离不开人才梯队的扩充，同时内部培养的人才相比引入的人才具有诸多优势，这些优势会进一步扩大组织的成果。内部培养人才的优势体现在以下方面：首先内部培养的人才与组织的文化价值观一脉相承，具有较高的适应性；其次内部培养的人才对组织内业务非常熟悉，可以减少执行各项流程的不必要的消耗；再次内部培养的人才具有更高的忠诚度。总之，内部培养人才是非常必要的和重要的。

资源支配体系是指对组织贡献越大的人员能够获得越多的资源支配空间，比如职位较高的人员能够自由支配自己的工作时间，对组织有特殊贡献的人员可以获得组织的一些公共资源的使用权比如公车的使用权，职位较高的人员能够享有独立的办公空间等。管理者应该将组织所有的公共资源进行分类，将这些公共资源的使用权作为一种激励手段对满足相应条件的人员进行分配，以使得各项资源能充分发挥其作用。

3. 提升团队成员的水平，挖掘团队成员的潜力

首先是引入合适的人才，这里包含两层含义，第一层意思是“引入”，即组

建团队，或者是优化团队，如果组织规模较大，应该不断地引入各岗位的人才，尤其是关键岗位，通常需要有备选人才。备选是指人员还未达到岗位的全部要求，但具备基本条件的要求并具有较大的进步潜力，备选人员应按照每 2~3 个岗位安排 1 个备选的比例进行储备，所谓备选人员，可以是岗位的副手或者是更低一级岗位的人员。第二层意思是“合适”，指的是符合组织的整体文化价值观，合适是一个相对的概念，指在一定的范围内合适，并不追求绝对的合适，比如，组织的文化价值观提倡互助和合作，则不应该引入特立独行的人员，因为这会破坏组织整体的文化氛围。管理者一方面要进行人才储备(尤其是关键岗位)，另一方面要定时考查各岗位的匹配情况，如有必要，需要随时更换或者调整。

第二是将合适的人才放在合适的位置，使其充分发挥自身优势和特点，在组织中，应该根据岗位或根据人员进行最佳匹配，同时根据个人意愿进行岗位的匹配和调整。管理者如果主动为某些人员进行调岗，体现对人员的关心和帮助，会获得正向的影响力，同时也是对组织资源的一种优化，提升了整体的资源效率。管理者在进行岗位匹配时，一定要充分尊重当事人的意愿，但也要站在更高的角度去给当事人一些建议，因为通常管理者的视角会比较高，给出的建议更有参考价值，有时候是当事人想不到的，另外，管理者一定要考虑组织成员未来的潜力，而不是仅仅根据他的现状表现进行评估和建议。

第三是制定相关的制度为提升团队个体的业务能力和水平提供保障。这些制度包含培训制度、成长激励制度等，通过这些制度来维护团队学习成长的整体氛围，比如鼓励考取职业资格证书并给予适当的奖励，组织团队成员定期进行相关的学习和培训，鼓励个人通过学习实现自我成长等。大部分人员的学习热情都会随着时间的推移而下降，单靠自我要求和毅力实现个人成长并不是一件容易的事情，管理者需要为团队成员制造一些成长的压力和动力，营造积极上进的环境。团队成员常见的问题包括：缺乏上进的意识、缺乏足够的坚持、不懂得借助外力来获得进步的动力、懂得借力但无力可借等，管理者应该针对这些问题去做一些工作，为团队成员提供帮助。应该注意的是，制定这些制度和措施一定是以促进团队成员进步为目的，而不应该成为他们的负担和压力。

管理者在各种会议沟通中应该提倡大家努力学习、不断地扩展知识和技能，同时对进步较大的团队成员提出公开的表扬，将学习进步的理念注入组织的主流价值观。

管理者应该定期组织团队成员进行学习培训，并应该严格把控学习培训的质量(通过审核讲稿，提供改进建议等)，不能让培训沦为形式，而是应该使参加培训的人员都确实能获得学习提升的效果。培训可以聘请外来的讲师，也可以内部选拔人员作为主讲人员，对于中等规模以上组织来说应该以后者为主，因为内部人员作为讲师属于资源的增值（详见后面一节的论述），一方面，主讲人员需要搜集某一主题的材料，并整理成为系统的成果，形成培训讲稿，通过这一过程能获得能力的提升和知识的增长，且通过讲授的过程能锻炼其表达讲演能力，也可以通过主动承担这样的主讲任务而获得正向的影响力；另一方面，参加培训的人员可以更容易获得培训资源，从而获取学习进步的机会。另外，可以允许团队成员参加培训机构的学习培训，这种培训质量更高，针对性更强，参加培训的成员也会更珍惜这种外部培训的机会。

管理者还可以采取其他措施来营造学习环境，比如设置图书室、读书角、读书交流区域等供大家看书学习，激发大家的学习热情。

第四是充分引导团队成员之间进行合作，即通过资源共享实现内部资源的增值，产生超叠加效应，扩大管理成果。比如岗位技能，通过两种岗位上人员之间的相互学习和帮助，使得两人都能胜任两种岗位中的任何一个，这样就产生了资源的增值而不需要组织付出任何的代价。首先，从组织的成果角度来说，两个人的合作增加了岗位人员的灵活性和可选择性，过去某一岗位人员如果缺勤，就会造成用人真空，现在则可以相互顶岗，这样组织的容错能力得以提升，间接地降低了组织的风险；其次，两者的合作使得双方均多了一项技能，本身对于整个组织来说就是整体实力的提升，如果出现更多的这种合作，组织的实力将会越来越强；第三，对于个人来说，两者都是在进步，都是获得了专业水平的提升，就业前景也更加广阔。另外，对于个人来说，由于这种合作的存在，双方的影响力也能得到一定程度的提升，双方的信任度会进一步加深，双方的合作也会更加默契，而对于组织来说，由于这种合作的存在，对于建立和维护组织内的互相帮助的氛围也起到了一定的作用。总之，这种资源的共享会使组织内的成员和组织本身都能获得价值和效益。

4. 提升团队的执行能力

团队需要有较强的执行力，即将目标转化为成果的能力，对于很多组织来说，并不缺少人才，但成果并不理想，可能的原因是流程和制度不合理，团队管理不行，更有可能的原因是团队的执行力不够。团队管理者的管理水平体现在最终转化的成果上，在执行之前还有策划、计划、组织、沟通、协调等，而管理最重要的两个方面是计划和执行，如何提升团队整体的执行能力是管理者必须要重点关注的内容。

首先是管理团队的执行力，这是组织中执行力最重要的组成部分，尤其是高层级管理团队的执行力。高层级管理者是整个组织尤其是管理团队的榜样，必须首先体现出较强的执行力，也就是行动力、落实的能力，在制定战略时需要有更高的格局、更大的视野，但在制定计划、执行计划时则需要更强的执行能力，这样才能让整个组织尤其是管理团队从具体的事项中接受重视执行力的理念。管理团队又是整个组织的榜样，管理团队也是具体工作的发起者，也是所有任务的直接责任者，如果管理人员执行力较差，将会疏于对任务的管控和推进，将会疏于对具体执行人员的高要求，也会让周边的同事受到负面影响，比如效仿懒散的作风，效仿拖拉的行为等，从影响整个团队的成果。相反，管理团队如果执行力较强，管理者会不断地推进各项任务，不断地进行任务进程的监控，这样整个执行团队都会有更好的执行动力，所谓“火车跑得快，全靠车头带”。从这点来说，管理者的首要能力就是执行力必须要过硬，否则其他一切能力都会失去基础而成为空中楼阁。

其次是团队中其他成员的执行力，相比之下，低层级管理者和普通岗位的人员对执行力理解更透彻，因为他们做的工作更加具体，也更加简单，对于执行不会有什么障碍和困难，但执行力更重要的是体现在对新的流程、新的制度、新的指令的执行方面，也体现在对待有困难和有挑战的任务的执行方面，对这两种情况的执行力才能真正体现出团队成员执行力的优劣。另外，普通岗位的人员对于执行往往更加机械，很少或很难加入主观能动性，此时执行往往达不到理想的效果。

对待新的流程、制度和指令方面，往往需要执行人员改变一些工作习惯，或者改变一些思考问题的方式，这对于团队成员来说，可能会有一定的难度。因此，管理者在施行新制度时，要采取一些措施降低其执行难度。此时，一方面，新的流程或制度在制定时，就应该注意其执行的简易性和可行性，这样就不会因为制度本身的复杂性而导致无法执行；另一方面，管理者需要对新的制度和流程进行耐心地反复宣贯，确保执行人员在技术层面没有执行的意义，这样能降低执行的阻力，同时，管理者还需要对新制度和新流程执行的必要性和能带来的好处给予充分的解释和说明，减少执行者因需要改变而产生抗拒。最后，管理者和整个管理团队要带头执行，起到榜样和示范的作用，必要时也可以通过激励制度去促进新的制度和流程的执行。对于这些新的流程和制度的执行，管理者强大的执行能力更重要，因为他们需要同时面对来自自身决心的考验和来自执行人员的阻力，要想最终被贯彻执行，除了新的制度和流程本身的优越性之外，负责推行的管理者的执行能力将会起到决定性的作用。

对于相对困难的任务，任务执行人员通常会承受一些的压力甚至会因为没有信心而选择放弃，有时候会认为任务分配不合理，从而产生不接受较难的任务的想法。这一部分人员的执行力就是相对较差的，有难度的任务最考验任务实施人员的执行力，执行力强的人员会去克服困难，付出更多的努力去将任务做好，而执行力较差的人员则可能会不接受任务或在执行过程中选择放弃等。管理者可以从以下几个方面考虑对较难任务的处理，一是在任务安排和分配时，充分考虑执行任务的人选，需要选择潜力较大，积极上进，并敢于挑战自己的人员来执行有难度的任务，从而降低任务不能被有效执行的风险，同时要注意任务与执行人员能力的匹配，所谓匹配是指任务的难度在执行者的可承担范围内，如果相差较远，即使发挥潜在能力也是不可能完成的，所以要为有难度的任务选择匹配的任务执行者；二是要给执行任务的人员充分的信任，并激励其充满信心，减少其心理压力，让其有勇气和信心去面对有挑战的任务，同时管理者要体现出重视和支持，并赋予执行任务的使命感，从而让其尽心尽力去克服困难完成任务；三是对于有困难的任务，管理者需要给予执行者充足的资源，给予其较多的指导，以协助其解决遇到的各种问题，最终能顺利地完成有挑战的任务；四是将有挑战的任务与人才培养结合起来，借助较难的任务去锻炼和培养人才，并明确地告诉其执行任务的目的，以及该任务对能力培养的重要性，如果任务执行者能够将该任务视为自己能力增长的途径，一定会更大程度地发挥自己潜在的能力，尽力地完成任务；最后，遇到确实有难度的任务，管理者还应该考虑发挥团队的力量，选派多人组成的团队去协作完成，如果合作机制有效，大家配合得当，将能够完成超过任何个人能力的任务。管理者要在平时的团队管理中创建好合理的合作机制，如果关键时刻能够团队协作，将会大幅提升整体的执行力。管理者需要采取多方面的措施提升团队成员的执行力，包括执行文化的创建，执行激励机制的建立，以及执行的互动性(避免机械执行，增加相互反馈)等。

最后是整个团队的执行力，即一个团队中管理者的执行力和其他成员的执行力，以及他们之间的相互作用产生的执行力的总和。团队的执行力将会是组织获得成果的决定性因素，尤其是市场业务能力较强的组织，或者在遇到比较理想的市场行情时，组织的执行能力将会是其发展的关键因素，此时管理者应该重点关注团队内部执行能力的保障，确保其能够支持组织的发展。理论上团队的执行力应该是所有团队成员执行力的总和，但实际并非如此，这取决于团队管理者的管理水平，尤其是对团队成员之间合作能力的管理，比如如果团队中某个成员发现自己受到了不公平的待遇，就会不自觉地降低自己的执行力，这时团队整体的执行力就会低于团队成员执行力的总和。团队执行力的负面影响因素有很多，且大部分的不利因素都是客观存在的，比如公平性问题，团队管理不可能做到绝对的公平，每个人看待贡献的角度都不一样，所以很难做到控制每一个不利因素，因此管理者应该着力于为团队的执行力加入一些有利的因素，使得总体上有利因素大于不利因素的负面影响即可。这些有利因素包括团队共同目标的确认，团队成员的明确分工，团队岗位职责的明确，任务安排的资源共享，任务执行负责人的确定，团队合作文化的形成等。为形成团队的执行文化，还可以采取一些管理方法，包括反复宣讲、树立榜样、制定制度、关键人员沟通等。越是组织的高层级管理者，对工作和团队的高要求就越重要，各层级管理者都要体现对执行的重视，只有从上到下都重视团队的执行力，才能最终打造强有力的执行团队。

具体的提升团队执行力的措施包括以下几条：一是培养团队聚焦注意力的能力，只有最重要的事才需要高度重视，区分出最重要的事有助于提升团队本身的执行力，执行力体现在最终的成果，而成果往往和最重要的事的完成情况相关，如果注意力分散将会大大降低团队的执行力；二是在团队内建立明确的激励手段和制度，对执行不力者给予负激励，对执行力强的人员给予正向的激励。衡量执行力的指标需要由一线的管理者或一线的普通岗位人员共同选定，确保指标的有效性，而激励的大小也应该能够起到相应的效果，有效的激励将会成为执行力的有效保障；第三是建立岗位责任制度，明确每一个岗位人员相应的责任，如果出现多次岗位失责的情况，则应采取调岗措施，重新选择合适的人员上岗。管理者还应注意岗位与责任的匹配，岗位包含岗位资源权限和岗位利益，岗位需要实现权责利的匹配，人员与岗位是双向选择且相互适应的。

团队的执行力对于组织来说是一个系统的主题，也是一个重要的主题，需要管理者持续不断地投入注意力，从根源上重视执行本身，重视执行的结果，最终让执行力为组织的目标服务，甚至成为组织的核心竞争力之一。

5. 打造组织文化

一个组织想要具备自我修复、自我发展的能力，唯一的途径就是形成具有某种正向特征的组织文化。所谓的文化是指组织的成员一致认可的且不可违背的某些准则的集合。这些准则要被所有成员无条件接受(接受的原因是在文化的形成过程中已经被反复地输入到组织成员的意识中)，然后被当作组织的原则存在，如果出现有与该准则冲突的情况，该准则一定是被优先执行的，该准则也一定会优先于短期(长期经济目标一定是与组织文化相匹配的)经济目标；

组织的文化必须满足以下两个基本要求：其一必须是正向的，积极向上的，而不能是负面的，也不会是中性的，比如“不惜采用一切手段赚取利润”，就不能作为组织的文化；第二，组织的文化一定是为组织的发展服务的，通常是为组织的愿景服务的，也就是说通过发展组织的文化，能帮助组织实现愿景，这个愿景通常是组织的长期经济(发展)目标或社会责任目标。

理想的组织文化既能够提升组织各层级人员的工作动力，又能够提升组织的整体工作效率，还可以提升组织的凝聚力等。但打造组织文化并不是一件简单的事情，它是一个长期的过程，不可能一蹴而就，需要的是管理者和管理团队超强的决心和足够的耐心，付出持续的关注和努力。

要形成组织的文化，需要先确定组织的愿景和长期目标，然后根据组织的性质确定有利于组织发展的重要原则，并将这些原则作为组织文化的基础内容，然后通过管理手段，将这些内容逐渐地打造成组织的文化准则。组织文化的管理，包括以下几个方面。

首先是组织的高层级管理者应将组织文化奉为不可逾越的原则存在，严格地执行与遵守，只有管理者自己作出榜样，才能影响他人一起遵守，才会让大家意识到组织对该项文化守则的重视。在公司进行文化宣贯时，也应该从管理团队入手，让管理团队作为整个组织的榜样，逐渐将文化渗透到整个组织内部。

其次在选拔人才和引入人才时，尽量挑选符合公司文化特点的人员；相应地，在公司文化培育的过程中，应该剔除一些与组织文化不适应的团队成员，避免产生负面影响。

三是管理者需要对组织文化进行宣传，宣传文化的内涵，文化是如何为组织目标服务的，文化准则被执行的重要性和所能带来的好处，以及文化准则的权威性等。

形式上，可以将组织的文化准则以条幅或漫画等形式布置在工作场所，使员工长期耳濡目染，让团队成员从形式上接受。

然后在各种会议上进行反复的强调，让组织文化彻底深入人心，让组织成员感受到管理者对文化的重视。

四是组织需要制定一些相关的规章或制度，与组织文化相匹配，也可以与组织的绩效制度相结合，即对符合组织文化的行为给予绩效的奖励，而对有悖于组织文化的情况则给予绩效的扣罚。

针对特定的行为进行公开处置，比如有违背组织文化准则的情况，一经发现，当即按照规章制度进行惩罚，以起到引导的作用。

以上这些措施，需要组织的高层管理者持续地主动投入注意力，经过时间的沉淀后文化烙印就能根深蒂固，就能形成具有特定文化内涵的组织。

6. 打造核心产品

具有特殊竞争力的产品是组织最基本的核心竞争力，是组织发展最重要的内因和最重要的载体，很多组织因为有强于竞争对手的核心产品而获得绝对的发展优势，比如苹果公司，凭借苹果手机独特的产品竞争力成为世界上最有价值的公司之一。组织的短期发展可以依赖先进的盈利模式，可以依赖良好的市场机遇，但组织要想获得长期稳定的发展，则必须要有强于竞争对手的产品，只有产品才能体现组织创造的价值，只有具有独特优势的产品才能创造组织的经济优势。产品对于组织的发展是至关重要的，重视组织长期利益的管理者应该重视对产品的研发和对核心产品的打造。

如果组织拥有独特优势的产品，可以增加顾客黏性从而拥有较为稳定的客户群体，减少市场竞争的压力，也可以让组织拥有一定的定价权，从而可以提升产品的利润空间。一旦形成稳定的市场和较充盈的现金流和利润，则可以为组织创造时间和空间去弥补自身的劣势，比如完善管理、改进流程、塑造品牌等，或更进一步巩固产品的优势，从而形成良性发展。相反，如果产品没有核心竞争力，则需要组织参与市场同质化竞争，如此将不会有市场份额的保障，需要投入大量的人力物力去稳定市场或开拓市场，而且容易受到市场环境变化等各种不确定因素的影响，组织的盈利能力存在较大的风险，抵抗市场波动的能力较弱。同时，组织的产品如果没有核心竞争力，需要面对市场对性价比的选择，势必会进一步降低组织的利润，从而会让组织忽略一些对长期发展有重要意义的任务，最终可能会让组织走向衰落。因此管理者必须重视对产品核心竞争力的打造，从经济投入、注意力投入、资源投入等方面给予足够的重视，并制定切实可行的计划，并严格执行计划，以确保产品核心竞争力的形成。

具有核心竞争力的产品包括产品细分市场的技术优势，具有特殊用户属性的产品，具有独特功能的产品，具有专利外观的产品等。

管理者应该从多方面考虑核心竞争力产品的打造，首先是通过对创新的管理来实现产品的优势。管理者尤其是高层级管理者的一项重要工作内容就是创新管理，对于产品来说，需要从产品的核心技术、产品设计两方面实现创新，核心技术创新通常由技术研发部门或生产部门负责，产品设计通常由策划、设计、工艺等部门负责，组织管理者要为这些部门分配较多的注意力和分配充足的资源作为支持。很多时候，管理者需要有坚定的决心和清晰的思路，因为这些部门通常并不会带来短期的经济利益，相反还需要一定的经济投入，此时势必会受到一些利益部门的阻碍或干扰，甚至还会受到短视股东的压力，同时还要承受研发失利带来的风险责任。因此管理者必须要有打造核心竞争力的决心，力排众议，直至建立明显的产品竞争优势，最终带来经济效果。其次是通过对核心人才的管理来获取产品核心竞争力，这些核心人才包括了管理人才(创新管理、技术管理等)、技术人才(产品功能实现技术、成本降低技术)、设计艺术人才(产品的使用便利性设计、界面设计、外观设计等)等，这些人才的水平决定了最终产品核心竞争力的水平，对这些核心人才的管理包括人才招聘、人才培养、人才激励、绩效分配等。管理者需要重视对核心人才的引进和培养，并应该有专门的核心人才管理计划，包括各项与之配套的保障制度。再次，管理者可以通过深耕细分市场和打造独特的产品个性来打造产品的核心竞争力，即组织应该集中注意力做精某一个细分市场，将该细分市场做到极致，因为任何的优势产品都是在某一些特定的方面特别出众，而不可能是面面俱到，从组织的投入上来说亦然，组织不可能一次投入太多的资源同时做很多方面的创新，因此组织应该专攻与自己优势资源相结合的细分领域，同时尽量兼顾其他即可。最后，管理者应该通过了解竞争对手来打造自己的核心产品，即管理者应该分析组织与竞争对手之间的竞争状况，进行SWOT分析，然后做出核心产品的规划，确保知己知彼，尽量减少竞争压力，增加提升产品核心竞争力的概率。

(1) 技术创新

技术创新是获取组织核心竞争力的重要途径，可以作用于团队、产品、专利等载体，是一种比产品创新更宽泛的打造核心竞争力的手段，技术创新能够让组织获得持续的竞争优势。

一方面，相比产品设计，技术创新通常能够维持较长周期的核心竞争力，因为技术创新具有较大难度，需要组织付出较大的努力，且难以被模仿，所以一旦形成新的核心技术，可以确保核心竞争力的提升。同时，技术创新还可以申请专利保护、知识产权等，从而形成一定的技术壁垒，拉大与其他竞争对手之间的优势，因此，技术创新应该是最重要的获取核心竞争力的手段。

另一方面，技术创新又会遇到很多困难，与打造核心产品一样，技术创新会遇到来自多方面的阻力，因为技术创新需要更高的投入和承担更大的风险，致使追逐当期利益的管理者放弃技术创新。技术创新也是一个长期的过程，需要组织上下不断地付出努力，而且依赖高水平的核心技术人才，对组织的人才吸引能力或人才培养能力有较高的要求。

要实现技术创新，最重要的是组织对高端技术人才的重视和组织内创新土壤的培养。高端技术人才是技术创新最关键的核心资源，相比之下，高端技术人才有创新的能力和意识，尤其是一些实践经验丰富的专业技术人才和一些富有进取心的跨界技术人才，他们对行业现有的先进技术保持较高的敏感性，在有充足资源的情况下，他们便能够实现技术创新。技术创新还取决于组织高层级管理者对待高端技术人才的态度，通常这一类人才都比较有个性，甚至有些固执(技术人才的特点)，管理者需要给予其包容，还需要给予其重视和充足的资源支持，甚至还需要指派其他团队与之合作和配合，才能满足技术创新的需要。创新土壤的培养不仅有助于高端技术人才更高效地实现技术创新，也可以让一些普通技术岗位的人才实现技术创新，对于除研发团队以外的技术创新，创新的环境起到至关重要的作用，创新土壤的培养需要管理者从注意力分配、资源分配、激励制度等多方面综合考虑，形成一套完整的创新培育体系。

一个优秀的技术研发团队是技术创新的一项重要资源，也是实现创新的重要保障，研发团队包括了团队领头人和技术研发骨干，需要具有较强的行业背景、技术创新敏感度高、方向把握能力强的创新带头人，需要技术精通、具有合作精神的研发技术人员，组织的管理者和研发团队的带头人对技术创新团队的管理也非常重要，一个好的管理机制和绩效机制也是技术团队获得创新成果的重要条件。

技术创新完成之后，管理者还需要组织完成两项重要的工作，其中一项是将技术创新应用到组织的产品设计和生产上，形成可量化的经济效益。技术创新的目的是为了提升组织的核心竞争力，因此要将创新成果作用于产品这个载体上才算是有效的，这个过程有时候比较简单，有时候则比较困难，这取决于技术创新人才是否具有实践经验，或者说技术创新成果是否比较贴近实际。因此，技术创新团队需要引入一些产品设计、生产和销售的技术人员，同时技术管理者也可以要求技术创新团队在创新上要更接近组织的产品生产，进行更有针对性的技术创新。当然，即使技术创新短期内不能转化为产品的竞争力，也可以继续完善直至可以应用。另一项重要的工作是，组织完成技术创新的专利技术申请，形成知识产权，成为组织的无形资产，一方面，可以防止竞争对手的不正当竞争造成组织的损失，另一方面，通过扩大组织的无形资产规模来提升影响力，即增加组织的整体实力。以上两项工作是技术创新的外延工作，对扩大和稳定创新成果来说非常重要，管理者需要对创新成果进行管理，确保技术创新的有效性。

(2) 品牌培养

品牌是组织的一项无形资产，是另一项重要的核心竞争力。品牌的培养是一个长期的过程，需要一代或几代管理者通过不懈的坚持才能达成，虽然品牌的形成过程很艰难，但品牌破坏却很容易，品牌的任何一个构成要素出现问题都有可能导致品牌的破坏。形成一个有价值的品牌的基本要素包括：优异(质量和性能)的产品，优异的客户服务，良好的企业价值体系(比如诚信、有担当)，良好的社会责任感，良好的营销和宣传等。

管理者要重视组织的品牌建设，因为良好的品牌是组织发展走向成熟和成功的标志，是企业稳定持续发展的表现和归宿。反过来说，品牌的形成也会提升产品的竞争力，会让产品获得更多的市场份额，也可以提升产品的定价权从而提升组织的利润空间。品牌本身也具有可衡量的价值，比如诺基亚品牌，虽然其产品和业务逐渐萎缩，技术也逐渐落后，但其品牌价值依然存在，甚至最后组织的价值主要靠其品牌支撑，这就是品牌的力量。因此组织的管理者如果有长远的目光，应该重视品牌建设，从日常工作的点滴做起，逐渐积累品牌的知名度和美誉度。

在管理组织的品牌方面，管理者需要重视以下几个方面；

首先，管理者要重视组织及组织成员的行为对组织信誉的影响，即重视组织的外部形象，要用制度或体系对此进行约束，避免出现有损组织信誉的情况，在正常的业务活动中，要用实际行动维护组织诚信、负责任、有担当的形象。

其次，管理者要严格控制组织的产品质量，确保有一套良好执行的流程或一个负责任的子团队来把控组织的产品质量，并需要在组织的利润和产品质量之间做出权衡，确保组织不会因追逐利益最大化而牺牲产品的质量。

再次，管理者要重视对品牌的营销和宣传。一个品牌除了有其本身的内涵外，还需要有较大的知名度，要有一定的品牌公众形象，必要的营销和宣传有助于提升品牌的价值，因为人们总是倾向于使用自己更熟悉的产品。

第四，组织应承担一定的社会责任。事实上每一个社会组织都会承担一定的社会责任，最少能够为社会解决一些劳动就业，但这还远远不够，社会责任还包括很多其他的内容，比如公益事业，关注社会的弱势群体，参与解决一些社会问题，甚至是对社会事件的正向发声等。承担社会责任需要组织的最高层管理者具有一定的胸怀和境界，需要管理者自身具有较强的社会责任感。一个组织如果有社会责任感，将会对品牌建设形成较大的支撑效应。

最后，管理者还需要重视为组织引入和培养高素质的人才。高素质人才对于企业来说既是产品质量的保证，也是实力的一种有效表征，外部可以从组织的人才素质来推断组织本身的价值，如果是能力很强、素质很高的团队势必会形成实力较强的组织，如果组织的成员体现出较低的能力素质，组织的形象必然会受到损害。因此管理者还需要约束组织成员的外部形象，比如代表组织外出接洽或谈判时要衣着整洁、言语得体等，让组织全员参与到品牌建设活动中，这样才能逐渐地积累品牌价值，从而最终形成有较高知名度的优秀的企业品牌。

第五章

Chapter 5

优秀管理者进阶

前面一章谈到如何提升管理绩效和管理成果，重点阐述了管理的方法和手段，这些方法大部分都是通用的方法，适用于大多数的管理者尤其是组织的中高层级管理者。本章将从另一个角度，即从管理者进阶的角度来讨论提升组织的绩效，重点研究管理者应该如何思考和行动才能成为优秀的管理者，进而客观上提升管理绩效，为组织带来优秀的管理成果。

一、优秀的管理者

1. 难以获得优秀的管理成果和难以实现管理进阶的原因

对于部分管理者来说，获得更优秀的管理绩效和管理成果并不是他们的管理目的，他们只是满足于维持组织的现状局面，如果这部分管理者仅仅是组织的较低层级的管理者，对组织不会带来重大的伤害，但对于管理者本身却有较为明显的负面影响，因为他们这种满足现状的态度会使其丧失管理进阶的机会，即很难进阶成为组织更高层级的管理者，也就失去了获得更多管理成果的机会(管理者获取更多的管理成果的理想途径是晋升为更高层级的管理者)。

而对于另一部分管理者来说，处于低层级管理者岗位的时候，能够不断地努力去获得更好的管理成果，并逐渐地实现管理层级的进阶，但当达到一定的管理层级之后，则可能会表现出满足现状的状态，此时可能的原因是，继续实现管理进阶的源生动力已经不再存在。管理者的这种满足现状的管理状态会给组织带来较大的不利影响，因为层级更高的管理者往往掌握着组织更多的资源权限，也承担了更多的促进组织成长的责任，在竞争激烈的市场中，行为保守和进取惰性会让组织逐渐失去活力甚至可能会被市场淘汰。相比之下，较高层级的管理者停滞不全对于管理者自身来说反而影响会更小一些，即使组织最后被市场淘汰，管理者还可以继续选择其他组织获得类似的管理岗位，还可以继续获得相应的报酬。但对于管理成果来说，这种状态肯定会带来负面的影响，不思进取就无法为组织带来更优秀的管理成果，此时无论对于管理者个人还是对于组织都会带来较大的伤害。这一类型管理者“不作为”的真实原因是原生动力不足，通常这一类型管理者前进的原生动力是获得丰厚的报酬，获得较高的地位和较多的权限，这些动力都有“自私”的属性和“物质”的属性，而且这些目标相对都比较容易被满足，所以难以持久，而真正能够持续的原生动力更多地来自“精神”层面和“社会属性”，比如成就感，社会责任感，帮助他人获得成功的愉悦感等。因此，也可以说，管理者进阶的天花板正是他们自身的境界和对生命价值的选择。

对于以上两类管理者，获得更优秀的管理成果或者说进阶为更高层级管理者的最大障碍来自管理者对自己的要求固化和宏观上与自己确定的管理目的的偏离。还有一部分管理者则不一样，他们希望获得持续的进步，但是却不愿意付出更多的努力，总是被外界所干扰，或者目标总是不断地转换，眼高手低，总希望能以更少的代价获得更大的收获。这一类型的管理者基本上很难成功，很难获得不断增长的管理成果，因为没有大量的付出和努力，管理者就没有足够的注意力和控制力，会使得管理者在处理各项任务时顾此失彼，管理成果必然会受到较大影响。虽然有很多优秀管理者能够通过精简自己的工作任务而降低管理对注意力的依赖程度，但管理者的注意力仍然是决定管理成果的重要因素，更为重要的是，优秀管理者的进阶，并非是轻易就可达成的，是一个艰难的过程，这个过程包括不断地学习、磨炼、总结、改进，不断地提升自己的影响力和局面控制能力等。要想管理成果优异，必须付出大量的努力。

还有一类管理者既有获得优秀管理成果的要求，也非常努力，但却总是达不到目的。这时候有可能是思维方式的问题，即缺乏管理思维，或者缺乏积极的思维方式，这时候，管理者很容易被困难或挫折打败，因为在面对不利局面时候，他们会不自觉地放大这些不利的因素，从而产生更多的次生困难，让自己丧失信心或激情，从而致使失去努力的动力，最后甚至可能会轻易放弃。因此思维方式也是管理者需要重点调整的一个方面，而这也是完全可以实现的。

还有一些管理者则是管理能力水平不足，比如不懂管理定位，不善于做计划，不会控制，管理手段缺乏，或者不知道应该如何做、做些什么才是高效的管理。这一类型的管理者，通常经验不够，或者不善于总结，从而无法通过提升自我管理能力而获得更好的管理绩效。

以上所有不能获得优秀管理成果的管理者，都能在本书中找到很多有针对性的方法和建议，通过应用其中的方法，可以提升做好管理工作的信心，可以找到做好管理工作的动力，并能够找到各种对应的提升管理绩效的策略和方法，最终在不断地提升管理绩效的同时获得稳定的管理进阶。

2. 何为优秀的管理者

优秀的管理者最合理的评价依据是其管理绩效，优秀的管理者能够取得更好的管理绩效和成果，包括经济成果和组织发展成果。简单地说，优秀的管理者就是有优秀的管理成果的管理者。关于管理者的评价指标，第一章已经进行了论述，此处只做更为宏观的定性讨论。理论上，“更好的”和“优秀”实际上都是一个定性的标准，究竟何为“更好”、何为“优秀”，不同的评价体系或不同的评价者有不同的解释，客观上需要更具体的评价标准和指标进行界定。从本质上来说，所谓优秀的成果，指的并不是绝对成果的多寡，而是相对于资源投入的成果多寡和优劣，即投入相同，成果更多的管理者相对更优秀，优秀管理者有更高的资源使用效率。通常的评价方法是在空间维度上与同行业组织之间进行对比，或者在时间维度上进行前后对比，或者类似岗位的横向比较，但都需要基于类似的内外环境进行评价。同时，管理者评价还需要有充足的时间周期，一方面经济性管理成果趋于稳定，另一方面，充足的时间周期可以评价管理者对组织核心竞争力的培养，只有能获得长期稳定的并呈一定比例增长的成果的管理者，才能被认定为“优秀的”管理者。

3. 评价管理者可以参考达成组织目标的程度

关于组织的成果和资源使用效率，有一个要素就是是否能达成预期的目标，通常的结论是如果没有达成目标，则说明管理者不够优秀，从某种程度上来说，这是相对正确的结论，组织目标的实现可以作为管理者评价指标，其主要依据如下：

第一，组织的目标是管理者负责或参与制定的，如果最终目标未达成是因为目标过高，则说明管理者在制定目标时未对外部环境和组织的资源情况进行全面、准确和透彻的分析，比如对市场形势的判断有误，或对组织在同行业中竞争的位置判断有误等；如果组织目标制定过高，各项资源预算则会出现偏差，从而引起资源利用效率的下降，最后导致管理绩效不佳。从这个角度来说，组织在一个经济周期内的目标的合理性非常重要，组织的管理者要对自己制定的目标负责。

第二，组织目标的制定是根据上一个经济周期内达成的组织指标情况和组织现有的资源情况来确定的，也就是说如果不考虑目标制定者本身的水平，组织制定的目标应该是有充分依据的，作为管理者管理水平的衡量标准是合理可信的，至少是相对合理的。

最后，组织的目标是整个经济周期内的所有管理和生产活动的依据和参照，所有管理活动的尺度和资源使用尺度都是按照组织目标确定的，管理者应该确保所有的环节(包括市场环节)、流程和措施都无限接近组织目标的要求，过程中一旦出现问题或者目标匹配异常，应该及时纠正和调整，采取各种措施确保目标的实现。因此最后目标能否达成充分体现了组织管理者及其管理团队的控制能力、纠偏调整能力和目标达成能力，这些都是管理者的核心能力，采用这些能力水平的评价作为管理者的评价标准是合理的。

对于组织的高层级管理者，可以对照组织的目标来进行评价，而对于中低层级的管理者，衡量其管理成果可对照其管理的子团队如生产团队或研发团队的产出情况，如果产出符合或者高于子团队的既定目标，则说明管理者的管理绩效优良。

组织目标的实现情况并非是评价管理者的全部要素，一方面是因为组织目标虽然为管理者根据实际情况制定的，但仍然受到组织所有者和经营者的个人特点影响，比如激进的决策者倾向于制订更高的目标，而相对保守的决策者则偏向于制订保守的目标，而这种对目标制定的风格差别对于管理者的绩效评价结果是有影响的；另一方面，目标的实现不仅依赖于组织管理者及其管理团队的能力，还受到外部市场的影响和一些不可控因素的影响，比如某些“黑天鹅”事件会引起整个行业的发展回落，某些国家政策的改变也会改变行业的发展格局等，虽然管理者可以针对外部因素进行及时的调整和适应，但对实现组织目标的影响是显而易见的。因此评价管理者还需要结合一些辅助指标，比如前面提到的在空间维度上与同行业组织之间的成果对比，或者在时间维度上与组织历史成果进行对比等。

4. 优秀管理者的特质

管理者要获得优秀的管理成果，需要具备一些优秀的能力或品质，比如正向的思维方式，努力的工作态度，自我管理的能力等。作为初级管理者或低层级的管理者，要获得优秀的管理绩效和实现管理进阶，要了解这些对管理工作有正向影响的因素，并通过练习获得这些能力和品质。一般情况下，优秀的管理者都具有以下的部分特质，或者说拥有这些特质的管理者更容易取得优秀的组织成果。

优秀的管理者总是以结果为导向，以目标为方向，不断地排除干扰因素，直到达成预期的结果。优秀的管理者也重视过程控制，会及时地核查团队是否偏离目标方向，一旦发现偏离或出现偏离的倾向，会及时纠偏和改进。

从管理者的品质来说，优秀的管理者是正直的、开放的，善于用人(包括人力资源匹配和激发人员潜力)，也善于借力(内部和外部)。优秀的管理者通常都是真诚的，果敢的，有较强的影响力，会吸引一些能力较强的帮手(很多帮手甚至在很多方面超过管理者)。

从管理者的自我成长来说，优秀的管理者善于寻找前进的动力，总是在不断地进步，也在引领团队进步。优秀的管理者不怕困难，并积极地面对困难，他们把遇到的困难当成成长的机会。优秀的管理者通常是一个自我成长能力很强的、擅长学习的人，擅长学习的管理者更不怕困难，更敢于面对挫折和逆境，有更强的解决问题的能力，有更谦虚的品质，也更容易实现创新，有更强烈的成长动力。优秀的管理者会通过学习不断地提高自己的管理能力和水平，从而进一步提高管理绩效。

优秀的管理者通常都有较强的责任心，愿意主动承担各种责任，同时，会尽最大努力去将工作做得更好，对成果有较高的要求，并会重视对他人的承诺，并善于把这种精神传递给整个团队。

优秀的管理者总是主动思考，主动总结，主动改进，并善于将思考成果转化为行动，将行动转化为生产力。

优秀的管理者有更高的境界，会将自己的利益置于组织利益之后，会把自己的情绪放在组织目标之后，优秀的管理者也善于管理自己的情绪，会让情绪为自己所用，而不是被情绪控制。

在平衡长期和短期利益关系方面，优秀的管理者看得更高，看得更远，更关注长期目标，不会为了追求短期的效果而牺牲长远利益，同时也会关注长远目标和短期目标的匹配和平衡，优秀的管理者能用发展的眼光去看待团队的发展和业务的发展。同时，优秀的管理者具有更大的格局，能掌控更复杂的局面、包容各种性格的人员和处理各种复杂的关系。

优秀的管理者善于发现资源，并善于利用和整合资源去创造价值；相比内部关系他们会更关注与外界的联系。

优秀的管理者会更重视“人”的作用，会从帮助人的成长方面思考问题，善于沟通，会将焦点放在对方身上，而不会只关注自己的感受。优秀的管理者愿意不计回报地培养具有潜力的人才，愿意将自己的知识或能力贡献给组织，传导给身边的团队成员。

优秀的管理者具有自愈和自燃能力，自愈能力即管理者在遇到挫折和低谷时，能够在短时间内调整负面情绪，进行自我修复，从而重新回到乐观积极向上的状态，充满激情去应对过去不愿意做的各种繁琐工作。自燃能力是指管理者具有类似于汽车发动机的能力，即在不需要外力推动的情况下能够不断地向前发展，具有自燃能力让管理者不会过于依赖外力就能达成组织目标和自我成长的需求。

优秀的管理者会关注各种联系，并善于将各种联系进行资源化和系统化，从而产生价值，优秀的管理者关注提高系统内的效率，降低内部无效的消耗，创造合作的空间和条件。通过积极处理各种联系，能够将组织内外资源转化为价值，组织内的价值能够增加组织的成果，而组织外的价值能够为组织带来更多的发展机会。

5. 优秀管理者的状态

优秀的管理者大部分的事项都是在计划之中的，优秀的管理者善于做计划和规划，善于管理自己的注意力分配，善于管理自己的时间和精力，善于安排和管理自己的日常工作，善于管理自己的行为，让自己的时间使用和管理行为处于有序的状态。优秀的管理者善于将计划外的事情也按照计划的方式来处理，从而让突发事件也处于有效的管理状态，避免出现混乱。首先，管理者会在自己的时间计划表中预留处理突发事情的时间，这样可以处理大部分的突发事件和问题；其次，管理者也会通过将突发事件进行分类来减少其对计划的干扰，管理者会用少量的时间对其进行处置，并将大部分事件授权他人处理，少量自己处理的事件根据轻重缓急安排处理时间进行分类处理让突发事件变得有条理性，从而避免事件反复出现或多次处理的情况。

优秀的管理者不会一直处于忙碌的状态，短期内处于忙碌状态是可能的，因为随着组织的发展壮大，在短期内可能出现工作任务增多、任务分配滞后的情况。还有一种可能是在某一个时期管理者刻意锻炼自己应对忙碌状态的能力，这些都有可能使得管理者短期内处于忙碌状态，但忙碌状态并不会长期存在，如果长期存在，则说明管理者并没有对自己的工作任务进行分类梳理，或者没有做好充分的授权，或者没有理顺团队的分工和岗位职责等，这样将会导致整个团队的效率低下。对于优秀的管理者来说，一旦发现自己陷入忙碌的状态，会在第一时间作出优化调整，快速改变这种状态，因为忙碌的状态会影响管理者的判断能力和控制能力，对管理者的长期管理绩效造成较大的影响，所以管理者不能长期处于忙碌的状态。

优秀管理者的心态在大部分时间内都处于平静和乐观的状态。一方面，优秀的管理者能正确面对各种困难和问题，包括来自外部的压力和内部的问题，管理者能保持镇定和稳定，能仔细分析问题的原因，并作出积极地处理，即使管理者在短期内出现情绪波动，也能够快速地调整。另一方面，优秀的管理者能实现与外界良好的沟通，能够处理好各种人际关系，既能够用有付出和真诚的态度，又能够对他人的缺点和冒犯给予包容，在处理人际问题时，会以达成目标为导向去沟通处理问题，不管面对哪些突发事件和问题，优秀的管理者总是保持理性和乐观的心态。情绪的稳定能够提升处理事件的效率，能够减少决策的错误，能够使管理工作处于稳定和有序的状态，同时也是获得优秀的管理绩效的重要条件。

6. 优秀的管理者需要将目的置于自我感受之上

管理者对自我感受的态度，是区分优秀管理者与一般管理者的重要区别。管理者在遇到困难或突发问题时很容易恐惧、悲伤或选择逃避放弃，比如遇到不讲理(有时候可能并非对方不讲理，可能恰好是情绪处于低谷或对表达的理解差异)的沟通对象时，人们很容易被自我感受控制，会出现一些负面的想法，比如“我为什么要这么努力”“我很委屈，这不值得”等类似的想法，从而放弃更深入的管理工作，随之也就放弃了管理的目标和放弃了管理的价值。因此，优秀的管理者总是置“目的”和“价值”于自我感受之上，他们更容易调整自己的感受，最终的状态是“只要能达到目的，我愿意牺牲自己的感受”。管理者更容易调整自己的负面情绪，能更快地走出情绪的阴霾，甚至很快就可以享受管理任务带来的成果，从这个角度来说，优秀的管理者更加积极健康，生活整体更有质量。

管理者不仅应该管理好自己的情绪，还需要换位思考，对沟通对象的表现给予客观的判断，而不是只看表面现象，这样会导致沟通不畅，如果能设身处地站在对方的角度看问题，则能让沟通更有效和更高效。很多时候对方并不是需要更多实质的东西，而仅仅只是需要一份理解和尊重，而管理者要做的就是去满足对方的需求而不是自己认为的对方的需求。

管理者需要将焦点放在外部，而不是仅仅局限于自己内心的感受，应该将焦点放在解决问题本身，从大局和整个组织的高度看问题，这样管理者就不会觉得自己委屈，不会觉得自己不值得，这样管理者的心态会更稳定，表现会更理性，控制局面的能力会更强大，这对于解决问题和达成管理目的是有效的。管理者需要在遇到问题时进行焦点外放的刻意练习，这样管理者将会获得更优秀的管理成果。

二、管理者进阶

1. 管理者进阶的原理

在同一管理岗位上，管理者需要通过不断努力(这个努力的过程包括深入思考、总结、行动等)获得更好的成果，而这个不断努力的过程，会让管理者拥有更多的管理技能，会让管理者的能力得到锤炼和提升，当技能和能力提升之后，管理者便能驾驭更多的资源，能掌控更大的局面。在这种情况下，如果有恰当的机会比如管理职位的升迁，管理者就能获得更多的资源权限，资源驾驭能力的提升将会在资源权限扩大后得到发挥，这样管理者就能够创造更多的管理成果，同时进一步提升自己的管理能力，这样往复循环的过程，就是管理者向上晋升进步的过程。

管理岗位的晋升，是一种通过改变管理成果产生系统而提升管理成果的方式，是一种量变到质变的提升方式，晋升的核心是管理者驾驭资源能力的提升，只有驾驭资源能力的提升才能让管理者获得更广阔的管理平台，也才能让管理者获得更好的能力增值的机会。想要获得持续的管理进阶，管理者需要重视管理能力尤其是资源驾驭能力的不断提升。

2. 管理者进阶

对于部分潜在管理者，即使没有相应的管理职位，也能完成管理工作，这时候就需要有一定的自我角色定位能力。这里的角色定位主要是指提醒自己是一个管理者，并提醒自己积极主动地去做一些与管理相关的工作，告诉自己需要将工作思维调整到管理思维，并应该给自己设定对应的管理目标。

角色定位是做好管理工作的第一步，是做好管理工作的前提，角色定位能够让管理者获得自信，让管理者有坚定的目标感。角色定位能给管理者提供动力进行管理实践，角色定位也能让刚进入管理者岗位的人员更准确地找到自己要完成的工作和任务，并能够将复杂的管理工作系统化，找到自己在整个组织中的作用和价值。

管理者做好管理工作的第二步是创建联系。真正开展管理工作需要处理各种内部和外部联系，需要与内部的相关人员就各种任务进行沟通，需要协调各项资源的使用，需要面对各种外部联系。对于一些较低层级的管理者，也许只需要与上一级管理者和向下的小组成员的联系就可以开展工作，但是如果要获得更好的管理成果，则必须要创建更多的联系，比如横向联系，必要的外部联系等。创建联系后，需要形成有效的沟通机制，并形成可用的资源。大部分的联系，都需要管理者进行管理和维护，投入管理精力和注意力去创造相应的价值，比如合作的价值、激励的价值、资源效率优化的价值等。而对于其中的一些联系，如果管理者管理不当也有可能会成为达成组织目标的障碍，比如，团队中有时会有与管理者价值观不一致的特殊成员，在处理这一类型的团队成员时往往会受到权限、资源限制、工作任务等多项因素制约，此时这一类型人员可能会成为一个影响成果的障碍，需要管理者妥善处理，避免造成团队效率下降。当管理者创建了充足的联系之后，则可以在此基础上进行项目或流程的管理，从而创造相应的管理成果。

第三步是合作，建立尽可能多的合作，建立高效的合作，如果要获得出色的管理成果，合作是一项基本要素，包括团队成员之间合作，与上下游环节合作，与横向团队之间合作，与外部的合作等。要形成合作就必须在创建联系的基础上，建立沟通机制和权责利分配机制，保障信息和资源的自由流动，同时形成明确的权责利分配标准。建立合作要求管理者及管理团队持开放的态度，要实现更好的合作则需要团队不断提升自己的整体能力，团队的能力越强，可以达成的合作就越多，同时也能够为合作贡献越多的力量。形成更理想的成果。

第四步是改进和优化，包括优化合作、优化流程、优化管理者的注意力分配、优化团队管理等，具体的优化内容根据管理岗位的不同而有所区别。比如，组织的高层级管理者应该对管理团队的合作和沟通机制进行优化，应该根据组织的战略目标对自身的注意力分配进行优化，将注意力更多地分配到人才培养、组织创新和实现组织目标的关键环节和薄弱环节上，确保组织的前进方向和发展速度符合预期。组织的中层级管理者或子团队的管理者（相当于部门经理）则应该更关注内部流程的优化和资源使用效率的提升，内部流程包括生产流程、资源要素流动流程、任务执行流程等，资源的使用效率包括人力资源、财务资源、生产资源和外部资源的使用效率等。基层管理者则应该更关注优化流程的上下接口，激励团队成员的工作状态，确保组织流程上指令的执行质量和效率等。需要注意的是，改进和优化是一个动态的过程，管理者要提高组织的绩效，应该持续地进行这项工作。另外，改进和优化也并非只是管理者的任务，管理者应该倡导全员参与进来，以扩大改进和优化的范围和丰富优化过程带来的成果。有一种特殊的改进和优化是创新，创新作为一种改进和优化的手段，会给组织的成果带来质的改进，是管理者重要的管理手段。

第五步是激励和培养，主要指的是对团队的激励和对人才的培养，激励的效果越好，人才的潜力挖掘就越有效，组织整体也就越高效。培养的人才越多、越高级，组织的绩效就会越突出。激励是通过提升人才自身的意愿度而发挥其潜力，培养则是通过提升人才的能力、境界和品质等实现人才的成长。人才培养还能够产生次生绩效，即培养的人才又能成为优秀的管理者去培养新的人才。优秀的管理者，一定会重视并加大人才培养力度，同时还会培养其培养人才的能力。激励和培养是管理工作中较难的部分，因为这涉及管理者的胸怀和境界，如果管理者并不具备管理思维，则有可能在人才的激励和培养方面不会有太好的表现。培养人才需要管理者解决以下一些问题，首先是需要权衡短期利益与长期发展的关系，只有具备长远目光的管理者才会重视人才的培养，此时可能会牺牲一定的短期利益。其次是具有让组织发展的强烈愿望的管理者才会重视人才的培养，且管理者还需明白人才培养和组织发展的逻辑关系，才会将人才培养作为提升组织长期绩效的重要手段。第三是管理者必须要有一定的胸怀才会重视人才培养，因为管理者首先需要包容人才的缺陷，用其所长，其次管理者需要对其充分授权和放权，给予其锻炼的平台和机会，这就需要管理者有信任他人的胸怀，另外人才培养会产生很多次生问题，比如培养的人才在之后离职或单立门户，培养人才需要管理者付出很多看似没有回报的努力，培养人才会在短期内降低管理者本身的绩效等，这些次生问题都会给管理者造成较大的压力，如果没有一定的胸怀和境界，管理者将难以建立起有效的人才培养体系。第四是管理者必须要有足够的耐心和坚持，因为人才培养是一个长期的过程，短期内并不会有明显的效果，管理者需要防止因缺乏耐心而半途而废。最后管理者必须要有相应的培养人才的能力，即能为人才培养找到合理的方法和途径，能通过合适的方法挖掘不同人才的综合能力，使得人才能快速成长。培养人才是提升组织绩效的高级方法，但也是有一定难度的方法，需要管理者耗费更多的精力，投入更多的注意力，并能够持续为之付出。

第六步是组织文化体系的形成。组织的文化体系需要与组织相适应，其创建的过程是一个长期而艰难的过程，需要组织的管理团队付出不懈的努力，具体的方法详见前面相关章节的论述。当组织有效的文化体系形成以后，有效的文化体系使得组织的沟通联系、合作、人才培养等都会更容易。良好的文化体系会成为组织日常工作和流程运行体系的坚实基础，团队的超叠加效应会不断显现，这样的组织将会呈现良好的稳定的发展态势，显示出一个优秀组织应有的状态。

以上的几个步骤既是管理者往前进步的步骤，也是实现高绩效的一个过程，同时也是一个组织不断发展的过程。如果管理者能够通过自己的努力不断地提升管理绩效，就能实现自我能力的提升，同时也能促进组织的不断发展，这样的管理者也就是优秀的管理者。

三、管理者进阶的方法

1. 主动思考

积极主动是管理者所需的基础品质之一，也就是成为优秀管理者的基本条件之一，除了积极主动，更重要的是主动思考，主动思考将会促进管理者的进步和管理绩效的显著提升。主动思考主要包含以下几个方面：主动制定长期的和短期的管理目标和组织计划，在没有问题出现的情况下主动思考改进计划(由问题驱动到自发驱动)，为自己和团队成员主动思考各种成长计划等。

除此之外，需要思考的内容还包括管理的目标，管理的形式，管理的内容，项目或任务的流程，外部环境的状态和变化，与团队成员沟通的内容与效果，团队的状态及变化，包括团队成员的未来和自我的提升等，这些都是管理者应该经常要主动思考的内容。

这里的主动思考包含两层意思，一是没有来自外界的要求和提示，而是完全由管理者自动自发地去进行，如果组织内出现了问题或者上层管理者有明确的指示，管理者很容易会去积极地解决问题或完成任务，此处强调的是在没有外因的前提下，由管理者主动做出的“主动改进”思考；二是思考必须是系统的思考，是与管理成果相关的思考，思考必须要转化为行动，如果只是随机的思考，或过后就忘的零碎的思考则不是真正的主动思考，碎片式思考并非完全没用，但对成果的产出作用很小。相反，针对某一个主题，进行深入细致的思考，并得出有用的结论，然后能指导自己或团队的行动，最终实现管理成果的提升，才是管理者需要的思考。

对于主动思考，有以下几条建议：

第一，定期(比如每天一次)在计划表上留出空白的无任务时间，进行总结和思考；

第二，思考的时间应该选择一天中最清醒的时间段，并确保一个不被干扰的空间和不被打扰的环境(包括网络和手机信息的干扰)；

第三，经常组织自己的智囊团队针对某一主题进行头脑风暴并提炼出结论；

第四，经常阅读一些高水平的管理类书籍，并与组织的实际管理场景相结合，提炼其中的管理方法；

第五，随时记下突发的灵感和想法，定期按主题整理并不断扩展记录下的想法，最终整理成系统的措施和意见。

主动思考存在很多干扰因素，需要管理者采取措施排除干扰，一是忙碌的日常工作，由于授权不力、工作职责混乱或控制措施不当等导致的忙碌，或由于工作方法不当致使的工作低效也会让管理者陷入忙乱的日常工作，此时管理者的时间和精力都会处于紧张的状态，从而缺乏主动思考的时间和精力等资源条件，这是主动思考最大的干扰。二是自我要求偏低，如果管理者的自我要求较低，就容易满足于眼前的成果，从而会缺乏主动思考的意识和动力，人们倾向于选择做更容易的事情，也倾向于选择做能产生即时效果的事情未完成，而主动思考则要求更高，就是对组织还是对自己，如果没有更高的要求，很难做到主动思考。三是主动思考的时间和地点等环境条件选择不当带来的干扰，如果安排在干扰因素多的时间和地点，会影响主动思考的成果，因为不集中精力、不深入思考都不会产生系统有效的成果。主动思考应该选择无人干扰的时间和空间，可以考虑在非工作时间段，在比较独立的空间内，一旦存在干扰，主动思考将难以产生成果。四是主动思考能力的缺失，这些能力包括集中注意力的能力、深入思考的能力、逻辑思维能力、归纳能力、演绎能力等，如果管理者本身在这些方面就存在一定的劣势，那这种劣势就会成为主动思考的障碍，此时管理者需要针对劣势进行刻意练习，如果管理者在一段时间内无法进行有效的主动思考，则需要主动寻找原因，判断可能存在的问题，并有针对性地解决问题，以保持定期地主动思考。

主动思考是将智力资源转化为实际产出的重要途径，其中最关键的一步是对深入思考的问题进行整理和总结，形成有效的结论和具体的行动计划，并落实到日常的管理工作任务中。如果没有落实，主动思考将不形成具体有效的成果，主动思考依然是无效的。

主动思考也是获取管理创新的重要途径。创新来源于实践，管理创新来源于对管理实践的主动思考，高质量的主动思考能够深度挖掘管理者的潜力，能够让管理者从丰富的管理经验中提炼出其中的精髓，并能将管理经验应用到管理实践中，这样便能改变之前的管理模式，实现管理创新。管理创新将会进一步放大主动思考对管理成果的正向影响。

2. 提升影响力

成为领导者是管理者管理能力提升结果之一，也是提升管理绩效的重要途径之一，成为领导者的重要标志之一是具有较强的正向影响力。管理者的影响力(非管理者也有相似的影响力)，是指能够获取团队其他成员的尊重、信任、维护和支持等，或者说能够通过自己的行为去影响他人，也就是说，管理者的影响力越大，越能够让他人相信、模仿和靠近，管理者的影响力越大，在安排工作任务或在组织内执行某一项制度时就会越容易。组织的管理者通过自己的正向影响力实现团队任务的高效执行，以此带动组织高效发展，并为组织带来优秀的成果。优秀的管理者善于管理和经营自己的影响力，通过积累不断地提升影响力。

影响力并不是即时形成的，而是通过言语和行为不断地积累而形成的，同时也并非只有高一级的管理者能够对下属形成影响力，任何岗位的人员都可以形成自己的影响力，包括对上、对下和平级之间。可以说，任何的一项沟通活动，都会在沟通双方之间产生相互影响，随着时间的推移，个人就会形成相对稳定的影响力；同时影响力又是变化的，是可改变的，人们完全可以通过自己的正向表现来增加影响力，而负面的表现也会相应地产生负向影响。

要提高影响力，有很多方法，以下是一些较为通用的方法。

其一是做一个正直善良、有诚信的人，这一点看似对提升影响力没有关系，但这一点恰恰是最重要的，想成为一个优秀的管理者，正直的品质很重要，因为正直会让管理者的内心更加自信和坚定，让管理者不会畏惧很多人为的障碍。做一个正直善良的人能够提高影响力，因为正直和有诚信会让人信任和依赖，会让沟通更顺畅，与正直的人共事会给人更多的安全感，让人更安心，因此正直善良和有诚信是获得影响力的重要因素。除此之外，其他优秀的品质也会对影响力有正向影响，管理者的优秀品质越突出(比如自信、担当、仗义等)，越容易得到他人的认可，从而也越容易让人信任，其发起的任务也更容易被执行。

其二是热心地帮助他人。热心地帮助他人也是一个提高影响力的重要方法，获得过帮助的人会心生感激，也会因此产生更多的信任，自然能够让管理者获得更高的影响力，需要强调的是，帮助他人也是有原则的，否则会适得其反，第一是在自己有能力的情况下再去帮助他人，也就是力所能及地帮助他人，否则会让自己很为难，如果自己尚且不能自顾，帮助他人反而是一种有害的做法；第二是帮助他人不能带有目的，否则就会变成一种交易，如果被对方发现帮助是有目的的，反而会造成负面的影响，因为对方会有一种感情被利用的感觉，管理者不能以获得影响力为目的去帮助他人，因此，帮助他人一定是为他人着想的帮助，是不计回报的；第三，在帮助他人时需要将焦点放在对方身上，而不是只考虑自己的利益，只有这样才能够真正帮助到他人，对他人的帮助才能在客观上，形成有价值的影响力。

帮助他人在素质上是传递或提升自我价值的途径，即将自己的价值作用于他人身上来放大自我价值，同时帮助他人还可以间接地提升自己的能力水平，比如沟通能力、归纳总结能力等，也可以锻炼或培养自己的一些优秀品质，比如热情、宽阔的胸怀等，还可以获得分享的喜悦，获得看到他人渡过难关或成长进步的喜悦等。正因为如此，管理者应该将帮助他人视为日常工作和生活的一部分，而不是达到某种目的的途径。

帮助他人包括很多方面，主要有精神上的激励，物质上的资助，工作任务中的指导和支持，知识和能力上的培养等，一些正能量的分享也是对他人的帮助。这里要注意几点，一是勿以善小而不为，也就是说帮助他人并不是要有多大的壮举，有时候一句发自内心的真诚的赞美就是对他人的一种帮助；二是帮急不帮穷，也就是说帮助要讲究方式方法，盲目的帮助可能反而会害了他人，比如对方在遇到问题时，要帮助其分析问题产生的原因，而不是直接替其解决，否则反而会让人产生依赖心理；三是“授人以鱼不如授人以渔”，即帮助他人不能是直接提供方案，而是要告诉其寻求解决方案的方法，不仅仅是帮助其成长，还要帮助其去寻求自我成长的方法，给其提供帮助的最终的目的是要让其脱离帮助。

其三是真诚与人沟通与交往。联系和沟通是传递影响力的一种方式，在与他人交往的过程中，应该体现出真诚和对他人的信任，真诚能够引导沟通更深入，能够让他人产生信任。如何体现真诚，主要是与他人相处时，降低对他人的戒备，能平等地对待他人，体现出对他人的信任和尊重，同时自己的言行要忠于自己内心的想法，不采用流于形式的或带目的性的表达。与人沟通的另一项对他人产生影响力的做法是聆听，投入地用心地（而不是心不在焉地）去听取他人的想法和意见，当一个忠实的听众并适时互动，当人们愿意为对方投入时间去聆听时，就会使对方感到尊重和信任，会更愿意深入交往。仔细聆听也会给自己带来很多好处，比如能够获取对方有价值的信息，能够通过聆听获取对方的真实意图，能够增加沟通的效率，甚至能够通过聆听获得一些知识等。但是并不是所有的管理者都懂得聆听的好处，很多情况是管理者在沟通中先入为主，更注重单方向意思的表达，更注重通过自己的表述去说服他人，而完全不顾及对方的真实想法，这样的沟通效果通常是不理想的，甚至可能完全达不到目的，如此的沟通方式对建立影响力毫无帮助。要提升自己的聆听技巧和能力，最重要的就是要有真诚的态度，即以沟通的目的和解决对方的真实诉求为导向，这样能够让自己沉下心来，专注于沟通的过程，获得良好的沟通效果。

其四是授权他人。授权他人也是帮助他人的一种特殊形式，作为管理者来说，授权是提高组织整体绩效的一条重要途径，也是获取个人影响力的一个重要途径，充分的授权也能够传递一种信任和重视，也是一种重要的培养人才的方式，管理者通过让对方感受到被重视和倾心培养而获得影响力。

作为组织的管理者，除了以上一些通用的获得影响力的方式外，还有其他与管理工作相关的创建影响力的方式，主要包括以下几方面：一是通过维护组织的集体利益和努力去实现组织目标而获得影响力，即当管理者的行为和任务指令是代表集体利益，为了实现组织目标时，更容易被下属执行和贯彻，同时管理者的大局观和无私的品质也会让周边的同事更加认可和尊重，从而有更大的影响力；二是管理者的各项能力（包括专业能力、决策能力、学习能力等）也能为自身带来影响力，因为能力越强，指令则越可能正确，当然也就越容易被接受，相应的也就代表有更强的影响力；三是可以通过与下属创建一些弱联系来提高自己的影响力（直接提供帮助属于强联系），常见的弱联系有赞美、相信、鼓励、支持、重视等，如果下属感受到管理者的这些表达，则更会愿意支持管理者的决策和要求；四是管理者也可以直接借助管理职位建立影响力，当然这一条并非能独立发挥作用，也就是如果只靠管理职位而没有其他真正的影响力是难以持续的，因为行政职位的命令可能会让下属产生抗拒或者是阳奉阴违，最终会导致组织的成果受到损失。

关于管理者的影响力，还有一点值得探讨的就是究竟应该如何与下属相处，是该保持神秘的距离（因此而树立威信）还是应该体现亲民，这其实并没有标准答案。总的来说，在不同的场合、不同的事情类别、不同的职位关系甚至是不同的个性的领导之间均存在一些差异，没有统一的答案。但也并非无章可循，以下是几条对管理者有用的建议：一是尽量不主动与下属详细或深入地沟通除工作以外的其他内容，比如彼此的家庭和家庭成员等，除非对方在某方面遇到了困难，需要帮其分析解决；二是管理者无须刻意与下属保持距离，如果靠保持神秘感去获得权威并不见得是一件好事，相反，管理者有时候还需要适当"亲民"，深入生产一线，可以将这些近距离的接触作为了解各层级人员状态的机会；三是管理者一定要意识到，下属的执行力并非来源于管理者的威信，而是源自管理者的影响力，因此与下属在何时保持何种距离的判断依据并不是所谓的"威信"，而是影响力，甚至也可以说无论是保持距离也好，"亲民"也罢，都不是影响力的决定因素，从这点来说，距离远近并不是想象中的那么重要。

3. 抗干扰能力

抗干扰能力也是一项重要的实现组织目标的能力，抗干扰能力既包括组织层面的，也包括组织的管理者层面的，抗干扰能力很重要，有时甚至会成为对结果起决定性作用的因素，因为干扰因素在达成组织目标的过程中是非常普遍和常见的，没有任何组织能够完全避开，如果组织抗干扰能力不强，将可能迷失在众多的干扰因素中而最终无法实现目标。

干扰因素基本有两种，常见的干扰因素包括组织中"人"的因素（有组织的所有者、管理者、普通岗位人员等），组织的流程、制度、体系与组织的适应性因素，市场环境的干扰因素，竞争对手的干扰行为，组织上下游关联组织的干扰因素，来自政府部门的管控和督察等。非常规的意外事件作为干扰因素主要有气候因素、政治因素、战争因素、生产事故、意外盈利、核心人员变动等。还有一些干扰因素是由于某些条件的变化而引起的，比如，随着某一位核心管理成员的成长，其作用会越来越凸显，就会打乱原来的管理体系，组织的高层级管理者就需要重新考虑资源权限的分配，而一旦处理不好，则有可能会造成意料之外的损失。又比如，提拔某一个管理者到空缺的高级管理者岗位，也会打破原有的平衡，在未提拔之前，所有的潜在升职者都会热情高涨地做好管理工作，甚至会尽量多做以获得更好的认可，而一旦人选确定了之后，其他未获得提拔的管理者则有可能会丧失之前的工作状态，严重者甚至可能会离职。干扰因素随时随地存在，多而复杂，管理者需要时刻留意并及时地去处理好这些干扰因素，确保组织前进的方向始终保持正确。

组织在向目标前进的过程中，会遇到很多的挫折和困难，这些不利的因素会让组织或其管理者怀疑最初的目标是否正确，是否需要一直坚持，或者怀疑组织是否有能力再继续坚持下去等，这些都是典型的干扰因素。此时对困难和挫折的正确认识和不怕困难的能力都有助于提升管理者的抗干扰能力。当这些干扰因素比较突出时，管理者要保持振作，积极地去解决干扰因素带来的问题，然后继续朝着目标不断努力。

有时候，会出现一些看起来更有利的不同的方向，此时，管理者应该做出仔细的分析，判断这个方向是否正确。判断方法是，分析当初确定目标时所依据的一些因素是否出现了变化，或者当初在确定目标时是否由于某些条件限制没有考虑到这样一个方向。如果经过分析发现新的方向确实是更有利的方向，可以对当初的目标做出调整，但这样的情况毕竟是极少数的，更多的时候这些看起来有利的方向仅仅只是一个假象，是达成目标的一项干扰因素，即使新的方向略微有利，也应该坚持原来的目标，因为做出改变需要以时间和资源的损失为代价，这种情况下需要管理者能够敏感地识别出这些“诱惑性”较强的干扰因素。

4. 行动力和执行力

管理者通过主动思考和管理总结会产生很多的管理想法和管理方法，这些想法通过各种管理手段即可变成行动计划，作用于各项管理活动中，从而转化为管理成果。有一种情况会严重影响管理者最终的管理成果，那就是由于管理者的行动力或执行力不够，致使很多的创新想法和实用计划都只是停留在理论阶段而没有付诸行动，无法形成实际的管理成果，因此行动力和执行力对于管理成果来说非常重要。

所谓行动力或执行力指的是管理者将想法和思路转化为实际行动的一种能力。这里包含三层意思，一是如何将想法和思路完整地落实成行动计划，并部署执行，比如流程改进、市场模式的改进，对团队成员的激励等，想法需要落实成具体可执行的计划。二是如何监督或建立一定的监督机制让团队去执行，因为管理者通常并不是具体的执行者，最后执行的往往是下属团队，如果没有一定的监督机制，执行可能会达不到预期的效果。三是执行的即时性，很多管理者有一定的拖延症，有了想法后犹豫不决，过度权衡利弊，最后，往往不了了之，新的想法如果当时不执行会大大增加放弃的概率。综上所述，较强的执行力和行动力是一项系统的能力，是一项能够将想法和构思转化为实际成果的能力。

出现行动力不足的原因主要有几个方面，一是过于追求思路和计划的完美性，总是想等到计划成熟后才开始行动，实际上完美的计划是不存在的，等待计划的完善只是行动力不足的一个表现，机会具有较强的时效性，一旦错过时机，行动的可能性将会不断下降。二是在计划过程中，过于谨慎，将问题估计的过于严重或对计划的执行难度估计过大，导致最终放弃计划。执行力强的管理者会对未发生的情况有更为乐观的估计，从思想上不会给计划的执行预计过大的难度，从而更容易说服自己立即行动。三是管理者的拖延症造成的计划搁置。如果存在拖延，随着时间的流逝，管理者的决心和激情将会逐渐消退，最后这项计划将会逐渐被淡忘，当时看起来非常重要的计划随着时间的推移变得不再重要，最后只能放弃。

要提升管理者本身的执行力，可以从以下几方面考虑，一是先行动后完善，即将并不是特别完整的想法和思路先开始执行，或者在小范围内实施，然后在实施的过程中逐渐将其完善，这样可以避免想法和创意随着时间的流逝而减弱。有些管理者总是追求完美，将所有事情都考虑清楚之后才开始行动，而在考虑的过程中，由于谨慎又会过度在意事情不利的方面，导致计划被放弃的概率逐渐加大。而先实施则可以从实施的过程中获得改进的经验，使得计划的完善更实际，更有效率，而先行动也可以迫使管理者去面对和解决原来未考虑周全的问题，进一步加快计划执行的进度。二是可以要求自己的管理团队成员一起将自己的想法和思路进行完善，这样一方面可以集思广益使得计划尽快完善，另一方面公布计划能够给管理者增加无形的压力和动力，让计划执行的概率提升。三是其他参与的管理者也可以成为计划的支持者，这样的团队合作更容易使计划实现。管理者应该将任务进行重要性排序，集中精力做好最重要的事情，这样能够避免干扰，从而提升自己的执行力。四是为所有的任务安排执行时间和设置时间节点。只有安排了执行的时间段，才能成为执行的开始，只有设置了时间节点，才能预计达成的效果和需要消耗的时间资源。时间节点的设置也要注意两个方面，一是不能只设置最终完成的一个时间节点(极小的事件或项目除外)，必须要设置过程检查，即分阶段分步骤地完成一个大的任务；二是时间节点一旦设置，就要将其视为一种承诺，要极力维护，如果不能按时间节点完成，必须要分析原因，作出补救措施，避免类似情况不会再出现。五是管理者需要从技术层面提升自己的执行力，包括提升自己的毅力和韧性、抗干扰能力等，为自己的执行创建及时的反馈机制，为自己的执行选择或设定有利的周边环境，计划制定时充分考虑其易执行性等。总之，如果管理者有提升执行力的意识，并在工作中刻意提升自己的执行力，就能够让执行力在管理工作中有更好的表现。

5. *放权和授权*

放权和授权是另一个提升管理绩效的途径和方法。如前所述，要提升管理绩效，就需要提升资源的利用效率，对于人力资源来说，需要挖掘人才的潜力，从而提高人才的使用效率。而通过放权和授权即能实现人才潜力的挖掘，通过组织各层级管理者的授权和放权即能够提升组织整体的效率。

放权和授权的好处包括：第一，能够提高被授权者的积极性，他们能够感受到被重视和被信任，能够得到完成有挑战性任务的锻炼机会，因此他们会更努力地去做好被授权的任务；第二，由授权带来的责任会让被授权者更重视任务的执行结果，从而会有责任心将任务做得更好，责任会给被授权者带来一定的压力，从而会让其发挥潜力想各种办法去提升任务完成的质量；第三，授权的任务往往对于被授权者来说都具有一定的挑战性，比如资源的使用更高级，任务的联系更丰富等，从而可以让其得到更好的锻炼，从客观上促进其成长；最后，通过授权，可以让管理者能够减少一部分注意力的投入，从而能腾出更多的时间来做更重要的事，进而间接地提升组织的效益。

放权和授权包括两种情况，一种是正常范围内的授权，即将归属于下属的任务授权给下属去执行，另一种是有难度的任务授权，这种情况可能是为了培养和锻炼人才，也可能是为了促进组织发展的一种管理手段(比如表达对被授权者的信任和尊重)。根据授权双方的关系可分为管理者之间的授权，管理者对普通岗位人员或技术岗位人员的授权。无论哪种授权，必须保证授权双方存在直接的上下级或平级合作关系，即只有存在直接联系的双方才可以完成授权，不能出现越级授权(个别特殊情况除外)，或无关联的双方授权(此类授权多半是无效的)。

放权和授权的第一步是要调整好心态，即管理者需要通过认识授权的好处而习惯于授权的工作方式，并需要克服以下几种不能充分授权的心理障碍。

其一是管理者需要克服自己较强的控制欲。通常具有控制欲的管理者更不愿意授权，因为他想掌握几乎所有的事情，包括过程和结果，如果遗漏了部分工作内容(完全交予被授权者完成)，则会感到不安，从内心觉得没有安全感。这种情况实际上是管理者陷入了一个误区，即将自己对组织的控制看得比组织目标还重要，这样对组织的发展是非常不利的，因为毕竟一个人的精力和能力是有限的，能够控制的范围也是有限的，所以如果管理者致力于控制一切，组织的发展也就会局限在有限的范围内。通常，具有较强控制欲对于组织的低层级管理者是可行的，因为低层级管理者更需要控制，更注重执行，但低层级的管理者如果想向上发展，或者对于中高层级的管理者来说，则必须克服这种心理障碍，否则将会影响管理绩效的提升空间。事实上，管理者并不需要知道所有的事情，尤其是不必掌握过多的细节，这样做并不会影响管理者的管理绩效和组织的整体成果，相反还可以腾出精力和时间去多做一些更高级的、对组织成果影响更大的工作，同时管理者也应该让自己的下级管理者有自己的管理空间，从而让其获得锻炼成长的机会。

其二是对下属缺乏较好的信任或对下属完成任务不放心。这种管理者通常不愿意积极地培养人才，他们认为费心教会下属后再将任务对其授权还不如自己亲自去完成，既高效又能对质量有把握，这种情况偶尔出现是可以的，比如，因为任务的时间紧迫而不得不亲力亲为。但对于对下属缺乏信任和不愿意培养下属的管理者来说，任何任务他们总是优先考虑自己完成，对于这一类型的管理者来说，应该意识到，在上级管理者看来，下属在某些方面肯定存在不足，这是一个必须接受的事实，但这并不代表下属永远不如自己。第一次完成有挑战的任务，可能会出现一些纰漏，但只有经历锻炼，才能逐渐胜任任务的执行，如果每一次都加入管理者的指导，那么结果会更好，但前提条件是管理者必须相信下属有一定的成长能力，并愿意给其试错的机会，不能拿下属过去的一两次的纰漏下定性的结论。只有给其足够多的机会，并给予必要的指导，才能让下属逐渐成才并达到独立完成任务的程度。所有的下属都应该是管理者亲自参与招聘的，如果下属存在一些问题，管理者有义务指导，确保其能适应团队的节奏并不断成长，最终能够较好地完成管理者交予的任务。

第三种情况是事物型管理者不愿意授权，这种管理者喜欢用大量的工作填充自己的所有工作时间，如果将大部分的任务分配出去，会出现一些空闲时间，这会让管理者很不自在，觉得自己没有作用或感受到自己对组织不重要。这种情况的出现主要是管理者缺乏必要的自信，认为自己的价值体现在完成每一件具体的事情，事实上，具体工作的价值远不如组织各种资源去完成生产流程的价值。对于组织来说，有很多更重要的工作，比如资源的整合，流程的改善，各种联系的加强等，管理者需要将自己的格局放大，并将目光放长远，就会明白如果自己去做大量的具体工作其实在某种程度上来说是对组织或团队的不负责任。从组织的整体成果来说，管理者一定要从具体事件中解放出来，做好统领全局的工作，为组织的成果创建框架和流程。另外，管理者也需要一部分空闲的时间，因为高级的管理工作基本上都是需要靠主动性去完成的，如果所有的时间都被任务占满了，可想而知，管理者将不再有主动性发挥的空间，从而无法获得持续的高质量的成果。

如果管理者存在以上三种心态，将会严重影响其授权和放权，从而不能给组织或自己管理的团队提供足够开放的空间，为组织或团队发展的可能性设定了“天花板”；管理者必须通过提升自己的信心、能力和格局打破心态的局限，通过放权和授权的手段获得组织和团队的成长和发展。

放权和授权的第二步是明确一项任务是否应该授权，此时需要看该任务的重要性和资源权限分配级别，通常任务应该与所用到的资源权限级别相对应，比如如果一项任务涉及多个部门，则应该由同时具备这几个部门资源分配权限的管理者来负责。但作为管理者来说，会经常要对下属的资源分配权限级别进行适当提升，确保其分配的任务具有一定的挑战性，从而使下属获得较好的锻炼效果。关于任务的重要性，即如果任务失败或者完成质量出现问题会对组织的目标造成多大的影响，如果造成的影响较大且不可挽回，或者是与关键客户的第一次合作等，都应该将任务交由更高层级的人员来完成以确保关键任务的执行效果。最后还需要遵循一个原则，那就是应该将能授权的任务尽量都采取授权处理，毕竟关键任务总是少之又少。

第三步是授权的实施，应注意要完整授权，即授权的充分性，授权不能模糊授权或部分授权，否则不仅达不到授权的效果，还会带来新的问题。所谓的授权充分是指在进行任务授权时，应将任务的资源权限、任务的责任、任务成败对组织的影响、任务的绩效分配等一并授权给被授权者，授权充分才是真正的授权，真正的授权才能起到提升组织的成果和促进组织发展的作用。同时，对于有一定难度的任务授权，管理者应该在过程中给予一定的关注(过程关注其实是所有管理者对待特殊任务和流程的基本要求)，如果有必要，需要提供一些指导和支持。授权充分主要适用于管理者之间的授权，管理人员对技术人员的授权可能会是有限授权，比如任务的资源权限和绩效权限甚至是部分外部联系权限可能都会保留在授权的管理者手中，所以对不同的授权类型要区分对待。

第四步是提供反馈，只有提供了客观的反馈才代表任务授权结束，这种反馈是双向的。被授权者需要通过自己的努力，给授权者提供一个良好的结果，并反馈相关的任务经验和总结。对于授权是否成功，授权者可以做出判断，但是不能只关注结果是否成功，还需要关注任务执行过程中人员的表现，最后还需要协助被授权者总结任务执行的收获与不足等，更重要的是被授权者需要得到授权者的客观评价，只有这样才能达到授权的目的，即让对方因此获得成长。一个好的反馈会对任务执行者起到很大的作用，会让其收获和成长得到强化。

通过正确的授权，不仅可以提升整个组织的效率，还可以促进整个组织的向上发展，是一个提升组织绩效的有效方法，授权也是实现管理者进阶的必由之路，管理者需要足够重视，在管理工作中反复实践应用，不断提升应用效果。

6. 管理智囊团队

管理者需要一个智囊团队，因为任何一个个体都存在局限性，只有集思广益才能发挥团体智慧放大的协同效应，管理者可以通过创建自己的智囊团队来获得更好的绩效。智囊团队与前面提到的团队的开放性在原理上有一些类似，都属于是管理者向外借力的一种方式，但两者之间也存在很多区别。

团队的开放性的重点是管理者要倾听或吸纳下属成员的意见和建议，而这些意见的角度多半与管理者的不太一致。这种角度的差异性，既有好处也有弊端，好处是这些思路因为角度不同而与主导思想有一些差异，能够起到补充的作用，弊端是下属成员的意见因为缺乏团队整体的视角，往往都比较片面和狭隘，作用不大。

与团队开放性本质上不同的是，智囊团队更注重的是同视角下不同思想的成员对事物的不同理解。这里的同视角很重要，一方面是资源视角和利益视角，另一方面是范围广度视角(整体与局部视角差别很大)。管理更需要整体视角和组织利益的视角，此时智囊团队就显得特别重要，他们更容易达成一致，这种同视角的协同效应是团队开放所不具备的。当然，即使视角一致，也会因为智囊团队成员之间的个体差异，存在明显的思想观点的差异，这些差异主要与个人的性格、经历、知识结构、教育背景等相关。因此，为了实现智囊团队合作的叠加效应，最好使智囊团队成员在以上方面能彼此互补，这样才会有各种差异化的观点和思路，使协同效应达到最大化。

诚然，智囊团队是提升管理成果重要的方式和手段，不过要真正达到效果还有一些条件，这与管理者的品质和能力水平都有关系。首先，优秀的管理者，要善于选择智囊团队的伙伴(想到和愿意利用智囊团队来提升管理成果本身就说明管理者的态度是开放的，而且是不惧困难的——相当于又给自己增加了一层管理同等水平团队的任务)。人员选择的原则是与组织的价值观基本接近，即符合组织的文化理念，且有一定的管理能力和创新能力，管理者通常可以将自己的副手和一些管理层级与自己接近的成员纳入智囊团队，智囊团队的人数不宜过多，否则智囊团队的效果将会对管理者的整合能力有很高要求。其次，管理者要有足够的包容心，即具有较高的容人和容差的境界，因为这些智囊成员都有一定的能力和水平，也可能有一定的个性，容易出现不一致的观点和意见，管理者一方面要能包容这些差异，另一方面，也需要去整合这些差异，从而形成对管理有效的结论。如果管理者过于以自我为中心，则很难发挥智囊团队的作用，因为智囊团队成员如果多次提出建议而不被重视和采纳将会失去积极性，甚至会产生其他心理上的负面影响。再次，智囊团队的协作需要一个灵活的但有一定运转能力的机制(不同于公司的常规团队有固定的流程和制度)，这个机制包括了沟通交流的形式和频次，不同成员之间的分工和角色，甚至是不同专业背景人员优势的挖掘等。在沟通交流过程中，管理者要倡导开放的氛围，要积极引导话题的深入，确保交流的效果，沟通之后要整理形成有效的措施并积极执行和实施，这样才能发挥智囊团队的作用。最后，智囊团队之间的沟通不限于组织的经营和管理，还可以针对管理者或智囊团队成员(通常同时也是管理者)的能力提升进行建议和督促，这样可以间接地实现组织的提升。

7. 帮助下属管理者提升管理成果

管理者可以通过协助下级管理者提升管理成果来间接地提升自我的管理成果。协助下级管理者提升管理成果有诸多好处，一方面，可以通过下级管理者的基础成果的提升来提升组织或团队的整体成果，另一方面可以通过对下级管理者的指导来提升其本身的管理水平和能力，还可以借此提升影响力。另外，在帮助下级管理者提升成果的过程中，管理者也可以通过总结、讨论、传授、指导等方式实现自我水平和能力的提升，包括沟通能力、总结能力、激励能力等，格局和境界也能得到一定的提升。

下属管理成果的提升会让自己的管理成果得到提升，主要体现在以下方面：

首先，下级管理者的成果本身就是管理者自身管理成果的一部分，其份额的扩大直接会反映到组织或团队最终的成果上。

其次，管理者通常是下属管理者成果的计划者和要求者，也是下属管理成果的汇总者、接收者，即管理者可以在综合诸多的下属管理者成果的基础上，进行优化整合和提炼，形成更综合更高级的成果。如果下属管理者的成果更优秀，相当于为管理者提供了更优秀的原材料，最终管理者的成果也会更好。

再次，下级管理者也是团队的一员，能够对自己同级的管理者带来一些正向的影响，对更低层级的人员还会起到榜样的作用，这样就间接地提升了组织的整体成果。

最后，下级管理者可能还有下属的基层管理者或普通岗位的下属，下级管理者的管理成果的提升，一定程度上说明了其综合能力的提升，这样就可能让其下属人员也获得进步和提升。下级管理者管理成果的提升也源于其本身的进步或思维方式的改变等，比如更开放，更付出，更有大局观等，这些品质的提升会让其增加对下属的指导和支持，从而使其管理的整个团队更优秀，这样进一步提升了整个团队的绩效。

管理者应该经常对下属管理者进行指导，将自己过去的管理经验和管理方法，比如注意力分配方法、激励方法等，分享给低一层级的管理者，并分享自我成长的方法，确保下属成员和团队能够随着管理者的进步一起成长，这样为团队成果打下坚实的基础，优秀的管理者总是愿意培养下属，愿意带着整个团队一起进步。

8. 成为经营者或领导者

高层级的管理者需要具备经营思维，需要具备较强的领导力，一方面需要从能力上适应较高级别和较高强度的管理工作，另一方面需要利用这些高级技能来提升管理成果。从这个角度来说，要快速实现管理进阶，成为高层级的管理者，还可以通过着力培养自己的经营思维和领导力来实现。

具备经营思维，对做好管理工作有很大的正向影响。首先，经营思维是一种更高级别，更高境界的管理思维，锻炼运用经营思维方式思考问题能够提升管理者的管理视野，提升管理者的境界，从而能够作出更宏观的决策，能够让管理工作更有针对性，更符合组织方向。其次，具有经营思维能够让管理者的工作更接近组织的主要目标——创造稳定的利润，具有经营思维的管理者在执行各项管理任务时都会用经济效果去衡量，会用成本和收益进行衡量，这样能够提升资源的使用效率，能够让组织获得更好的经济指标。第三，利用经营思维作为管理工具，能够让管理者有意识地去区分各种事项的重要性，按照重要性去考虑处理事项的顺序，包括任务的安排和精力的使用等，这样能让组织的注意力和管理者个人的精力分配更高效，另外，经营思维引申出的价值匹配方法(详见价值匹配法章节)也能够提升管理绩效。

具备领导思维，对管理者的管理绩效也有较大的正向影响。首先，具备领导思维能够让管理者有更大的影响力，从而在团队管理上能创造更多的价值，比如团队的执行力会随着团队管理者的影响力的提升而提升，一旦团队有一个强大的核心管理者，团队的凝聚力会增强，从而团队整体的生产力也会得到提升。其次，具备领导思维能够让管理者更加关注人员的表现，更加关注对人员的培养，从而会促进团队成员的个人成长，也能形成较完整的人才梯队，这样对团队的即时生产力和后续的生产潜力都有较大的促进作用，团队的成果也会比较稳定。第三，具备领导思维的管理者更加注重自我综合能力的提升，尤其是沟通能力、情绪管理能力和激励能力等，管理者通过综合管理来提升管理工作的顺畅性和管理的效率，同时也会正向影响团队整体的工作氛围。激励能力的提升还会提升团队成员的工作积极性，从而在团队内形成为共同目标而努力的良好氛围。第四，具备领导思维的管理者善于授权，如前所述，合理有效的授权将会系统提高组织的整体绩效，也会直接提高授权范围内的任务执行效率。

管理者可以通过一些方法来培养自己的经营思维，首先可以到业务市场相关的岗位进行锻炼，通常接触业务的岗位更容易培养经营思维，因为业务岗位通常要直接考虑经济指标，比如合同签订的单价、合同的付款条件等，有业务岗位工作的经历，就会用经济指标去衡量自己的工作价值。其次是在管理工作中，尝试对公司的业务进行成本分解，这样一方面可以更好地了解公司的业务模式，另一方面可以找到更好的管理方向，更重要的是可以锻炼自己的经营思维。对业务成本进行分解后，可以与公司的统计数据进行核实比较，找到自己分析结果的疏漏和错误，并分析原因，直至完全掌握真正的成本构成和各部分成比的比例。第三是向公司的运营管理者请教，并通过学习，逐渐地掌握经营思想的精髓，并将理论应用于实际管理工作中，逐渐习惯在工作中运用经营思维。

对于领导思维，管理者可以从以下几个方面进行加强，一是锻炼自己对“人”的敏感性，即在关注管理成果的同时，关注与之相关的人员的成长，如果需要作出取舍，应该以作为资源存在的“人”为主，因为人力资源代表未来长期稳定的成果。二是锻炼自己换位思考的能力，能够换位思考的管理者具有更强的沟通能力，具有更强的影响力，也就具有更好的领导力。换位思考能力跟个人的格局有一定的关系，也跟思维方式有一定的关系，需要管理者摒弃以自我为中心的思想，更关注目标的达成和问题的解决，同时在沟通中顾及对方的感受，实现共享和双赢。三是管理者要注重自我影响力的培养，注重个人品牌的塑造，这也是领导力提升的重要方面。个人的诚信、正直、善良、担当、上进等品质都是个人品牌的宝贵要素，管理者可以从综合品质的培养方面去提升领导力，借此获得管理的进阶和优秀的管理成果。

9. 成为优秀的管理者需要不断实践

所谓的实践，是相对理论学习而言的，优秀的管理者都是在实践中磨炼成长的。对于正在管理岗位上的管理者来说，每天的日常管理工作都是一种实践，属于常规实践。更高级的实践主要是指为了提升管理绩效而不断地对自己的管理工作进行改进和优化，主要包括两种，一种是有意识地去进行某项管理技能的锻炼，另一种则是在遇到困难时，努力地想办法和采取一些措施来渡过难关。这里所说的难关，也包括管理者自我的承受能力，即让自己不放弃，能继续有勇气和热情去工作的能力。管理实践并不一定需要有管理岗位，在任何岗位上都可以尝试去实践一项管理活动，实践的内容包括管理的各个方面，包括与人的沟通协调，任务的计划、检查和控制，对内对外的联系，创建更好的合作等，任何管理工作都可以是管理实践的内容。

进行管理实践，首先是建立意识，这是最重要的一点，如果没有这方面的意识，就不会有相应的努力和行动，也就不会产生相应的成果，大部分的管理者之所以不能获得优秀的成果，并不是能力不够或努力不够，主要原因是没有实践的意识。可以说，管理成果的优劣最重要的原因就是意识形态的区别，有什么样的要求，就会有什么样的结果。二是设定实践的目的，实践的目的包括提升管理绩效，提升管理能力等，也包括单纯地为提升某一方面的管理能力而设定的实践目的。有目的的实践会更有针对性，更有可能产生或达到实践的效果，相反，没有目的的实践难以持续和连续，也不会产生良好的效果。三是根据实践目的选取合适的管理内容，最好与组织内的实际管理工作相结合，比如可以与更高层级的管理者申请参与更多更高级的管理任务，即尝试去做需要更高级资源和更多联系的管理任务，设定任务目标，并努力达成目标，以此获得实践效果，这样的过程既是对自身能力的一种挑战，也是一种有益的管理实践。对现有的管理工作进行改进也是一种实践，即对相同的管理任务设定更高的成果目标，通过改善管理过程或者提高管理过程的资源利用效率，去提升最终的管理成果，这样的过程也是非常有效的管理实践。最后是对过程的总结，这也是管理实践的重要步骤，有利于巩固管理实践的效果，同时总结也是提升管理水平的重要因素，而管理实践的最终目的就是提升自身的管理水平。

管理实践本质上是对管理者自身潜力的一种挖掘，即管理者通过实践工作实现了自身某些方面的水平或品质的提升，或者是思维方式的进步，这些管理的基础属性的改善才是管理水平提升的根本原因。

第六章

Chapter 6

管理者的误区

一、概念误区

1. 管理者就是办公室的白领

一个组织的管理者要对组织的成果和发展负责，首要的前提就是要了解整个组织，包括组织的业务流程、盈利模式、资源分布和人事情况等。基于这一点，管理者不应该将自己的工作场所固定在办公室，尤其是在组织成立初期和组织出现特殊问题时，更应该深入到生产一线或问题现场，切身地感受产品的生产过程，尤其是关键工序或流程，这对于解决实际问题和做出决策有较大的帮助。管理者深入到生产一线，与生产流程(某些咨询公司可能是咨询报告或技术文件的形成过程)互动，并与一线员工进行深入沟通，体会和感受整个组织的价值产出和创造过程。经常深入一线的管理者除了做决策更有自信更合理、制定目标战略更有效之外，对打造公司文化也更有帮助，他们会更加精准地知道自己所在的组织应该匹配何种文化。

有些管理者是从技术人才转型而来，或者是从底层一线员工向上晋升而来，他们可能已经充分了解了组织的生产一线的状况，即使这样，这些管理者也应该继续保持与一线的联系和沟通，因为组织一直在变化(管理者的进阶本身就是组织的一种变化)，而且随着时代的发展，变化节奏越来越快，管理者应该对实际的生产场景保持连续的敏感性。

2. 管理者的时间是属于其他人的

如前所述，管理者需要做大量的协调和沟通工作，比如主动找其他管理者或下属进行谈话，或者组织、参加各种会议，而且还需要不断地被动地与组织内外的人员进行沟通，因此，从管理者的工作内容来看，管理者将自己的大部分时间都“奉献”给了其他的相关人员，而留给自己独立工作或处理任务的时间则相对较少，从这点来说，管理者的时间是属于其他人的有一定的合理性。

但这种说法并不完全是对的，首先，虽然管理者需要进行很多沟通工作，但并不代表这些时间就是属于别人的，因为这些沟通工作本身就是管理者的职责所在，也就是说，管理者在将这些时间用于与他人联系沟通也是在实现一定的管理目的或为组织创造效益，从这个角度来说，这些时间其实就是属于管理者自己的。其次，管理者的大部分沟通工作都是在计划范围内的，管理者也可以将这些工作进行集中处理，然后留出属于自己的独立时间，留出这些时间也是非常必要的，因为管理者需要独立的时间处理一些棘手的任务，做一些关键的决策，也需要独立的时间进行学习、计划、总结和思考等。如果某一段时间管理者确实比较忙，则应该在下班后尽早地结束自己的办公室工作，将下班后的时间留给自己，如果管理者长期没有自己单独的思考时间，则很可能导致自己和自己管理的团队失去进步的空间。最后，时间归属于谁更多地在于管理者的心态和对事情的处理方式，而不是以参与的工作类型和性质来确定的，比如，管理者找一位很有潜力的下属谈话，协助其完善自己的职业规划和学习计划等，如果管理者没有将注意力有效地投入到这次沟通中，致使沟通效果不佳，那么对于双方来说，都是在浪费时间，而如果双方全情投入，沟通效果较好，对于下属的成长起到了较大的作用的话，那么管理者其实完全是在支配自己的时间而不是将时间交给了下属。一方面，管理者在认真地做一个职责范围内的优秀的管理者该做的事情，时间的使用有效且高效；另一方面，通过这样的沟通使得下属快速成长，从而为组织培养了一位人才，人才的成长同样也会让管理者的业绩更好或者日后的管理工作更轻松，相当于为管理者的未来赢得了更多的自我独立的时间。总之，只要管理者做的工作对组织来说是有意义的，且有相应的成果，就是在支配属于自己的时间。

管理者想要使自己的独立时间更多一些，可以采用以下一些方法，首先，对需要处理的事件按重要性分类，将重要的事情列入自己的计划，而对于不重要的可以不做的选择放弃，不重要但必须要做的则可交由其他人员去完成；第二，任何需要沟通的事情都提前进行统筹安排，确保将同类型的事情安排在同一时间段处理，对于可以合并的事情则尽量合并处理，需要沟通的事情也需要让所有的参与者提前做好准备，确保沟通会议高效，避免某些参会人员缺席而使得会议无效，避免没有结果的会议，所有的会议都应该形成决策和成果，这些都是节约沟通消耗时间的方法；第三，避免接待不速之客，所有会面尽量提前预约，对于来访者，避免详细谈论没有意义的事情，如果需要结束谈话，应直接表达，不能因为不好意思而一直浪费时间；第四，在组织内部形成一种习惯，即下属汇报工作时提出问题，更要同时提供解决问题的方法，让管理者只负责做决策，而不是让管理者自行解决问题(有些需要更高级的资源分配权限的问题除外)，这样既能够加快沟通效率，还可以防止下属责任的上传，让下属有更充分的锻炼空间。以上这些都是管理者提高管理效率的方法，利用这些方法可以为管理者留下更多的独立时间集中精力处理重要的任务；

与管理者的时间相对应的是管理者的注意力，即管理者的关注点，管理者关注的方向和内容直接决定了管理者的时间的使用效率，即管理者的管理时间是否用在了最正确的地方。不同层级的管理者根据其在组织中所处的位置不同有不同的管理高效区(所谓的管理高效区，指的是管理者将自己的关注点分配在这个区域能大大提升组织的整体成果)，管理者在做出管理定位后需要找到自己岗位的管理高效区，然后在该区域内根据管理团队的情况分配任务，将自己的注意力分配给其中最为关键的工作，这与管理者应该管理自己的注意力的原则是一致的。如果没有较高的时间使用效率，节约再多的时间也是没有意义的。

3. 管理者的工作是繁琐的工作

管理者的工作类型多，工作内容多，工作任务多，工作联系多，看起来是复杂而繁琐的。的确如此，管理者既要关注事件本身，又需要关注事件之外的联系，既要关注整体，又要关注细节，既要关注人员的状态，又要关注人员的发展，管理工作牵涉的范围是广泛的；如果是优秀的管理者，还会主动增加很多的任务，这些任务原本在组织内并不存在，这将会进一步加剧管理者工作的繁琐性，因此，从容应对这些繁琐的工作或者说不会在这些繁琐的工作中迷失就成为管理者必须要具备的能力和素质。值得注意的是，并非管理者的层级越高，其工作就会越繁琐，通常管理工作最复杂的是中层管理者，低层级的管理者更专注于具体的任务或者事项，而高层级管理者则更专注于管理下级管理者，中层管理者则要兼顾两者。无论是哪一个层级的管理者，都必须处理好各种不同类型的任务，处理好各种相互交错的联系，否则管理绩效将会受到影响。

要处理好繁琐的管理工作，需要管理者有较强的综合能力，包括较强的目标感、主次感和大局观，要能够快速地切换自己的各种能力，能够适应并处理好大部分重要的管理工作。

首先，管理者需要将所有的任务进行分类，根据组织或团队的目标和自己所属岗位的职责，进行筛选和分类，比如组织的高层级管理者根据岗位的不同而有不同类别的管理职责，市场总监主要关注组织的业务市场，而产品总监则主要关注组织的产品设计、生产和创新等，与岗位无关的则只需要适当关注即可(注意不是完全不关注，尤其是高层级管理者，需要关注组织的整体目标，这势必会产生很多横向合作和横向联系，比如市场总监必须关注产品本身的市场属性，而产品总监也应该关心市场对产品的需求和选择)。进行分类判别之后，则应该做出更细一级别的分类，比如流程、团队、项目、技术等，任何一个子类的管理中都大致包含这些内容，比如市场总监，主要包括市场销售本身的管理，市场客户的管理，市场营销团队的管理，市场分析的管理，市场信息的管理，组织产品附加值的管理等。管理者应该将这些管理内容进行统一分配，根据自己管理的团队成员的特点和人才培养的策略等进行任务分配，确保管理效率最大化。每一位管理者都可以参与一项或多项的管理，管理者并不需要参与所有的管理类别的任务，但作为管理任务分配的管理者应该及时掌握各项工作的进程和下属管理者遇到的问题，并对此提供监督、检查和指导，如果遇到不能胜任者，不可以代劳，可以提供指导和其他支持(比如让其他的人员提供帮助)，必要时可以将管理任务重新分配。如果管理者为无法完成管理任务的人员代劳，将会失去部分管理目的和降低整体效率，另一项后果是管理者自身的管理工作将会显得更加繁琐。

其次，管理者应该将所有的管理工作系统化，找到各项工作之间的逻辑联系，并让这些联系产生协同效应，这样既可以提升管理工作的效率，又能理顺所有不同类型的管理工作的条理性，让管理工作变得更加简单高效和流畅。管理工作的系统化可以从组织或团队的结构化入手，也可以按组织的生产流程的各个环节进行整理，还可以从财务角度的经济关系入手，至于以哪种方式去完成管理工作的系统化，并没有固定的模式，管理者可根据不同的管理岗位和自身的管理思维，找到自己最擅长的方式即可。

第三，管理者应该将各项工作任务采用四象限管理法进行重要性和紧急性的分类，除自己必须要完成的工作之外，将更多的任务委派或授权出去，充分利用团队的整体作战能力，同时加大人才的培养力度，让整个管理团队分工合作共同面对复杂而繁琐的管理任务。

第四，如果同时需要管“人”和管“事”(这是管理工作繁琐的最重要原因)，则应该以管“人”为主，管“事”通过管“人”去实现，除非“事”属于封闭型任务(即没有其他的外部联系)。通常分为几种情况，最简单的情况是面对的是封闭的事件，没有外部联系，也没有内部联系或只有简单的联系，这时候只需要专心应对事项本身即可，并不会太复杂；其次是具有外部联系的事项或任务，比如完成一个产品的设计需要收集并考虑上下游团队的反馈和意见，工作任务中有一部分内容是其他外部团队或人员开展工作的条件等，这时候应该优先管理好任务的外部联系以及与外部联系相关部分的工作任务；第三种情况是任务具有内部联系，比如需要合作完成的任务，可以授权他人完成的但自己有核查和监控责任的任务，则应该优先“管理”好与之相关的人力资源，此处的“管理”包括建立联系、激励、正向影响、交换意见、设立沟通机制等。如果能够将“人”和“事”的关系理清楚，则管理任务的复杂性便可相应化解。

第五，管理工作的执行方式需要与注意力的分配方法进行匹配选择。从本质上来说，对管理任务的执行，就是对自我注意力消耗的分配和控制，将注意力分配的原则应用到管理任务的执行上，就能根据对组织目标的理解将工作任务理顺，建立条理性，摆脱“繁琐”的管理状态。

最后，管理者也需要不断地总结经验，从具体的管理任务执行过程中吸取教训和经验，随着管理经验的丰富，所有的工作将会变得越来越简单和模式化，一旦单项任务变得简单，整个工作任务将会更容易被掌控，也更容易实现系统化，看似繁杂的工作任务将会根据目标被清晰地设定在既定的路线上进行。承认管理工作的复杂性和繁琐性，但它并不是管理者不能取得优秀管理成果和放弃改进的原因，管理者完全可以通过经验的总结和积累，以及适当的方法去适应管理工作的复杂性，或者通过逐渐增加对管理工作的掌控来降低其复杂性，一个优秀的管理者不会觉得自己的管理工作有多么的混乱和复杂。

4. 管理者的工作并不产生实质性的成果

有些管理者尤其是高层管理者并不参与具体的(生产或销售)工作，但是并不代表管理者对组织成果是无用的或无贡献的，相反管理者的工作对组织的目标往往起到决定性的作用，如果离开管理者，组织的目标将难以达成，尤其是对于人力资源型组织。在一个成熟的组织中，管理者首先会明确合理(能达成但也有挑战)的组织目标，并通过制定计划和采取行动去达成目标。如果没有管理者对组织目标的明确和对达成目标的过程控制，基础性岗位的人员可能会陷入低效和无序的状态，即使能够产生生产价值，也未必能带来实际的经济利润。可以说，离开了管理者作用的组织将会回到原始的生产状态，在当今现代化的市场环境中几乎不可能生存和立足，即使可以勉强生存，也将难以发展。相比具体的设计、生产或销售的基础岗位的工作者，管理者在组织中对实质性成果的作用体现在很多方面：

其一，很多管理者都是基础业务工作岗位出身，即从最基础的生产岗位逐渐成长为各层级管理者。因此，大部分的管理者本身就对组织相关的各种基础性工作比较熟悉，对如何提高生产工作效率也有较多的经验，在很多中小型组织中，在缺乏基础性工作人员的情况下，管理者经常作为替代者完成一些具体的生产工作，而反过来让基础性工作人员去替代管理者完成管理工作则较为困难。

其二，管理者虽然不执行具体的生产或销售工作，但是管理者通常要为具体工作岗位提供各种资源、条件、支持、服务和决策等，以提升他们的工作效率和工作质量。在有些情况下，如果没有管理者提供的资源和决策支持，生产和销售等基础工作甚至无法进行，因为大部分的基础岗位都依赖于工作指令运转，基础岗位人员不会自主自动地去独立完成处于完整工作链条上的某一项具体工作。

其三，一般的产品生产和销售都是团队协作的结果，管理者需要组织整个团队共同工作，使得每一个生产岗位的人员都能够各司其职，完成自己的本职工作，而不用担心与上下游的关系等问题，从而能够完整地实现整个经济价值产生的过程。如果没有管理者去组织整个团队的生产，基础工作人员往往并不具备管理者的组织协调能力，这种情况下，可能难以形成最终的组织成果。

最后，组织的高级管理者有时候也是组织的创立者，正是因为有了组织的存在，才会有各种基础性的工作岗位，才会有生产工作者去创造价值的机会。在一个组织中，管理者通常也是大部分任务的发起者，因此管理者本身就是产生实质性成果的源头。

总之，在现代充分开放的市场中，在现代化分工协作的组织内，管理者是不可或缺的，没有管理者就不会有生产工作的存在，或者不会有流畅的生产流程存在，没有管理者，生产工作只会是无效或低效的。越是大型的组织，越依赖于管理者，其发展也越依赖于管理者的能力水平，如果管理者水平较低，会给组织带来可怕的后果，轻则发展落后，重则被市场淘汰。可以说是管理者的能力高低而不是基础岗位人员决定了组织的成果水平和组织的发展态势。

二、思维误区

1. 害怕下属“超越”自己

害怕下属超越自己是管理者一种不健康的心态，如果存在这种心态，在培养下属方面就会有所保留，有所顾忌，这本身就违背组织发展的互助共享的理念，如果管理者尚且不愿意贡献自己的资源，整个组织内部资源共享的氛围也不会太好。与之对应的是，组织内部的资源流动和共享恰恰又是提升组织效率的一大法宝，因此可以说管理者在培养人才方面有所保留的态度将会对提升组织效率造成一定的负面影响。如果对下属进行不遗余力地培养，将自己的知识和经验倾囊相授，在帮助下属获得较快的成长的同时，管理者自己也能成长(学会和教别人学会对知识的掌握来说是两个层次)，每一次对知识的讲授都是一次对知识的总结提炼和更深层次的理解的过程。培养下属也是一个付出的过程，对自己的心态也是一种锻炼，愿意付出的心态将会提升管理者的境界和层次。尽心地培养人才也会让管理者获得正向的影响力，当管理者将焦点放在培养对象的成长上时，会忽略自己的得失，并不会在意自己的付出是否能得到回报，这样无私地帮助他人成长的行为也能得到周围的同事更深层次的认可。最后，对于组织来说，管理者不断地培养人才将会提升组织的生产绩效和经济绩效，将会使组织获得稳定发展，而这正是管理者进行各项管理工作的终极目标。

对于管理者来说，尽力地培养下属有诸多的好处，管理者害怕下属超越自己是没有意义的，因为从本质上来说，管理者对于培养下属所做的一切都不会是下属“超越”自己的最主要原因，真正超越的原因是下属付出了比管理者更多的努力，也就是说，没必要因为害怕下属超越自己，就懈怠对其的培养。

事实上，如果下属真的能超越自己，管理者更应该感到高兴，因为这其实是管理者的付出产生了显著的效应和成果，管理者一方面应该为下属的成长而高兴，另一方面也应该为自己的眼光和培养人才的能力而高兴，同时管理者也应该由此激励自己更加努力，反省自己是否停滞不前。反过来说，如果管理者不对下属进行尽心培养，他也能够取得最终的成就，只是可能会慢一些而已。所以管理者在对下属进行培养时，就应该全情投入，确保其能够更快成才，而不应该害怕其超越或取代自己。

最后，即使因为下属取代了自己的职位，管理者也应该正确看待。大部分情况下，职位的更迭属于正常的新老交替，管理者应该坦然接受，新老交替不应该归咎于对下属的培养，而应该反思自我是否在某个节点或某些方面有所欠缺。

总之，作为人才的培养者，应该不遗余力地去培养更多的人才，只有这样，组织才能发展，管理者也才能取得更高的成就。相反，如果心态上不能做到分享开放，对于管理者来说将会是成长和进步的一个重大的限制。

2. 过于在乎管理职位

通常刚起步的管理者，或者经验不足的管理者，可能会很在意管理职位，常见的原因是管理者的不自信，或者说他们缺乏进行管理工作所需要的影响力，所以需要靠职位来提升管理所需要的威信。但无论对于实现管理目的来说，还是对于管理者的影响力来说，职位都不是最重要的，合理的关系应该是先有实际的管理状态，而后有的管理职位。通常管理者的进阶，需要先培养自己胜任更高层级的管理工作的能力和影响力，或者是先实际履行更高层级的管理工作之后，才能进阶成为更高职位的管理者。对于组织提拔人才来说，亦是如此，组织通常会提拔那些已经具有较高影响力的人员，而不是先给其职位，再让其慢慢培养自己的影响力。所以想要靠管理职位来提升管理效果的想法是不合理的，更合理的方式是先做好该管理工作，先培养自己的影响力。这样做也是完全可行的，只需要积极主动一些，多一份付出的心态，并以更高级的管理职位的要求来指导自己的工作，这样管理进阶就顺理成章了。事实上，上进心很强的人员不会也不愿意被动地等待先获得管理职位，因为他们在获得职位之前已明白职位并不是最重要的，并已在工作状态上相应地实现了自我管理能力的进阶。

当然管理者的职位也并非一点都不重要，实际上它也是提升管理绩效的方式之一，这里所说的管理职位不重要是指管理者要实现优秀的管理成果不能完全依赖管理职位，也就是说相比管理职位，还有其他更重要的管理要素来提升管理成果。给管理者提供一个管理职位至少包含以下好处：一是有利于协助管理者进行自身角色的定位，尤其是对于初级管理者来说，更需要进行身份确认，这样既可以获得更多的管理自信，也可以通过管理职位带来的存在感和荣誉感为其提供完成管理工作的动力（对于优秀的管理者来说管理职位并非是主要的动力来源）；二是更有利于管理者开展管理工作，对于一部分任务接受者，他们在接受任务时也看重管理者的职位，他们认为管理者有一个相应的职位，说明组织赋予了其更多的权利和责任，或者证明管理者获得了组织的信任，他们更愿意从管理者的职位上去确认这一点，从而服从管理者的工作安排。

3. 管理者需要巩固自己的优势能力，但可以不重视改变

本书讨论的主题更多的是关于一些客观的存在或相对稳定的理论，比如管理者应该具有哪些能力，管理者应该如何去分配注意力等。但也有很多的主题是关于变化的，比如管理者进阶，管理者的成长速度等。其实关于变化、变化的变化是更为关键的内容，本书的最终目的是帮助管理者成长，只有变化才能产生成长，而变化的变化则意味着成长的速度和效率，对于任何组织或管理者个人来说，时间即意味着价值，所以，管理者应在自己的思维中具有时间维度的概念，更多地关注和创造变化。

所有的实质性的进步都来源于改变（本节所说的改变都特指正向的改变），改变可以创造新的成果，改变带来的可能是新的局面，新的状态，或者是新的绩效。反过来说，如果缺乏改变，即所有的因素都不产生变化时，结果必然是不会有本质变化的，但是生产环境（包括生产技术和生产模式等）和市场环境（包括市场需求和竞争对手情况）却是在不断变化，如果组织没有变化，将会面临不利的局面，组织将处于不进则退的状态。

组织的改变包括很多方面，比如组织不断地提升产品竞争力，不断地引入新技术降低生产成本，不断地引入新的管理人才和技术人才从而为组织注入新的活力等。组织的改变基本都是由组织的中高层管理者发起和计划的（或者是由低层级管理者提出，由中高层管理者同意并部署实施的），因此，可以说组织的改变源于管理者对组织的预期和要求，如果组织的管理者恰好是锐意进取、年富力强的充满激情的管理者，则组织将会通过不断地改变旧的模式和流程，获得更好的发展；相反，如果组织过去是以追求稳定为主要特征，则需要组织的管理者自身做出改变，尤其是组织中高层管理者的改变。管理者的改变是改变组织发展速度的关键因素，比如组织的高层管理者通过改变自己对人力资源的看法，建立更积极的人才培养体系，则可以挖掘出更多的人才，从而提升人才的使用效率。管理者积极地拥护改变，对产品的结构进行创新和调整，从而获得更好的市场份额，进而可以提升组织的发展速度。管理者尤其是组织的中高层管理者，由于其拥有较多可用的资源，其改变将会给组织带来重大的积极影响。

由于每一个个体的思想和行为都存在相对稳定的惯性，要做出改变是比较困难的，需要有超强的意识和较大的决心。改变比较困难的原因有几个方面，首先是因为人们习惯于在已知的路上行走，而不愿意去面对改变后的未知的道路，人们更愿意追求确定的存在而不是去建立一个新的不确定的局面；其次是人们总是愿意追求稳定而不愿意承受风险，成型的模式和流程是稳定的，风险相对较小，而改变之后的新的局面势必会存在由未知带来的风险，人们为了避免这样的风险就会习惯性地选择保持现状；再次，改变需要摸索新的道路，需要完善新的流程，这样就要求人们付出超常的努力，甚至需要牺牲眼前的利益去服务未来的成果和发展，而这些未来的发展往往又不是确定的，所以人的本能的惰性会让自己拒绝这样的改变，逃避改变所带来的困难，这样最终让改变难以实现。

虽然改变是艰难的，但并不是不能实现，大部分的优秀的管理者都经历了很多的改变。要想克服改变带来的困难，可以从多方面考虑，其中最重要的就是从思想上和意识上对改变的必要性进行深入的理解。首先管理者应该明白，稳定并不会一直存在，如果不根据环境的变化做出改变或者对环境进行预判提前做出改变的话，组织的风险会逐渐增加，稳定终会被打破。其次人们应该明确改变是发展的源生动力，所有的大的成就和实质性的进步都源于改变，改变会打破过去发展的趋势和速度，改变能带来新的机会。而如果不改变则只会重复过往的发展轨迹，只会得到与过去相似的成果，成果的增加速度不会有变化，组织和个人的发展也不会有质的飞跃。再次，人们应该明白，要想获得更好的成果，要获得更快的发展，付出更多的努力是应该的，是值得的，也是唯一的途径，因此应该主动面对改变带来的困难，主动适应改变的状态。这样，不仅能让改变带来成果，也能让管理者的能力得到锻炼，从而获得更优秀的综合能力。最后，环境和大的趋势一直都是变化的，无论是大的经济环境还是行业的市场环境都一直在发生变化，而且总体上都是向前发展的，组织唯一能做的就是随着趋势也作出相应的改变和调整，适应整个大的市场需求的变化，否则就会落后，最终被淘汰。

从思想上和意识上确定改变的重要性之后，接下来要面对的就是如何作出改变，改变最本质的方法是刻意改变，刻意改变包括以下的诸多方面。

首先是管理者思维方式的改变，改变的源动力是认识到自己的不足，所以第一步就是通过自我反省、通过对以往的经历和处事方式的记录和反思、通过同事朋友的反馈，找到自己存在的不足之处，然后找到原因，即内心的真实想法，通过自我调整来解决，最终彻底地改变和优化自己的思维方式；二是需要通过反复的刻意练习去巩固自己的成果，比如有些管理者有一种不良思维，就是不喜欢他人比自己更优秀，容易表现出来嫉妒或不服等情绪。对于管理者来说，这是一个非常负面的思维方式，会给管理带来沉重的伤害。管理者要改变这个思维方式，首先应该从内心意识到这种思维方式对于管理来说是有害的，因为这种想法不利于管理者挖掘和使用他人的优点，也不利于管理者尽心培养人才，不利于团队的发展和壮大，所以必须要改变这种想法。之所以个别管理者会有这种想法，多半来源于其内心的一种自负的感受，即认为自己能力突出，或者来源于虚荣心，即想要让大家认可自己比其他人更优秀，还有一种可能的原因是看到优秀的人具有某种自己不喜欢的特点(自己不喜欢的人比自己更优秀会让人产生嫉妒情绪)。或者没看到他人的努力过程，认为他人不可能达成这样优秀的成果，一旦发现自己百般努力才获得的某一项成就被他人“看起来”很轻易就能达成，内心就会产生不服的情绪。再有一种可能的原因是不自信，即没有安全感，一旦发现其他人超越了自己就会产生失落感和危机感，这就是安全感缺失的体现。

以上这些都可能是不接受他人比自己更优秀的原因，管理者需要看看自己是属于哪一种，然后进一步剖析，找到改变的方法，从根源上开始改变。比如如果是由于管理者自己的虚荣心，想要得到周边人员的认可，则应该让自己明白，周边人员的认可对于自我的发展和对于管理的成果来说并不是最重要的，更重要的是自己的认可，如果自己努力了取得了优秀的成果，就应该自我鼓励和表扬，而如果自己本身就不努力，没有取得突出的成果就是正常的，此时应该反过来警告自己不能让惰性将自己腐蚀和控制。如果能够对自己有正确的认识并找到恰当的处理方式，将会看淡他人的看法，从而不会再有那么重的虚荣心，也会对周边的人的努力给予认可和赞扬，不再会对比自己优秀的人有嫉妒心态。这就是典型的思维方式的改变对行为产生的影响。

其次是行为方式的改变。行为方式包括很多方面，小到改变上班的路线，大到改变自己坚持几十年的行为习惯，而对于管理者的行为方式来说，最重要的是要改变和优化自己与人相处的行为方式，改变和优化自己处理事情的行为方式，改变和优化自己注意力的分配方式等。

正确的与下级管理者相处的方式是真诚相待，平等沟通，充分信任，尽力帮助其成长，在工作上给予要求和指导，在生活上给予帮助和支持，这是总体的原则。对于不同的个体之间还会有不同的相处方式，比如对于不同角色的、不同重要程度的、不同性格特点的、不同潜力的下属都应该有所区别对待，区别的依据是最有利于实现整个团队的目标和团队整体利益最大化。正确的与上级管理者的相处方式是尊重并支持上级管理者的决策和安排，主动与上级管理者沟通，对上级管理者给予足够的支撑，不卑不亢地与上级管理者相处。正确的与外部人员的相处方式是坚持一定的原则，保持开放合作的态度，增加与外部的联系，并不断地改善和优化与外部的联系。有时候，管理者在对待某一类人的态度上存在一定的偏差，可能会导致某些问题，或者会对管理成果造成不利的影响。此时需要管理者有针对性地去发现问题并进行总结，然后刻意地改变和调整，这样既可以带来更好的协同效应，也可以让自己的综合素质得以提升，还可以获得更愉快的工作环境。相反，如果管理者与某些人员的相处存在一些问题，而又不主动改变，将会给团队管理和自己的影响力带来不利的影响，最终影响自我的发展和团队的成果。

改善与人的相处方式包括几个方面：改善对待同事的方式，优化与不同层级的同事的相处方式等。改变对待同事的方式主要指的是总体原则方面的问题，比如不够真诚，过于考虑自己的利益，过于重视自己的感受等，这些都是管理者要进行反思和改善的内容。优化与不同层级同事的相处方式指的是根据不同类型的人员采用不同的方式去对待，比如过去对上司不够重视，对下属过于刻薄等，反思自己与各个层级的人员相处方式存在哪些问题，然后进行有针对性的改变。调整与不同特点人员的相处方式指的是对于不同性格的、不同潜力的、不同能力的或其他不同方面的人员采用不同的方式进行相处，比如对于潜力更大的人员应该投入更多的精力去培养，对于性格孤僻的人员则应该在与其相处过程中更多地考虑对方感受，对于性格耿直的技术人员则应该给予更多的包容和引导等。对不同的人员是否按照组织的目标做了合理的区分，区分后如何分配对于不同人员的注意力投入等，都是管理者需要深入考虑的问题。

如前所述，正确的处理事情的方式是对事情进行分类和分级，根据种类和级别的不同采用不同的处理方式，通过分类处理可以提升处理效率，可以取得更好的组织成果。事情的处理也有很多的方法，比如目标分解法、价值法、资源分配法等，这些方法的使用对于不同类型的、不同思维方式的管理者都不甚相同。不同层级的事情也有着不一致的处理方式，只需要最终能达到预定的目的即可，对于规模较大的事情或任务还需要通过设定过程控制来确保结果的可靠性。对于管理者来说，在对待事情的方式上容易出现的问题是：不会对事情进行分类和分级，不会正确地将事情或任务进行委派和授权，不会采用合适的方法处理特定的任务，过于重视对事的管理而忽视了大局等。如果出现这些问题则需要相应地按照前述的一些方法作出改变，不断地提升自己的管理水平。

改变和优化自己注意力的分配方式，包括提升注意力的使用效率(即注意力分配产生的成果)，改变注意力的分配方向和分配比例等。注意力分配不同，管理成果就会出现较大差异，可以说，通过优化管理者的注意力分配是提升管理成果的一条重要途径。注意力的分配需要管理者根据自己的管理定位和管理特点进行规划，常见的注意力分配的问题有：没有对自我注意力的分配进行规划，注意力的分配没有与组织的整体目标或者没有与个人的发展目标相联系，注意力的分配没有考虑长期发展因素，注意力出现越级分配(比如较高层级的管理者过多地参与低层级的事务性工作)等。如果存在这些问题，则需要管理者有针对性地做出改变和调整。

无论对于管理者还是基础岗位的人员，改变的方法主要包括：自我反省，他人协助指出问题，学习新知识，确定新目标和制定新计划，刻意改变等。

最常见的改变方法是自我反省。自我反省的优点是其带来的改变是有针对性的，是正向的，且效果也是相对较好的，缺点是认识视角存在一定的局限性，这是因为自我反省是自我的视角，相对比较狭隘。反省是对自己做得不足的地方进行反思，所以通常对应的改变是改进自我的不足，是属于正向的，自我反思通常也不存在接受与否的问题，改变的意愿度不是问题，如果能找到对应的方法，通常都能实现较理想的改变效果。

对于他人协助指出问题这种改变的方法，其优点是比较客观(能够指出问题的人都是比较好的朋友)，由于是外部视角，看问题也会更准确，缺点是容易使人出现不接受的情况，因为通常人们在面对质疑时都倾向于采取反抗的态度。有一种特殊的情况就是管理者主动邀请他人来指出自己的问题，这样会有更好的效果。因为主动邀请他人指出问题会更容易接受，同时又有客观的视角，只是这种方式需要管理者有较高的境界、开放的心态和较为主动的进步意愿，由于综合效果较好(还可以增进双方的友谊)，管理者应该多采用这种方法来实现自我的改变。

学习新知识指的是管理者通过学习相关方面的知识，比如通过阅读励志书籍或名人传记等，以此引起自我的反思，产生自我改变的动力，从而让自己具有改变的意识。或直接学习一些方法论相关的书籍，让自己从客观上实现改变，这个方法的优点是有较持久的动力(可以持续学习)，同时能学到更好的改变的方法，也能学到一些其他方面的知识，综合效益高；限制条件是需要管理者有良好的学习习惯和较强的学习能力，所以并不是对于每个人都适用。

确定新目标和制定新计划通常是处在某一人生的十字路口做选择时，或者发生某些变故时，需要重新确定目标并制定计划。这时候无论是面临新的岗位还是新的方向都需要具备不同的能力和技能，从而客观上要求管理者作出调整和改变。即使是外部条件没有改变，管理者也可以定期确定新的目标和计划，当然更可取的是制定一个时间跨度更大的长远计划(比如五年计划、十年计划)，然后每年都按照阶段性的目标去行动，逐渐地实现最终的大目标。这种方法要注意的是，要对照计划严格执行，并阶段性地将实际情况与计划对比，总结执行情况并重视执行效果(必要时可调整计划)，计划制定后离开了执行是毫无意义的。

刻意改变指的是在没有他人提醒或其他原因的前提下下意识地去改变，这种方法的缺点是需要有较高的自我觉悟，有较强的自律性，这种类型的改变通常更容易成功。更可能的情况是，发生了一些重大的变故或某些突发的事情对管理者产生了较强的触动，导致其下定决心进行改变，没有任何理由自发地进行明显的改变是很难的。

管理者需要通过改变思维方式、行为方式去提升个人和组织的成长速度。改变是进步的源动力，是创新的源泉，也是管理者进阶的重要途径。

4. 管理者与被管理者之间的关系是命令与服从的关系

人们通常认为，管理者提供指令，下一级的管理者或普通岗位的人员执行上级的指令，两者之间是一种命令与服从的关系，这种看法在国内的企业很常见。从某种意义上来说这种说法也有一定的道理，因为更高层级的管理者从组织结构上来说具有将组织某一级别的目标进行分解并往下分派的权限和义务，所以下一级管理者或其直属岗位人员需要接受上级的指令并按照指令去完成相关的任务。

但这种认识也存在一定的片面性。首先，命令执行者必须要对上级的命令进行思考和判断，而不仅仅是简单的执行，命令执行者需要加入自己的主观能动性，选择更好的方式和方法去执行，提高执行的效率和效果。其次，管理者与其下属之间应该是为组织目标共同存在的利益联合体，即有共同的组织目标，只是各有不同的分工和工作内容而已。如果低层级的管理者机械地执行上级命令，可能会对命令有扭曲的理解，甚至会错误地判断方向。最后，换一个角度来说，管理者与其下属也是平等和相互支持的关系，而并非是纯粹的领导与被领导的关系。信息的传递是双向的和平等的，下级管理者也可以向上级管理者提出建议和意见，如果只是抱着服从命令的心态将会缺少信息双向流动的空间，低层级的管理者也会缺少成长的空间。

从某种意义上来说，管理者与被管理者之间是服务与被服务的关系，即管理者为下级管理者和生产岗位的人员提供资源服务，提供各种后勤保障和配套服务，提供各种外部联系服务，提供各种解决困难的支持和指导等，目的是让组织的基础团队在创造价值时更高效、更顺畅，能为组织创造更多的实际成果。被管理者或生产岗位的人员借助管理者提供的服务和资源去达成组织的目标，团队的潜能发挥程度受到管理团队提供的服务的优劣程度的影响。从另一个角度来说，基础团队应该根据组织目标就生产情况向管理团队主动索要相关的服务，包括资源服务、内外联系服务和技术支持等。很多时候，基础团队的管理者也就是基层管理者应该承担这样的责任，即向上获取优质和高效的资源，因此，上、下级管理者之间不单单是发出命令和执行命令的关系。

管理者需要加强对上级管理者的联系，这里的联系不但包含服从任务指令，也包含向上反馈任务执行的情况，向上申请资源和服务等，还包含向上提出工作建议和上下级管理者之间的平等沟通等。

5. 因为技术出身，所以很难做好管理工作

很多的管理者都是从技术岗位转型过来的，这种转型存在一定的困难，最大的困难就是思维定式导致的思维方式难以转变的问题，因为技术思维和管理思维存在较大的差异，比如技术思维追求的是正确，而管理思维则追求的是有用，技术人员更注重产品和服务在技术上符合国家和行业的相关规定，而管理者则更要保证产品符合客户需求。又比如技术思维注重深入的独立思考，而管理思维则更讲究团队成员之间的相互合作，这种思维的差异存在于各个方面且有一定的相悖性，以至于人员转型有一个深刻而漫长的适应过程，即便如此，还是有非常多的技术岗位人员都顺利地转入到管理岗位(虽然部分管理者在转型后业绩并不尽如人意)。

其实能否做好管理，与所学的专业或过去的从业背景并没有绝对的关系，反而与管理者本身怎么看待这个问题更有相关关系，比如管理者一旦自我认定很难做好管理工作，则往往最终会选择放弃。因为大部分人的行为都会趋向于证明自己的想法，对管理工作的不自信或自己选择的方向不清晰都会导致管理者的抗干扰能力较差，而管理工作本身就是复杂而繁琐的(相比技术工作)，干扰因素层出不穷，这就为管理者的放弃提供了很多的借口，但无论什么原因导致自己放弃都可以归结为一个理由，就是认为自己不适合做管理工作。但事实却并不是这样的。

任何的思维方式都是可以改变的，管理者首先要意识到这一点，然后坚持刻意去改变，坚持一段时间后就能够适应思维方式的改变。管理工作说难也难(因为需要面对性格各异的人和纷繁复杂的事)，但也可以说很容易(如果对管理成

果没有过高的要求)，如果能够顺利地调整思维方式(详见管理思维章节)，技术出身的管理者在很多方面甚至还具有一些优势，比如专业能力更强，有助于识别很多“管理陷阱”(即外行管理内行时出现的内行利用专业能力以下欺上的行为)，从而提升效率。技术人才本身认真和执着的精神会让新的制度、新的任务执行得更加有始有终，更加到位。技术人才优秀的逻辑分析能力如果用到管理各种事件上会让管理工作更顺畅。技术出身的管理者更直率、更单纯，更易于与团队成员相处，也更有利于建立影响力。各种成功的案例表明，技术人员转型管理岗位不仅是适宜的，也是可行的。

在未来，随着科技的进步，很多的技术工作者都需要进入管理岗位，甚至很多的组织创始人都是技术工作出身，因为一旦突破了某些关键技术，直接就会给组织带来较高的附加经济效益，很多组织都依赖于技术创新而生存和发展。作为技术工作者，不要限制自己的职业发展方向，转型至管理岗位是一个重要的发展方向。而组织的管理者，在管理人才的选拔方面，也一定要给予技术人才更多的关注和鼓励，并为其提供转型的机会。

三、方法误区

1. 拿自己的标准去要求被管理者

管理者在进行任务授权时经常提出的问题是：任务的执行者为什么很难达到自己满意的状态？管理者通常会将其表现与自己进行比较，然后便产生失望，觉得被授权者不如自己，也达不到自己的要求。实际上，这种比较是不合理的，首先，管理者应该明确管理的目的是什么。管理是组织团队的人员去完成组织的任务，需要考虑的是任务执行者的积极性和任务执行能力，并不需要对任务执行者进行综合考核，因为并不是选拔接班人；其次，管理者需要明确任务执行者的角色定位，任务执行者只是在完成管理活动中的一项资源，资源是用来达成管理目标的，因此，只要能达成目标即可；第三，管理者应该意识到，手里的资源是已经存在的，任务执行过程中可用资源是相对固定的且是有限的，除非更换资源对完成任务没有影响或不会造成损失，才可以考虑在过程中更换任务的执行者；第四，人力资源属于特殊的资源，每个人都有各自的优缺点，管理的任务就是充分用好每一个人的长处，而不是放大一个人的缺点。总之，管理者不应该主观性地去评价被授权者，即使有时候需要表达对被授权者的不满，也应该意识到，要拿他们跟更高层级的管理者来进行对比是不公平的，因为管理者可能在很多方面本身就比任务执行者要强，两者掌握的资源也不一样，执行任务的表现也必然会有一些差距。

任务执行者的表现达不到预期是很常见的，这种情况的产生通常有两种原因，一是人员和任务不匹配，另一个则是人员本身能力或态度的问题。管理者在遇到这种情况，可考虑以下解决方案，第一，针对特定的任务更换执行任务的人员(重点关注任务，而不是人员)，以达到更好的效果。第二，针对特定的任务，对执行任务的人员进行技能培训以让其能够胜任岗位和任务(在关注任务的同时，重点关注人员)，技能培训也是管理者重要的职责之一。第三，优化人员和任务的匹配，针对不同能力特点的人员安排对应的工作类型，充分发挥团队中每一个人的长处，使得任务执行的整体效果更好。对于少数无法匹配的任务，则通过亲自执行、外包执行或指导人员执行等方法去完成，或者在任务匹配时确保这些难以匹配的任务属于次要任务。第四，如果是任务执行人员的态度问题，则应该与其进行深入沟通，了解其中的真实原因，并协助其调整状态，充分挖掘其潜力。

除了不宜让团队成员与管理者自己比较外，也不宜让团队成员之间互相比较(除非为了特定的选拔目的)。组织要用到的仅仅是他们某一方面的能力，比如说会计，只需要用到其财务知识，并不需要其个性突出和其他能力，因此将会计人员与业务人员进行比较就没有任何意义。更重要的是，管理者一定要看到各岗位人员的优点，并用好其优点，充分挖掘其潜力和优势，为组织贡献应有的价值即可，而对于其缺点，只要不至于影响到工作的执行，就应该给予包容；

如果管理者比较认可团队中某一成员的特点和潜力，可以结合自身的成长给予其特定的指导，以加快其成长的速度，这也是培养人才的一种方法。值得注意的是，这种模式的培养更多的是经验的借鉴，不能将自我的想法进行全盘灌输，以避免产生其他适应性的问题。

与拿自己的标准要求下属相对应的是，管理者对人对事的要求和标准问题。这里有一个容易出现的误区，就是对人对事在高要求的同时追求完美，追求完美带来的最大的危害就是组织效率的下降。

管理者对人对事有高要求是必要的，因为管理者是任务的发起者，是团队整体目标的源头，如果在源头上就没有高标准和高要求，最后组织的成果不可能是高质量的。管理者的标准也是整个团队的标杆，影响较大，甚至会影响组织或团队内所有的成员，进而较大程度地影响组织的整体成果。因此，组织的管理者不仅对自己要有高要求，对下属和整个管理团队也必须高要求，对所有任务的完成质量也要有高标准。高要求是实现优秀管理成果的必要保障，也是提高资源利用效率的有效手段。

但是管理者在人才使用、任务执行、事件处理的过程和结果等方面都不应该追求完美。大部分时候，管理者充当的角色更多的是监督者和评价者(反馈者)，此时管理者需要更现实和更理性，要接受“所有的团队成员和事物都不可能是完美的”这一事实，以获得更优的资源使用效率和更理想的团队氛围，最终获得更丰富的组织成果。管理者在日常工作中不应该用完美思维去对待管理对象，主要有以下原因，一是任何的人或事都不可能是完美的，也不存在一个完美的标准去衡量这些人或事，实际上完美更可能只是一种主观的人为的要求，或者是具有完美综合症的管理者在心理上对外界的一种苛求而已，是不符合实际的。二是追求完美更多的是管理者表达自己对现实已经存在的过程或结果的一种不满，从某种角度来说属于一种情绪，基于这种情绪通常管理者会提出更多更高的要求，但这并不是最合理的要求，这样处理只会让任务执行的人员感受到不信任和不认可，从而产生负面的情绪，影响其工作心态，一方面可能会使其陷入绝望，觉得无论如何做都不可能让任务分配者满意，另一方面，也会打击其自信心，觉得自己没有能力去完成这些任务。管理者更合理的做法是，在事前和事中提供更多的指导，以使得任务执行者能在过程中不断改进，从而尽量达成较为理想的结果。第三是管理者要用“二八思维”替代“完美思维”，以获得更高的效率，即把握好关键的 20%的过程或任务，这关系到 80%的产出成果，而对于另外只能产出 20%的成果的 80%的工作内容则可以根据组织的资源情况做出取舍。管理者要重点关注主要矛盾，而不是所有问题，追求完美会让团队付出过多的代价和陷入低效的模式，无论对管理者自己还是对整个组织来说都是很不值得的，也是完全没必要的。

在协调高要求和追求完美两者的关系平衡上，管理者应该首先确保团队的整体效率，在保证效率的前提下，尽量完善组织的产品，具体操作时则应该根据任务的实际情况做出不同的要求，比如任务相对简单但比较重要而时间又充足时，可以要求高质量，而对于紧急的任务，应该首先确保其在有限的时间内能被完成，如果没有完成，高质量是没有意义的。另外，也有一些特例，比如对于一些关系到整体成败的关键的成果，必须要做到极致，此时管理者应该对追求极致带来的效率低下和其他的代价有所预判，然后针对这些特殊的事件在特殊的时间段内进行特殊处置。比如技术咨询类组织在进行重大项目的投标时，在投标之前的一段时间会组织团队内核心的技术人员一起参与，并加大工作的强度，确保最终成果呈现的是组织最大的潜力和水平，这种情况可以说是一种现实的追求可能的完美结果的案例，这种偶尔存在的特殊情况下的特殊处理在管理上是允许的，并应该作为一种管理思路的变通来使用。

人才的高效使用是管理者要面对的一个重要课题，人才的使用只有相对的合理，而不存在绝对的合适，而且任何组织在人才使用方面或多或少都会存在一些问题，而这些问题正是管理者需要去处理的事项之一。每一个个体都是在发展中存在的，并非一成不变，这既是管理者要面对的一个难点(需要针对每一个不同想法的个体及其变化采取对应的管理方法)，更是管理者发挥管理作用的机会。既然每个个体都是动态发展的，都具有改变的可能性，也就具有自我的能动性，那管理者就可以利用这些个体的潜在成长空间，通过一些管理手段(具体详管理手段章节)达到激发其潜力更好地为组织服务的目的。如果因为某些岗位上人员的任务执行存在问题，或者发现团队成员的某些不良状态就进行打压或采取武断的措施，势必会引起新的问题，正确的做法是在接受不完美的状态的前提下，给能力不足的团队成员机会和空间，并给予有效的指导，提升其工作能力和适应性，这样既避免了反复更换人员给工作带来的不良影响，也能让能力暂时不足的团队成员有成长的机会。

事实上，很多时候组织出现人事方面的问题，也正是印证了组织的发展。比如生产流程的改进，需要原岗位人员掌握新的技能才能适应，团队整体架构的提升，使得获得晋升的人员需要新的工作能力、新的工作方式等，这些都会带来人事方面的问题。如果管理者处理得当，将会很快使整个组织又重新回到平衡的状态，而如果因此反复更换人员或者将不良局面归咎于某些岗位的当事人，则只会带来更糟糕的局面，这对实现组织的目标是很不利的。因此，无论何时，管理者都只能尽量去完善和改善人事的使用，而不应该苛求人事完美匹配的理想状态。

2. 授权不充分，用人不彻底

很多管理者都懂得授权，能够利用整个团队的力量完成大多数的工作任务。有一部分管理者进行授权是因为工作任务太多，不得已需要找帮手协助完成部分工作任务。还有一部分管理者则更愿意自己亲自去做很多事情，而不是优先考虑授权。这两种管理者处理任务的方式，都存在一定的认知误区，需要进行调整，因为管理者更重要的是组织团队一起去完成相关的工作任务，授权既可以让团队成员得到充分的锻炼，还可以让团队成员感受到信任和重视，同时管理者自己的时间和精力是有限的，若要取得更好的团队成果，必须要充分授权。另外，工作任务也存在一些特定的属性，比如难度，涉及的资源权限等，这些需要与工作任务进行匹配，才能获得较高的效率，因此，对于很多相对容易的和相对低级别的工作任务，管理者必须要授权让其他人去执行。

授权首先应该明确的一点是授权的范围。并不是所有的事项和任务都要优先考虑授权，对于特别重要和关键的任务可以不授权，比如市场总监，对于重要的大客户的首次业务洽谈最好亲自参与，待客户关系稳定以后则可以授权给市场经理去维护，因为特别重要和关键的任务往往会给组织的绩效和发展带来决定性的影响，因此最好由组织的管理者亲自参与。当然，对于很多专业问题还需要让专业人士参与进来共同解决，但不应由专业人员单独面对，而应该由管理者与其共同解决，因为组织的管理者有更多的资源权限，有更高的决策权限，可以更高效和快速地解决问题。而对于组织整体层面的问题，还应该由更高层级的管理者去参与完成，比如组织之间的合作，外部资源的整合等。

在授权的过程中，经常存在一个问题就是授权不充分。如果授权不充分，任务执行的效果就会大打折扣，尤其是高层级管理者，更要给予下属充分的授权。授权的内容分为几个层级：一是授权任务，二是授权资源，三是授权责任。通常普通的授权只包括第一个层级，即大部分的员工只需要完成任务，遇到资源的问题需要向上级汇报或申请，这时候，员工只获得较少的自由度，通常也无需深度发挥自己的主观能动性。第二层级的授权通常是对下级管理者授权，即将可用的资源一并授权给执行任务的人员或团队，他们完成任务时可以调配一定的资源去完成，增加了很多的灵活性，任务的结果依据调配资源的情况(或者说是执行任务的人员或团队发挥主观能动性的多少)呈现不同的结果。而真正充分的授权是达到第三层级的授权，实现这种授权后，管理者只需关注最终的结果，并且最终的结果仍然主要由任务执行者来承担责任，此时需要管理者将可以授权的所有资源都随着任务一并授权，管理者只提供协助、支持和服务，并不干涉任务执行的过程，此时要完全依靠执行任务的人员或团队发挥深层次的主观能动性来实现优秀的任务成果。

以上三种不同深度的授权，适用于不同的任务和授权对象。对于可以或需要发挥任务执行者的主观能动性的任务，一定要充分授权，给予其充足的信任，才能得到较好的结果。比如，管理者安排自己的助手去与客户签订一份合同，如果合同的主要条款均由管理者自己确定，则对助手的授权仅停留在第一阶段；如果管理者与客户达成基本的合作意向后，由助手自己完成合同条款去与客户签订合同，则属于第二层次的授权；如果让助手自己与客户去达成合作意向并签订合作合同，则属于第三层次的授权，即充分授权。如果要培养管理者尤其是高层级的管理者，必须要对下属充分授权，才能达到培养的效果。

3. 以个人感情处理管理工作

管理者在处理管理任务尤其是在进行沟通协调工作时，不能掺杂个人的情感因素，应该尽量保持客观公正，否则会对管理成果带来负面影响，比如人员解聘，需要充足的客观的(以组织目标去衡量)理由去解雇某一个组织成员，而不是依据个人感受去做决策(从这点上说，很多决策应该由多人或一个团队共同决策)。但有一些管理者，还是很容易以自己的主观感受去判断该员工是否应该被解雇，比如该员工曾经冒犯过自己或者跟自己关系不好，然后便作出解聘决定，事实上这些解聘理由是不充分的，如果该员工能力较强且在组织内贡献较大，他就不应该被解聘(违背公司文化的情况除外)。最终决策的理由应该依据员工对组织的贡献值大小和其与组织利益的关系而定。另一方面，对于个人恩怨，管理者更应该反思自己是否也存在行为不当的情况，并应该及时与当事人进行深入沟通，双方做出调整，最终就组织目标达成一致。

在个人感情与管理工作的关系上，管理者应该注意一点，就是要有容纳与自我意见不一致的人才的胸怀，管理者所需的一个重要的能力就是“容人”，管理者的心态应该是开放的，能够容得下各种性格的团队成员或下属，因为组织要用到的只是这些人员的某些方面的能力，而其他方面(也许是缺点)的问题不应该成为用人障碍，否则组织将会失去很多可用的人才(通常某些方面很强的专业人才也会存在其他方面的某些缺陷)。在“容人”方面，管理者还要注意，个人一定要服务于组织的整体利益，或者说服务于组织的目标，这样才有利于组织目标的实现。优秀的管理者总是会很好地处理个人情绪与组织目标的关系，也会正确看待和处理他人的缺点与胜任工作岗位的关系。

在个人感情与管理工作的关系上，还有一种特殊的情况，就是在组织中区分嫡系与旁系，即管理者在人员使用上、工作安排上将团队中的成员按照与自我的私人感情区别对待，这种情况在一些家族式企业中尤为常见。

在一些家族企业中，最高层级的管理者(或者称之为老板)更倾向于在很多关键岗位使用自己信得过的亲戚或朋友，短期来看，不会产生什么大问题，但从长远来看，对组织的发展是较为不利的。首先，要管理存在一定私人关系的人员或下属，管理的效果会比预期的要差，一方面管理者会在处理正常的工作任务时因感情而有所偏向或有所顾虑，另一方面，被管理者对有私人关系的上司也会有很多除工作之外的看法，致使工作的任务和指令在传达或执行时出现一些特例。比如，下属会因为亲属关系而降低对任务执行的严肃性，也会降低对任务结果不佳的恐惧性，从而影响任务执行的效果，尤其是有挑战性的任务。其次，用人唯亲的做法对于其他组织成员也会产生不良影响，他们会产生一定的心理负担，常见的负担是感觉自己得不到组织的信任，另一种心理状态是，对自己在组织内的发展产生疑虑，因为非管理者的亲戚的身份，在这种情况下，在组织内并不能充分发挥他们的主观能动性，能力较弱的人可能会将自己的精力用于维护与管理者的私人关系上，而能力较强的人员则可能会离职，这样的结果对组织的发展是极为不利的。最后，如果管理者在关键岗位上只安排自己的亲戚或私人关系较好的朋友，实际上也就失去了为组织注入优质资源的机会，因为毕竟管理者用人的标准不是工作能力，而是其他不相关的因素，这样的用人思路致使用人可选择的范围很小，且这种选择范围的缩小又不是依据任务需求和组织目标来选择，对于组织人才的使用非常不利。

类似地，在很多非家族企业，那些业务能力不足的管理者(通常不是股东，即不是企业的所有者)，在用人时通常更愿意选择“听话的”“忠诚的”团队成员，这些管理者通常也有不愿意被下属超越自己的想法，而且对于形式上的权利和个人的权利满足感比较在意。如果有人对其有所冒犯，管理者可能会大发雷霆甚至采取强硬手段以显示自己的权威，如果恰好组织内还有一位业务能力较强的并且有一定影响力的管理者，则有可能会在业务能力不足的管理者周边形成一个小团体，该管理者会将团队人员按照嫡系与旁系进行区分。产生这种情况，对组织的合作和资源的共享等方面都是不利的，对组织的产出成果也是非常不利的。组织内有能力的人可能会不适应这种环境而选择离开，组织内的资源不仅不会产生叠加效应，反而会因为内耗的存在而让资源利用变得低效。

对于以上这些情况，如果是团队的高层管理者，应该重新理顺组织目标，将目标定义在组织的成果和长期发展上，而非个人的利益和个人感受上。管理者应该相应地采取一系列的措施或行动进行观念和状态的扭转，只有消除了任人唯亲的主观管理体系才可避免组织的运营低效和发展停滞。如果是团队的中低层管理者，且不小心被动地卷入了小团队体系，应该对所处的环境做一个清晰的判断，然后本着为组织服务的原则去处理工作任务，如果可以，应该客观地将实际情况向上反映，寻求解决策略。而如果管理者坚持以服务于组织目标为原则仍遭到排挤或不公平对待，能做的就是尽早离开类似的不良组织，因为管理者的管理能力并不包含钩心斗角的能力。

要在家族企业或有小团体主义顽疾的非家族企业中取得更好的管理成果和获得更好的发展，需要管理者有较强的韧性，能理顺管理思路，客观分析团队中各成员尤其是管理者的管理特征和在组织中的正负作用，然后下决心将不利于组织发展的因素逐渐剔除，将小团体主义(此处所说的小团体主义是指工作中影响合作和效率的限制性因素和行为，并非指生活中关系较好的行为)进行清理，重新树立起组织“唯才是用”的理念和氛围，逐渐地让组织处于正确的轨道上。各层级的管理者都应该知道，要提高组织的成果，无论是绩效分配、资源分配还是工作反馈上都应该尽量客观化，避免感情用事，维护公平高效的环境。最后，管理者应该对组织内靠经营私人关系而谋取职位的低能管理者进行调岗，或者干脆解聘，因为管理者的思想和行为对组织及组织内成员的影响更大，对组织的成果影响更大，必须首先确保管理者有高效的管理状态。

4. 过于重视理论，管理教条化

很多管理者，尤其是刚步入管理岗位的管理者通常由于缺乏经验，会通过阅读各种管理书籍来获得经验，他们试图从书中找到一些方法或建议，由于其本身经验的缺乏，在学习中就更容易找到自认为有用的管理方法和经验，并且进行参照或照搬使用。

可以说，从管理著作中学习管理方法不失为一种提升管理水平的途径，但也有几个值得注意的地方：第一，对于适用性的考虑，大部分的管理类书籍讲的都是较为通用的理论和案例，这些通用的管理内容对于特定的组织来说未必有较好的针对性，需要结合组织的实际情况进行判断，或者适当加以改进。有些管理类书籍论述的只是管理的一小部分内容，并没有系统化，这些局部的内容在一定的特殊环境中是有意义的，但由于环境的差异，当用于指导不同类型的组织的管理实践时便可能会出现断章取义的情况，需要管理者加以判断。不同层级的管理者，对管理方法和管理经验的需求也不尽相同，对于一些管理者来说获取有针对性的书籍进行学习并不困难(比如市场团队的管理者学习绩效考核方法)，但对于通用的一些管理方法，比如团队管理、影响力管理等，则其适用性与管理岗位的层级有较大的关系，管理者在应用时需进行选择。第二，很多管理类书籍以理论介绍为主，部分作者甚至并不具备实际管理经验，因此其著作通常更倾向于完善管理理论，部分关于实践的描述内容与现实的管理也可能存在一定的出入，需要进行深入理解后方能把握并实践应用。第三，组织有很多不同的类型，尤其是组织的性质和组织的规模，不同类型的组织有不同的特点。比如小型组织和大型组织在组织架构、人员分工、管理者注意力分配等方面都有较大的区别，在管理实践中则要求有完全不同的管理思路。又比如生产型组织、服务型组织和技术型组织在生产流程和产品发展上也有很大的不同，互联网企业和实体经济组织在管理模式和市场营销等方面也都存在本质的区别，不同行业的组织也对应着各自的行业特点，不可一概而论。所以任何一本关于某一行业或某一类型组织的管理类书籍都具有特定性，经常有世界五百强企业编著的很多以企业命名的某方面的专业管理论著，这些论著对于大型企业有较高的参考价值，但在小型组织内基本不太适用。第四，很多管理者也会从先进国家的企业管理类书籍中学习管理方法和经验，但需要注意的是，中国与西方发达国家之间存在国情的区别，两者的组织特点和人才特点也存在较大的区别。比如，西方国家的工作人员之间的沟通更加直接，通常会直接切入主题，或者会先说结论再说详细原因，而中国企业的员工的工作沟通则更为含蓄，通常会先描述一大堆原因作铺垫，最后才会说出结论。西方国家的管理更倾向于制度化，用制度进行管理，而在中国的大部分组织内，都更倾向于以人来管理或者叫人性化管理，这样，由于习惯和风格的差异，组织的管理也存在很大的差异，管理方法并不通用，尤其是团队的管理方法，不可盲目套用。

因此，管理者从一些管理著作中学习到的一些方法和理论，一定要加以判断，并仔细选择，选择适合自己管理岗位的，适合特定组织的，适合特定的管理场景的，有些方法还需要加以完善和改进再进行实践应用，确保能达成特定的管理目的，切不可从书中盲目照搬，管理教条化。